Jacques-Germain Soufflot

Conception éditoriale et suivi
Éric Reinhardt
Conception graphique
Marine Gille
Réalisation
Régis Dutreuil
Correction
Marianne Fernel
Suivi de fabrication
Carine Merse
Photogravure
Trame-Ouest, Nantes
Impression
Castuera, Pampelune
Imprimé en Espagne

Dépôt légal : septembre 2004

ISBN : 2-85822-752-7

Ouvrage publié avec le soutien du ministère de la Culture et de la Communication, direction de l'Architecture et du Patrimoine.

Du même auteur

Architecture. Méthode et vocabulaire, Paris, Imprimerie nationale éditions, 1972 ; réimpr., Paris, Monum, Éditions du patrimoine, 2002

Les Prix de Rome. Concours de l'Académie royale d'architecture au XVIIIe siècle, Paris, Berger-Levrault, 1984

Histoire de l'architecture française. II. De la Renaissance à la Révolution, Paris, Mengès/CNMHS, 1989

Champagne-Ardenne, Paris, Hachette Tourisme, coll. « Guides du patrimoine », 1995

Vaux-le-Vicomte, Paris, Scala, 1997

Étienne Louis Boullée, Paris, Flammarion, coll. « Monographies Flammarion », 1998

Fontainebleau, Paris, Scala, 1998

Île-de-France, Paris, Hachette Tourisme, coll. « Guides du patrimoine », 1998

Languedoc-Roussillon, Paris, Hachette Tourisme, coll. « Guides du patrimoine », 1998

Moscou. Patrimoine architectural, Paris, Flammarion, 1998

Paris, Paris, Hachette Tourisme, coll. « Guides du patrimoine », 1998

Versailles, Paris, Mengès, 1998 ; réimpr., Paris, Place des Victoires, 2001

L'Art de Paris, Paris, Mengès, 2000 ; réimpr., Paris, Place des Victoires, 2003

Centre, Paris, Hachette Tourisme, coll. « Guides du patrimoine », 2000

Philibert de l'Orme, architecte du roi, Paris, Mengès, 2000

L'Architecture à la française du milieu du XVe siècle à la fin du XVIIIe siècle, Paris, Picard, 2001

Les Châteaux du Val de Loire, Paris, Place des Victoires, 2001

Histoire de l'architecture française, Paris, Mengès, 2001

Hôtels de ville de France. De la curie romaine à la mairie républicaine. Vingt siècles d'architecture municipale, Paris, Imprimerie nationale éditions, 2001

Bretagne, Paris, Monum, Éditions du patrimoine, coll. « Dictionnaires-guides du patrimoine », 2002

Jacques-Germain Soufflot

Jean-Marie Pérouse de Montclos

monum, Éditions du patrimoine

REMERCIEMENTS

Pour l'aide qu'ils nous ont apportée, nous remercions :

Dominique Agniel, Conservateur de la bibliothèque Émile-Bertaux à Lyon.
Laure Beaumont-Maillé, Conservateur général du Patrimoine, directeur du département des estampes de la Bibliothèque nationale de France.
Christian Benedik, Conservateur à l'Albertina de Vienne.
Guy Blazy, Directeur du musée des Arts décoratifs de Lyon.
Albert Bollin, Contremaître à l'hôtel-Dieu de Lyon.
Anne-Françoise Bonnardel, Conservateur en chef au département des estampes de la Bibliothèque nationale de France.
Gérard Bruyère, Archives municipales de Lyon.
Marie Chartre, Association *La Diana*.
Anne-Sophie Clémençon, C.N.R.S.
Isabelle Dérens, Archives nationales de France.
Damien Deschelette, Architecte du palais du Sénat.
Isabelle Duault, Documentaliste à l'Inventaire général des Monuments et Richesses artistiques de France. Région Île-de-France.
Thomas Gaudig, Architecte.
Pierre Guinard, Conservateur en chef à la Bibliothèque municipale de Lyon.
Dalloula Haiouani
Jean-Pierre Halévy
Dominique Jardillier, Archiviste au Sénat.
Marie-Hélène de La Mure, Conservateur à la Bibliothèque Sainte-Geneviève.
Patrick Lefèvre-Pontalis
Philippe Paillard, Directeur des archives des hôpitaux de Lyon.
Marie-Félicie Pérez, Professeur, Université Lumière, Lyon 2.
Maxime Préau, Conservateur général du patrimoine, directeur de la réserve du département des estampes de la Bibliothèque nationale de France.
Pierre Prost, Documentaliste des hôpitaux de Mâcon.
Pierre Rosenberg, de l'Académie française.
Dr Myra Nan Rosenfeld, Conservateur au Centre canadien d'architecture à Montréal.
Chantal Rousset, Documentaliste à l'hôtel-Dieu de Lyon.
Jean-Pierre Samoyault, Conservateur général du Patrimoine
Guillaume Saquet, Responsable du fonds ancien au centre de documentation de l'École nationale des Ponts-et-Chaussées.
Catherine Servillat
Cécile Souchon, Conservateur en chef de la section des cartes, des plans et des photos au Centre historique des Archives nationales.
Magali Tellier
Isabelle Vaudois, Documentaliste au musée d'Auxerre.

Sommaire

Chapitre I

La vie

Jacques-Germain Soufflot est né le 22 juillet 1713 à Irancy, près d'Auxerre, de Germain Soufflot, avocat au parlement, lieutenant au bailliage d'Irancy, et de Catherine Milon, née à Coulanges-la-Vineuse (à une lieue d'Irancy). Mariés en 1712[1], ses parents ont eu treize enfants. Jacques-Germain n'était évidemment pas l'avant-dernier de cette nombreuse famille, comme on l'a dit, mais bien l'aîné : le fait qu'on lui ait donné le nom de son père associé à celui de son grand-père le confirme.

La famille

Les ancêtres, originaires d'Auxerre, occupaient la fonction de lieutenant au bailliage d'Irancy depuis plusieurs générations. C'est évidemment au parlement de Bourgogne et non à celui de Paris que le père était avocat. La mère meurt en 1743 (un enfant tous les deux ans !) ; le père, en 1758. Sa succession s'élève à 210 487 livres, à partager entre les enfants encore vivants. En 1780, à la mort de Jacques-Germain, la fratrie comprenait : Jacques-André, négociant en vins à Auxerre ; Pierre-Gabriel, contrôleur des guerres à Irancy ; Jeanne, veuve de Nicolas Cochois, négociant à Paris ; Anne, épouse d'Étienne-René Maignan de Champromain ; les enfants de Madeleine, décédée, et de Jean-Baptiste Larabit, négociant à Paris ; Geneviève, célibataire, qui a gardé la maison familiale d'Irancy[2].

Cette maison, « près de la porte de Haudecourt vis-à-vis de l'église », est peut-être celle que l'on désigne sur place à l'admiration des touristes. D'après Leclerc, le biographe local qui s'est informé auprès de la descendance, la famille Larabit conservait un plan de la maison, dressé par le célèbre architecte, et sur lequel était portée de sa main la curieuse mention « Chambre de la vierge Geneviève ». Jacques-Germain avait, paraît-il, une affection particulière pour cette sœur. Les biographes le font remarquer comme si cette affection prédestinait Jacques-Germain à construire l'église parisienne de Sainte-Geneviève !

À la génération suivante apparaissent trois architectes. À la vente Soufflot de 1780 figure le « modèle d'un portail d'église par M. Cochois, architecte, neveu de Soufflot ». Il ne peut s'agir que d'un fils de Jeanne Soufflot. Un Étienne-Nicolas Cochois, né à Auxerre le 26 juillet 1736, élève de Hubert Pluyette, est classé troisième dans le concours du grand prix de 1759[3]. Un Jacques-Richard Cochois est architecte expert bourgeois à Paris ; il meurt en 1761[4]. François Soufflot, dit le Romain, que les contemporains tenaient pour un neveu de Jacques-Germain, alors que celui-ci le qualifiait de cousin, était le fils d'un cousin, également prénommé François, qui fut maire de Vermenton, commune voisine d'Irancy. Le Romain sera des collaborateurs de Jacques-Germain. Comme son aîné, il sera pensionnaire du roi à l'Académie de France à Rome sans avoir remporté le grand prix de l'Académie royale d'architecture de Paris, auquel était associée, en général, l'obtention de la pension : c'était en 1761. En 1775, l'aîné renvoie le cadet à Rome pour se perfectionner, grâce à une gratification royale obtenue par protection. À cette occasion, l'aîné écrit au directeur général des Bâtiments du roi, le comte d'Angiviller : « Quoique ce jeune homme ne soit pas au nombre de mes neveux qui est considérable [D'Angiviller l'avait loué de s'occuper de « l'éducation de ses neveux »], il m'est parent d'assez près pour que je m'occupe de son avancement [5]. » En vérité, les deux cousins étaient si proches l'un de l'autre, bien que séparés sans doute par une vingtaine d'années, qu'on les a souvent confondus. Au moment du décès de Jacques-Germain, les deux cousins vivaient ensemble dans le logement de fonction de la terrasse des Tuileries. François prend alors la direction de l'agence. On le cite encore en 1796 sur le chantier du Panthéon. Son principal ouvrage est l'hôtel de Montholon, construit en 1785[6] : le décor intérieur de grotesques, remis à la mode à Paris quelque dix ans auparavant, fait du Romain un artiste plus « antiquisant » que son cousin[7]. On sait qu'à Rome en 1776 il a fait le relevé du pseudo-temple de la Minerva Medica et du Panthéon[8].

Tout laisse supposer une famille dans laquelle se sont transmises, comme l'écrit Monval, « les vieilles mœurs françaises, empruntes de naïveté et de bonhomie ». Un an avant sa mort, le père écrit à son fils, que le roi venait de choisir pour la construction de l'église Sainte-Geneviève : « Mon fils, plus je fais de réflexions sur la situation où la Providence vous met, plus je me sens strictement obligé d'en rendre grâce à Dieu et de commencer à dire pour vous : " Seigneur qu'a votre serviteur, sinon ce qu'il a reçu de Vous, encore sans l'avoir mérité " [...] Dieu vous avez fait naître d'une digne mère et vertueuse [...]. La délicatesse de [votre] tempérament [...] ne s'est fortifiée que par son ménagement [...] L'honnête éducation que vous avez eue a contribué à faire prendre forme à vos dispositions naturelles [...] qui vous ont conduit à Rome où la Providence vous avait fait naître des protecteurs[9]. » Étonnante indulgence d'un père qui semble avoir oublié la façon dont, nous le verrons, le fils finança son voyage ! Il semble bien que la santé de Jacques-Germain ait été dès la naissance délicate.

En 1776, Soufflot, en mission à Sens, demande au directeur des Bâtiments l'autorisation d'aller à Auxerre et à Irancy voir sa famille qu'il n'a pas vue depuis longtemps[10]. Suivant Leclerc, le biographe, l'architecte réunissait tous les dimanches les parents et disciples se trouvant alors à Paris ou même logeant chez lui, et conduisait son monde des Tuileries à l'église Saint-Germain-l'Auxerrois, sa paroisse, pour y entendre les offices.

La formation

Le père aurait d'abord fait donner au fils des leçons de droit ; mais il n'aurait pas combattu une vocation précoce et l'aurait envoyé à Paris apprendre l'architecture. Sur la première orientation, pas de doute : le père aura voulu transmettre à son aîné sa charge au bailliage d'Irancy. La vocation a pu naître de la fréquentation de la cathédrale d'Auxerre, pour laquelle Soufflot professa, sa vie durant, une profonde admiration, au dire de Leclerc, ou de la découverte de la chapelle du château de Fresnes, chef-d'œuvre de François Mansart **(ill. 2)**, qu'il étudia dans sa jeunesse. Ces premières références sont importantes : elles seront exploitées par l'adulte dont l'ambition sera de rassembler dans son œuvre ultime, l'église Sainte-Geneviève, la svelte structure des églises gothiques avec le « dôme », c'est-à-dire la tour-lanterne à coupole et à dôme des églises du XVIIe siècle dont la chapelle de Fresnes offrait un célèbre exemple.

Le passage par Fresnes accrédite un voyage, sinon un séjour, à Paris[11]. Dans sa notice nécrologique de 1780, Renou parle « d'excellentes études à Paris » ; or Renou était secrétaire administratif de l'Académie royale de peinture et de sculpture, où Soufflot était associé libre. Cependant, si Soufflot avait

1 - Portrait de Soufflot par Louis-Michel Van Loo, huile sur toile signée et datée 1767. On peut voir dans le cadre (non reproduit) deux dessins en médaillon représentant l'intérieur et l'extérieur de l'église Sainte-Geneviève, qui seraient de Soufflot lui-même.

fait ses études d'architecture à Paris, n'aurait-on pas conservé le nom de ses maîtres ? Le voyage de Paris a-t-il été plus que le prélude rituel du *cursus honorum* ?

Une remarque préalable s'impose : Soufflot est un des rares architectes français nés dans la décennie 1710 qui soient parvenus à la célébrité, et celle-ci s'explique peut-être en partie par cela : l'occurrence servira la carrière en donnant à Soufflot une longueur d'avance sur la génération de la décennie 1730, abondante et féconde, celle des Peyre, des De Wailly, des Boullée. Le seul contemporain de Soufflot qui mérite d'être cité est Jean-Laurent Legeay. Celui-ci est né vers 1710 ; ses maîtres ont été probablement Bruand et Courtonne. Il remportera le grand prix de l'Académie en 1732. Il ne deviendra pensionnaire du roi à Rome, où il rencontrera Soufflot, qu'en 1737 : curieusement ce retard était dû au fait que Soufflot, sans passer le concours, avait pris sa place à l'Académie de France. À son retour à Paris en 1742, il devint le gourou de la génération 1730. Il aurait pu être pour Soufflot un redoutable rival. Mais il cherchera fortune à l'étranger, ce qui, avec un caractère ombrageux, le perdra.

On peut comprendre que Soufflot lui-même n'ait pas été tenté par l'enseignement à l'Académie, qui n'attirait plus les ambitieux que par la perspective des concours : il avait cessé d'offrir une formation sérieuse depuis la mort d'Antoine Desgodets, le professeur de l'Académie, en 1728 ; Soufflot avait quinze ans. Et quand Jacques-François Blondel fonde en 1743 sa célèbre École des arts, Soufflot est déjà chargé de grands chantiers à Lyon. Cette lacune de l'enseignement parisien n'est que la première de celles qui vont façonner la carrière de Soufflot. L'avenir appartenait à cet habile autodidacte qui écrivait dans l'épitaphe qu'il s'était donnée à lui-même et qui a été transcrite sous son portrait : « Pour maître dans son art, il n'eut que la nature » **(ill. 28)**. Soufflot a pu fréquenter l'agence d'un architecte sans notoriété ; mais sans doute a-t-il tiré l'essentiel de son savoir du *Cours d'architecture* de François Blondel (1675-1683) : « Un savant cours d'architecture, écrit-il en 1739, qui, à mon avis, peut suffire pour former un jeune homme dans l'art de bâtir[12]. » Qui connaît ce cours pensera que Soufflot avait une définition bien limitée de cet art !

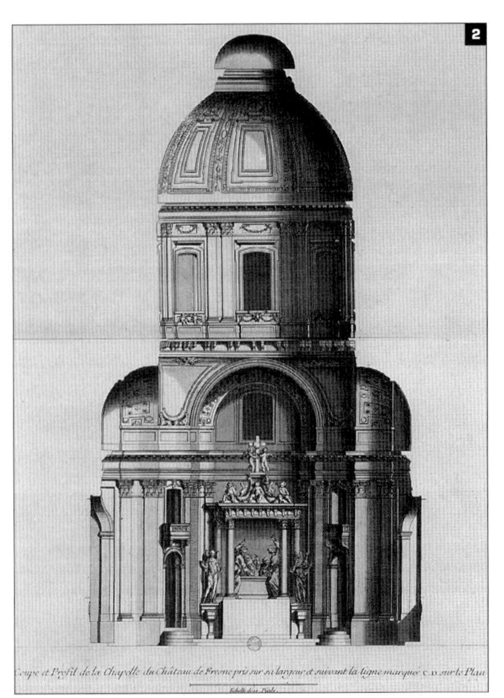

Le premier voyage dûment attesté de Soufflot à Paris n'est pas antérieur à 1749. En 1741, dans sa dissertation à l'Académie de Lyon sur les églises modernes, Soufflot fait bien mention de la cathédrale Notre-Dame, des églises Saint-Roch et Saint-Sulpice, des chapelles des Invalides et de Versailles ; mais il n'en dit pas plus qu'un rapide voyage aura pu lui apprendre. Le biographe local montre un jeune Soufflot rappelé très tôt au bercail par son père ; confiné entre Auxerre et Irancy et s'ennuyant ferme.

D'où l'incident. Jacques-Germain est envoyé à Auxerre pour toucher au nom de son père 1 200 francs, prix de vins embarqués pour Paris. « Ce trésor lui fascina l'esprit, il ne put résister à la tentation de déserter la maison paternelle, écrit Leclerc. Lorsque le soir arriva sans que le fils de la maison y reparut », l'inquiétude fut grande, et lorsque le lendemain le père se fut assuré que l'argent avait bien été touché, on crut le fils dépouillé et assassiné. Ce « fait bien grave [...] la plupart des biographes l'ont ignoré ou voulu dissimuler ». Jean-Jacques Lequeu, collaborateur dévoué du maître, écrit seulement : « Après avoir fini ses études, il profita d'une lettre de change que son père l'envoya toucher à Auxerre, pour aller directement à Rome où il se fortifia en peu d'années dans l'architecture. » Comme le jeune Soufflot prit alors « le nom et le costume d'un tailleur de pierre » – de toute évidence pour échapper à des poursuites –, les hagiographes ont fait du voyage Auxerre-Rome l'épreuve probatoire de l'enfant prodigue, « économisant sur ses journées les quelques blancs nécessaires pour continuer sa route », écrit Monval. Or la somme volée valait cinq fois celle que la direction des Bâtiments accordait aux pensionnaires du roi pour faire le voyage Paris-Rome ! Si Soufflot s'est bien arrêté à Lyon et y a travaillé, comme nous le croyons, ce n'est pas pour gagner l'argent du voyage mais pour se former sur le tas avant d'atteindre son but. Une participation au chantier de l'église Saint-Bruno-des-Chartreux de Lyon, sous la direction de Ferdinand Delamonce, expliquerait bien des choses. Si Soufflot envoie de Rome en 1733 un projet pour la tour-lanterne de Saint-Bruno, ce qui paraît avéré, il n'aurait pu le faire s'il ne connaissait pas le chantier. Il ne faut même pas exclure que Soufflot soit arrivé à Lyon sans formation et qu'il ait appris son métier de Delamonce.

Le premier séjour en Italie (1733-1738)

Sans trop savoir pourquoi, on date de 1731, soit le vol, soit l'arrivée de Soufflot en Italie, ou même à Rome. La présence à Rome n'est attestée qu'en 1733. Le 30 mars 1733, le notaire Bonifazio Senepa émet un certificat de vie concernant Soufflot, qui demeure chez Giovanni Caïa et sa femme Spirita, via dei Greci, près de la place d'Espagne. Le notaire écrit : *Attestimo per aver veduto detto signor Giacomo Germano Soufflot, aver parlato con esso in questo giorno*. Pourquoi cette attestation par un notaire ? Pour faire savoir à la famille que Jacques-Germain est en vie et lui permettre de recevoir l'aide financière d'un père, dont il attend le pardon ? Parvenu à Rome, écrit Leclerc, Soufflot « bientôt put faire connaître son existence à son père et invoquer un pardon qu'il était bien facile d'obtenir sur le cautionnement des amis qu'il s'était faits et qui garantissaient à la fois son excellente conduite et ses succès ». En 1733 et 1734, d'après les *Stati d'anime*, Soufflot fait ses pâques à S. Lorenzo in Lucina, dont dépend la via dei Greci[13].

La correspondance des directeurs de l'Académie de France à Rome nous apprend que le 9 décembre 1734, Nicolas Vleughels, directeur, a reçu Soufflot au palais Mancini, siège de l'Académie. Le privilège d'y résider est en principe réservé aux vainqueurs du grand prix ; mais il est partagé avec quelques pistonnés. Le duc de Saint-Aignan, ambassadeur du roi de France auprès du Saint-Siège, avait, dès 1733, recommandé Soufflot au duc d'Antin,

2 - Fresnes, chapelle du château, coupe publiée dans Mariette, *Architecture françoise* (1732).

3 - *Mascarade chinoise faite à Rome, le carnaval de l'année MDCCXXXV par Mrs les Pensionnaires du Roy de France en son académie des arts. Dédiée à son Excellence Mongr le Duc de saint-Aignan, Pair de france, Chevalier des Ordres du Roy et son Ambassadeur extraordinaire à Rome,* gravure de Jean-Baptiste Pierre, peut-être d'après un dessin de Michel-Ange Slodtz.

directeur des Bâtiments du roi, dont dépendait la décision. Apparaît pour la première fois une de ces interventions qui vont ponctuer la carrière de Soufflot et dont le ressort reste énigmatique. Qu'a pu faire Soufflot, qui vient peut-être d'arriver, pour s'attirer la bienveillante protection de l'ambassadeur ? Le 3 février 1735, Vleughels écrit que Soufflot « tout jeune qu'il est a beaucoup de mérite en architecture » ; le 20 juin 1736, qu'il achève « avec soin [...] un grand dessein qui est bon ». Enfin, le 16 mars 1738, Orry, successeur du duc d'Antin, autorise Soufflot à quitter Rome et lui accorde la gratification de 200 livres habituellement attribuées aux jeunes pensionnaires pour leurs frais de voyage.

À l'Académie, Soufflot a noué des relations, souvent amicales, avec des artistes qu'il retrouvera dans sa carrière, comme le sculpteur Michel-Ange Slodtz, les architectes Pierre-Gilles Coustiller et François II Franque. Ce dernier, qui appartenait à la génération 1710 (il est né en 1709) et qui avait été aussi admis à l'Académie sans avoir reçu le grand prix, fera, comme Soufflot, carrière en province avant de « monter » à Paris, à peu près au même moment, en dépit du jugement de Vleughels qui, de Franque, avait écrit : « C'est un architecte de province qui dessine passablement, avec un génie très modéré. Je ne pense pas qu'il pourra faire carrière à Paris ! » Slodtz, Coustiller, Franque, les sculpteurs Francin, Boudart, les peintres Boizot, Subleyras, Pierre, participent ensemble à la mascarade chinoise du Carnaval de 1735, illustré par une pittoresque gravure de Pierre qui aurait été établie d'après un dessin de Slodtz **(ill. 3)**[14].

Si l'on en croit les communications que Soufflot fait à l'Académie de Lyon à son retour, il ne s'est guère intéressé qu'aux églises modernes de Rome, qu'il affirme avoir relevées « avec toute l'exactitude possible ». Ce sont principalement des églises construites entre la seconde moitié du XVIe siècle et le tout début du XVIIIe siècle[15]. L'essentiel de son temps a été consacré à faire un relevé de la basilique Saint-Pierre. Le 4 mai 1739, Soufflot présente à l'Académie de Lyon « un plan qu'il a fait de l'église Saint-Pierre et de la Colonnade » ; le 30 mai, il « continue la description de l'église Saint-Pierre ; il traite de l'intérieur ». On s'étonne qu'il ait cru opportun de faire un relevé général de Saint-Pierre, alors que Jacques Tarade, architecte et ingénieur ordinaire du roi, en avait, dès 1659, exécuté un, gravé par Jean Marot : Soufflot en avait un exemplaire dans sa bibliothèque[16]. Cependant, il est probable que Soufflot s'est trouvé associé à Coustiller et à Franque pour réaliser une commande de Servandoni, le célèbre dessinateur de décors de théâtre, qui voulait monter dans l'immense scène de la salle des Machines, aux Tuileries, une vue intérieure de Saint-Pierre. Mariette a rendu compte de cet étonnant décor dans sa *Description abrégée de l'église Saint-Pierre de Rome et de la représentation de l'intérieur de cette église donnée à Paris dans la salle des Machines des Tuileries aux mois de mars et d'avril de l'année 1738 par le sieur Servandoni* (1738). Servandoni a utilisé les relevés gravés existants et des dessins exécutés par « M. Franque architecte et pensionnaire du roi en son académie royale de Rome [...] aidé de plusieurs de ses compagnons d'études dans la même académie », écrit Mariette. En étaient probablement Soufflot et Coustiller, qui avait envoyé ses propres dessins de Saint-Pierre en novembre 1735. Il est probable que les relevés gravés n'étaient pas assez détaillés pour fournir la matière d'une gigantesque représentation de l'intérieur de la basilique. Gabriel-Pierre-Martin Dumont, pensionnaire du roi, arrivé à Rome peu après que Soufflot en fut parti, présente encore à l'Académie en 1762 son propre relevé de Saint-Pierre.

Il se pourrait qu'il y ait eu des liens personnels entre Servandoni et Soufflot, qui exécuta ou modifia le projet de Servandoni pour le baldaquin de Saint-Bruno **(ill. 4)**. Rappelons que le père de Servandoni s'appelait en réalité Servan et était lyonnais. En février 1737, alors que Soufflot est encore à Rome, Servandoni donne son plan et son devis pour la construction de l'église de Coulanges-la-Vineuse, le village natal de la mère de Soufflot[17].

Les pensionnaires de la génération 1730 continueront à fréquenter la basilique Saint-Pierre, mais surtout pour en dessiner le mobilier. On a à l'esprit les admirables dessins de De Wailly d'après l'œuvre du Bernin, le baldaquin, la chaire de saint Pierre, le tombeau de la comtesse Mathilde de Toscane, tombeau pour lequel nous avons le seul dessin de Soufflot qui soit à peu près sûrement du jeune Soufflot pensionnaire de l'Académie **(ill. 5)**.

Rares et incertaines sont les preuves que l'examen de Soufflot ne s'est pas limité à l'architecture religieuse du baroque romain. Une allusion à la cathédrale de Milan et aux « belles antiques » dans les discours de Lyon : rien de bien original, puisque la cathédrale gothique de Milan était intégrée dans le répertoire classique, dans le *Cours d'architecture* de François Blondel notamment, et que les statues des

4

4 - Lyon, église Saint-Bruno-des-Chartreux, baldaquin.

5 - Rome, basilique Saint-Pierre, monument de la comtesse Mathilde de Toscane, œuvre du Bernin relevée par Soufflot en 1738.

6 - Rome, projet de fontaine à la Navicella attribué à Soufflot, emplacement actuel inconnu.

collections romaines, de l'*Apollon du Belvédère* à l'*Hercule Farnèse*, étaient inscrites au même répertoire. Avec cela, deux œuvres imparfaitement datées et attribuées : un dessin de l'Albertina représentant l'escalier du palais Farnèse à Caprarola, qui, de toute évidence, est d'Hubert Robert[18] et non de Soufflot ; la fontaine à la Navicella **(ill. 6)**, qui n'est probablement qu'un caprice remployant un vestige antique dans une composition à la Bernin[19].

Au total, une grande indifférence à l'égard de la Rome antique, qui n'est pas sans surprendre de la part d'un des pères du néoclassicisme. Qu'il advienne que l'on découvre un jour des relevés de Soufflot d'après l'antique nous paraît peu probable[20], car cette indifférence est bien attestée par les discours de Lyon, où il n'est même pas question du célèbre Panthéon. Il faut se garder de suivre Monval qui, son guide de Rome en main, nous conduit aux sites que Soufflot en effet n'a pas pu ne pas voir, mais qu'il n'a pas nécessairement considérés. L'hypothèse d'un voyage en Asie Mineure, avancée par les biographes, paraît devoir être rejetée : pourquoi Soufflot serait-il allé chercher si loin ce qu'il négligeait à Rome ?

Quant aux églises modernes, Soufflot ne s'est sans doute pas contenté d'étudier leur tour-lanterne, comme pourrait le laisser croire ce qu'on appelle les « Autorités », c'est-à-dire les relevés gravés des tours-lanternes rassemblés par Soufflot pour justifier le parti adopté dans la construction de l'église Sainte-Geneviève. Ces relevés sont bien postérieurs aux années 1730 et exécutés sur commande de Soufflot mais par d'autres auteurs.

Cependant Soufflot pourrait bien s'être plus particulièrement intéressé à la question des tours-lanternes dès son premier séjour romain, puisque, nous l'avons dit, il a adressé de Rome aux chartreux de Lyon un ouvrage de ce type pour leur église Saint-Bruno. Le fait est contesté. Et pourtant, « Soufflot se plaisait à dire que cet ouvrage était celui qui justifiait le mieux la réputation qu'il avait eu le bonheur d'acquérir », écrit Leclerc. En 1746, Soufflot appelle sur le chantier de Saint-Bruno son condisciple le sculpteur Jean-Baptiste Boudart.

Le premier séjour à Lyon (1738-1749)

En mars 1738, Soufflot a donc reçu l'autorisation sans laquelle il n'aurait pu quitter l'Académie de France. Il part pour Lyon. En novembre, il est reçu à l'Académie lyonnaise des beaux-arts, fondée en 1736, qui deviendra en 1758 l'Académie des sciences et des beaux-arts. En décembre, il va à Paris pour rencontrer le duc de Villeroy, gouverneur du Lyonnais, et le cardinal de Tencin, archevêque de Lyon ; mais les Lyonnais le soupçonnent, non sans raison semble-t-il, de vouloir tenter sa chance dans la capitale.

L'endettement de l'État, le peu d'intérêt du jeune roi pour les grandes entreprises urbaines, le goût pour le rococo qui ne s'exprime jamais si bien que dans l'intime, l'impression que Paris a été déjà bien servi du temps de Louis XIV expliquent l'abandon dans lequel est laissé le chantier public de la capitale. Cependant une réaction se prépare qui, associant l'embellissement de Paris et la condamnation du rococo, fera de Soufflot, dix ans plus tard, l'un des plus importants bénéficiaires de la reprise d'activité. C'est précisément en 1737-1738 que Jacques-François Blondel écrit : « Il y a quelque apparence que c'est ce peu d'occasion d'élever de grands monuments qui accoutume insensiblement les jeunes architectes à perdre de vue l'origine des préceptes de leur art [21]. » Pour être juste, les occasions ne manquent pas, mais elles sont en province.

Le gouverneur du Lyonnais et l'archevêque de Lyon sont les principaux protecteurs de Soufflot : une fois encore, on s'interroge sur la façon dont celui-ci s'est attiré ces hautes protections. Le discours de réception à l'Académie est un hommage au gouverneur, auquel Soufflot a dédié un projet (aujourd'hui perdu) de « porte du Rhône ». Le cardinal lui fait moderniser l'archevêché et son château d'Oullins. Ce sont apparemment des Lyonnais rencontrés en Italie, l'abbé Antoine de La Croix-Laval, dit l'abbé Lacroix, l'avocat Jean-François Genève, le trésorier de France Claude Ruffier d'Attignat, qui ont recommandé Soufflot aux recteurs de l'hôtel-Dieu, qui voulaient agrandir leur établissement. Au nombre des relations figurent les Tronchin, Jean-Robert, banquier lyonnais, et le docteur François Tronchin, le célèbre spécialiste de la vaccination contre la variole. On ne voit pas comment ce réseau d'amitiés et de protections se serait formé si Soufflot ne s'était pas fait connaître par un premier séjour au début des années 1730 et s'il ne s'était pas rappelé au souvenir des Lyonnais par l'envoi du projet pour Saint-Bruno.

Fort opportunément, Ferdinand Delamonce, le maître d'œuvre de Saint-Bruno, l'architecte qui occupe le premier rang à Lyon, le seul qui ait été admis à l'Académie avant Soufflot, prend sa retraite en 1738. La recomposition des allégeances à l'intérieur de la profession va se faire autour de Soufflot. Ennemond Petitot, son élève lyonnais, obtient en 1745 le grand prix à l'Académie royale d'architecture. Peut-être est-ce pour retrouver l'adjoint qu'il croyait avoir avec Petitot que Soufflot fait venir de Paris en 1747 Toussaint Loyer, dont l'activité à Lyon profitera de l'accaparement de Soufflot par les travaux parisiens.

La décennie 1738-1749 a été féconde, brillante et lucrative : l'achèvement du chantier de Saint-Bruno, la construction du couvent des Génovéfains, les chanoines que Soufflot retrouvera à Paris, la spéculation dans le quartier Saint-Clair, la construction de maisons pour les particuliers, mais surtout le projet d'arc en l'honneur de Louis XV **(ill. 91)**, l'agrandissement de la loge du Change et de l'hôtel-Dieu, dont les dessins ont été diffusés par la gravure, ont fondé la notoriété de l'architecte. À propos de l'hôtel-Dieu, Quatremère de Quincy écrit dans sa biographie de Soufflot : « La belle disposition de ce plan d'hôpital fit beaucoup d'honneur à Soufflot et l'indiqua dès ses début pour un des meilleurs architectes de son époque. » Hommage remarquable de la part de celui qui devait, à la fin du siècle, dénaturer le chef-d'œuvre de Soufflot.

En février 1749, la république de Genève, sans doute conseillée par les Tronchin, consulte Soufflot à propos de la reconstruction de la façade de la cathé-

7 - Lyon, hôtel-Dieu, façade sur le quai.

drale Saint-Pierre. Soufflot ne profitera pas de l'occasion qui lui est offerte de donner un projet : il s'apprête à partir une seconde fois pour l'Italie.

Les voyages d'Italie de 1750 et de 1778

En 1749, la fortune se met une fois de plus au service de Soufflot : celui-ci est élu à l'Académie royale d'architecture et il est choisi pour accompagner, dans son voyage d'Italie, Abel Poisson, M. de Vandières, le frère de la marquise de Pompadour. Les faveurs viennent de la favorite elle-même, à laquelle Soufflot a dû être recommandé par Villeroy et par Tencin.

En novembre, Soufflot, qui avait en 1742 présenté ses plans de l'hôtel-Dieu à l'Académie royale d'architecture, est élu membre de celle-ci grâce à l'intervention du gouverneur du Lyonnais auprès de M. de Tournehem, oncle de la Pompadour, et directeur des Bâtiments dont dépend l'Académie[22]. Quant à l'archevêque de Lyon, qui est devenu ministre, il a, avec sa sœur, Mme de Tencin, la femme de lettres, dont il partage la mauvaise réputation, favorisé les débuts de la Pompadour. On dit que la marquise aurait admiré la gravure de la façade de l'hôtel-Dieu. Avait-elle vraiment le goût si sévère ? Elle n'a pas pu voir la loge, plus aimable, qui n'a été gravée qu'en 1752 **(ill. 66)**. Soufflot jeune, joli garçon **(ill. 26)**, était sûrement apprécié de la société ; mais on l'imagine mal empruntant les voies de la galanterie pour séduire l'un ou l'autre sexe. On interprétera son célibat comme on voudra !

Le voyage d'Italie doit apprendre au jeune Vandières (il a dix-neuf ans), qui a la survivance de la charge de son oncle Tournehem, à découvrir « le vrai beau ». Vandières, qui aura la haute main sur l'art français, est invité à soutenir le mouvement qui se dessine en faveur de la grande manière, celle qui caractérisait le règne de Louis XIV et dont Colbert, comme surintendant des Bâtiments, secondé par les Perrault, avait été le tuteur. En cette même année 1749, Voltaire publie ses *Embellissements de Paris* ; Lafont de Saint-Yenne, *L'Ombre du grand Colbert*. L'un et l'autre réclament l'achèvement du programme de Colbert pour Paris, l'achèvement du Louvre, et en particulier de la Colonnade de Perrault, élue parangon de l'architecture française.

Le voyage de Vandières n'est lui-même qu'une réédition du voyage en Italie que Colbert avait organisé pour son fils Seignelay, dont il espérait qu'il lui succéderait à la surintendance des Bâtiments : il l'avait fait accompagner d'un architecte, d'un dessinateur et d'un homme de lettres. Pour Vandières, l'architecte sera Soufflot ; le dessinateur, Charles-Nicolas Cochin, illustrateur à la mode ; l'homme de lettres, l'abbé Jean-Bernard Leblanc. On a souvent dit que c'était Cochin qui avait recommandé Soufflot ; mais c'est l'inverse qui s'est passé, au dire de Cochin lui-même. L'abbé s'était fait remarquer par ses lettres sur l'Angleterre où il avait démontré la supériorité de la civilisation française et dénoncé les dangers que lui faisait courir la dépravation du goût. En novembre, mois décisif pour tous, l'abbé a été nommé par Tournehem historiographe des Bâtiments du roi, fonction qui n'avait pas été assurée depuis Félibien, autre agent de la politique de Colbert.

Les quatre voyageurs quittent Paris le 20 décembre. Ils sont en janvier à Lyon, où Joachim Gras, amateur d'art et ami de Soufflot, se joint à eux pour les premières étapes[23]. En janvier et février, ils sont à Turin, où Soufflot fait le relevé du théâtre, le plus moderne d'Europe (il a été inauguré en 1740). L'un des buts du voyage était en effet de s'informer sur les théâtres d'Italie avec l'ambition de moderniser les théâtres français qui ressemblaient encore trop à des jeux de paume. Déjà en 1745, Ange-Jacques Gabriel, qui préparait son projet pour l'Opéra de Versailles, avait commandé des relevés des théâtres italiens à Nicolas-Marie Potain, Grand Prix de 1738. Sans doute Soufflot regarde-t-il aussi les églises de Guarini, mais pas très attentivement, car il semble bien les avoir confondues par la suite.

En février, ils sont à Milan, où le théâtre ne peut offrir à la réflexion que ses défauts ; puis à Plaisance, à Parme, où ils s'arrêtent une semaine pour faire leur cour aux Bourbons du duché, mais aussi pour dessiner le théâtre, qui est, comme celui de Palladio à Vicence, à la manière antique ; puis Modène, Ravenne, Imola, Faenza, Forli, Rimini, Pesaro, Fano, Ancône, etc., la route directe de Rome, qui, notons-le, ne passe ni par Venise ni par Vicence.

À Rome, où ils arrivent le 25 mars, on leur fait fête. Le portraitiste Pietro-Leone Ghezzi les caricature

spirituellement **(ill. 29)**. Soufflot rencontre Gabriel-Pierre-Martin Dumont et Jérôme-Charles Bellicard, les Grands Prix de 1737 et de 1747, qui seront des collaborateurs. Soufflot est élu le 7 juin et reçu le 2 août à l'Accademia di S. Luca, à laquelle il fait don d'un projet d'arc en l'honneur du pape Benoît XIV **(ill. 89 et 90)**. Échange de bons procédés, le pape accorde une indulgence plénière à Soufflot, à ses parents et alliés au premier degré et à douze personnes désignées par Soufflot[24] ! On ne sait rien de plus sur ce séjour romain.

On en sait plus sur celui de Cochin qui a laissé un récit de ce voyage. Condamnation du S. Carlo alle Quattro Fontane de Borromini : « Je ne crois pas qu'il existe en architecture rien d'aussi ridicule. » Réserve pour la S. Maria della Pace de Cortone et pour le S. Andrea du Bernin. Mais éloge des églises qui avaient déjà retenu l'attention de Soufflot lors de son premier séjour. S. Carlo al Corso : « Une des mieux qu'il y ait à Rome. [...] La coupole est de toute beauté. » S. Carlo ai Catinari : « Le portail est des meilleurs de Rome. » L'amitié profonde et durable qui liera les deux voyageurs était probablement en partie fondée sur une conformité de goûts ; mais il faut évidemment se garder de prêter à Soufflot les jugements de Cochin.

Le fait marquant du séjour italien sera la découverte de Paestum, prolongement inattendu du voyage entrepris pour voir le Vésuve et Herculanum. Le premier fascine Soufflot ; le second le déçoit. Les fouilles du site antique n'en sont qu'à leur début ; les parties découvertes ont été en partie remblayées. Dépouillé de ses marbres et de ses ornements, le théâtre a petite mine, bien qu'on ne veuille pas se l'avouer. Les peintures, qui ont été mises à l'abri à Portici, ne valent pas la peinture française contemporaine. Soufflot, qui travaille au palais de Portici pour la reine des Deux-Siciles, fera devant l'Académie de Lyon le récit de son voyage : « En me plaignant de ce qu'on jouissait si peu des découvertes d'Herculanée, un homme plein de goût [...], que j'avais l'honneur de voir souvent à Naples, me parla d'une ville qui en était éloignée d'environ trente lieues par mer, il ne l'avait point vue mais un peintre habile [...] y avait fait un voyage pour voir de grands temples d'architecture grecque ; je me déterminais au voyage et partis dans une felouque avec le même peintre et quelques architectes[25]. » On sait aujourd'hui que l'informateur était le comte Gazzola ; le peintre, Giovanni Battista Natali ; et « les » architectes, Dumont. La petite troupe n'était pas la première à arriver sur le site. L'architecte napolitain Mario Gioffredo y était en 1746. Le comte Gazzola y était bien allé lui-même, quoi qu'en ait dit Soufflot, puisque l'indicateur s'est plaint de l'usage indiscret que Soufflot avait fait de ses propres relevés[26]. L'ouverture des fouilles d'Herculanum en 1738 avait réanimé l'intérêt pour l'archéologie, quelque peu émoussé. La prospection et l'étude des sites prennent alors l'allure d'une compétition internationale, dans laquelle les Français vont marquer un point important avec *Les Ruines des plus beaux monuments de la Grèce*, publiées en 1758 par Julien-David Le Roy. Et, en vérité, on est en droit de se demander si le seul objectif de Soufflot n'était pas d'arriver le premier à Paestum. Dans le récit de son voyage, où l'observation du Vésuve occupe une grande place, les temples de Paestum sont seulement commentés d'une ligne : « Les temples paraissent avoir été construits lorsque l'ordre dorique était encore au berceau. » Rien de l'émotion que la révélation de l'architecture primitive aurait dû produire ! Les temples ont fait l'objet d'un relevé de Soufflot et de Dumont, gravés et publiés par celui-ci en 1764 sous le titre *Suitte [sic] des plans, coupes, profils, élévations géométrales et perspectives des trois temples antiques [de Paestum]* **(ill. 38)**.

En juin, Soufflot était à Naples, en juillet à Paestum, en août à Viterbe[27] où, malade, il est venu prendre les eaux ; en novembre, il est de nouveau à Naples. Là, il rencontre peut-être Ferdinando Fuga, qui est en train de rédiger son projet pour l'Albergo dei Poveri ; il lui aurait donné le tirage de la gravure de l'hôtel-Dieu de Lyon, aujourd'hui conservé à l'Archivio di Stato de la ville : il est patent que Fuga s'est inspiré de l'hôpital lyonnais pour dessiner la façade de l'hôpital napolitain[28]. Sa santé oblige Soufflot à rentrer en France et à abandonner la troupe de Vandières, où Bellicard le remplace. Le 20 janvier 1751, il est à Marseille.

Reste à examiner quelques hypothétiques destinations. D'abord celle de l'Asie Mineure. La chronologie du voyage de 1750, bien connue, ne laisse aucune place pour ce long détour. La Grande Grèce devenant à la mode, on aura confondu la Campanie avec l'Ionie, voire même avec la Dalmatie, dont les Wood, les Revett, les Adam s'apprêtent à faire l'exploration. Deuxième hypothèse, le passage par Vicence, où Soufflot aurait admiré le théâtre Olympique. La chronologie est encore ici parfaitement explicite. Ni à l'aller ni au retour ! On aura oublié que Soufflot n'était plus avec Vandières, quand celui-ci est passé par Vicence. D'ailleurs, dans la présentation qu'il fait à l'Académie lyonnaise de son projet de salle de spectacle, Soufflot place le théâtre de Palladio à Vérone ! Simple lapsus évidemment. L'absence de tout commentaire est plus révélateur.

À Vicence, il y serait allé cependant, mais à deux ans de sa mort. Le témoignage de Tommaso Temanza, l'architecte vénitien, paraît irréfutable. Le 12 octobre 1778, il écrit à son confrère vicentin Bertotti Scamozzi, le gardien du culte palladien : « Un célèbre architecte français du nom de Mr Souflet [*sic*] m'est arrivé à l'improviste, venant de Rome, recommandé par un de mes très chers amis. Il retourne en France en faisant le voyage de Lombardie. [...] Il est l'auteur du célèbre temple de Sainte-Geneviève[29]. » Temanza demande au confrère d'accueillir Soufflot qui veut voir l'œuvre de Palladio. Dans une lettre du 17 octobre à un autre confrère, Giannantonio Selva, Temanza dit avoir rencontré plusieurs fois à Venise cet « homme célèbre architecte de Sainte-Geneviève », qui avait un compagnon de voyage. Temanza avait été nommé correspondant étranger de l'Académie, sur l'avis de Soufflot ; mais les deux hommes ne devaient pas s'être encore rencontrés. Cette rencontre tardive a-t-elle vraiment eu lieu ? Perclus de rhumatismes, Soufflot se rend de moins en moins souvent à l'Académie. Dans une lettre du 27 janvier 1777 à D'Angiviller, il écrit : « Je dois à mon âge [...] de ménager le reste de mes facultés pour achever l'ouvrage considérable [Sainte-Geneviève] qui m'exigera presque tout entier dans ces années. » En juillet 1778, il est trop malade pour faire à l'Observatoire une visite requise par ses fonctions. Le 17 avril 1779, dans une nouvelle lettre au directeur, il justifie ces manquements : « Parvenu à l'âge que j'ai, il m'a paru naturel depuis quelques années de vivre plus retiré[30]. » En 1775, Soufflot aîné avait envoyé Soufflot cadet à Rome pour se perfectionner, nous l'avons dit. Le 23 mars et le 30 juin 1778, l'aîné présente à l'Académie les relevés que le cadet a exécutés du pseudo-temple de la Minerva Medica et de la fontaine de la place Navone ; le 20 juillet, l'Académie réclame un double des dessins exécutés à Rome par le cadet ; le 3 août, l'aîné est présent à la séance de

8 - Lyon, maison Roux, n° 13, quai Lassagne.

l'Académie ; le 16 novembre, il y présente son projet pour la fontaine de la Croix-du-Trahoir. Ainsi, entre le 3 août et le 16 novembre, il serait retourné à Rome, puis serait allé à Venise, où il aurait rencontré Temanza en octobre, et enfin à Vicence ! Voyage éclair compte tenu des délais de route, et bien fatigant pour un rhumatisant ! Quel aurait été l'objectif d'un si singulier et si tardif voyage alors que la conduite de Sainte-Geneviève requérait tout le temps de l'architecte ? Soufflot cadet aurait-il usurpé l'identité de son aîné ? Aurait-il pu tromper les architectes italiens ?

Entre Lyon, Paris et autres lieux (1750-1780)

À partir de 1750, Soufflot partage son temps entre Lyon, qui est sa résidence principale jusqu'en 1755, et Paris, où il s'installe à cette date. En 1751, Vandières, devenu marquis de Marigny, a pris la succession de Tournehem : il s'accommode d'autant moins de savoir loin de lui l'ancien compagnon de voyage qu'il compte sur l'ami Soufflot pour mener à bien la restauration stylistique dont il veut faire la priorité de son directorat, mais aussi pour contrer l'influent Gabriel, le Premier architecte, qui prend ses ordres directement auprès du roi. Le 6 janvier 1755, sur le conseil de Marigny, Louis XV choisit Soufflot pour construire l'édifice le plus important du règne, la nouvelle église des Génovéfains de Paris. Soufflot va naturellement où la célébrité l'appelle.

Cependant, fin 1754, il avait été nommé pour l'année directeur de l'Académie de Lyon. Par la suite, il reviendra plusieurs fois à Lyon, et en particulier en 1756 pour assister à l'inauguration du théâtre. Cette salle de spectacle est son œuvre **(ill. 69 à 73)** : sans doute la plus importante après la nouvelle église Sainte-Geneviève, car elle est la première réalisation de la nouvelle architecture théâtrale, qui va foisonner en France pendant un ou deux siècles. Les observations faites en Italie seront utiles et peut-être ont-elles été collectées plus particulièrement en prévision d'une construction programmée. Cependant la décision de construire n'est prise qu'en 1754.

Soufflot garde la direction de la construction de l'hôtel-Dieu jusqu'en 1757 ; il la cède alors à ses collaborateurs, en particulier à Loyer, qu'il accusera d'avoir modifié son projet sans son autorisation. Les recteurs l'ont aussi chargé de l'entretien de toutes les possessions immobilières de l'hôtel-Dieu, ce qui l'amène à reconstruire quelques maisons qui n'ajoutent rien à sa gloire. La maison Roux est la plus intéressante **(ill. 8)**, mais il n'est pas assuré qu'elle soit bien de lui. Comme spéculateur ou comme conseiller, mais aussi comme concepteur, il intervient encore dans le quartier Saint-Clair, puis dans les nouveaux quartiers des Brotteaux et de Perrache **(ill. 158)**. Il est même nommé par les consuls contrôleur des bâtiments et embellissements de la ville de Lyon en octobre 1773. Cette nomination tardive cesse de paraître surprenante si l'on se souvient qu'en juillet Marigny avait démissionné de la direction : ayant perdu son protecteur, Soufflot a-t-il songé à revenir à des activités en province ? À Lyon, Soufflot cultive les amis : les anciens, l'abbé Lacroix qu'il aide à fonder une école de dessin (1751)[31], et les nouveaux. Il fait la connaissance d'Henri-Léonard Bertin, intendant à Lyon de 1754 à 1757, et de Jean-Baptiste Rondelet, élève de Loyer, qui sera l'un de ses collaborateurs. Il travaille peut-être dans quelques maisons des environs de Lyon **(ill. 9)**.

8

9 - Caluire-et-Cuire (Rhône), la Rivette, le nymphée.

10 à 12 - Chatou (Yvelines), le nymphée.

13

14

15

Château de Menars (Loir-et-Cher).

13 et 14 - Grotte.

15 - Salon de raccordement du château et de l'orangerie.

16 - Grotte, gravure de Sellier.

17 - Salon de raccordement, projet, collection Marigny.

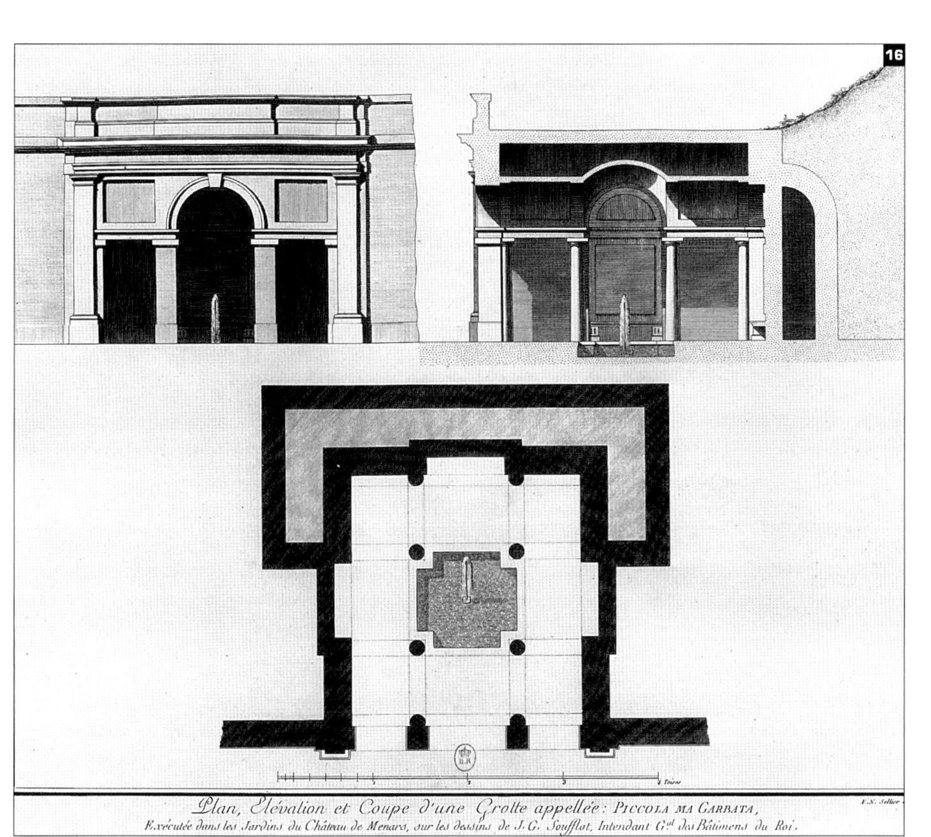

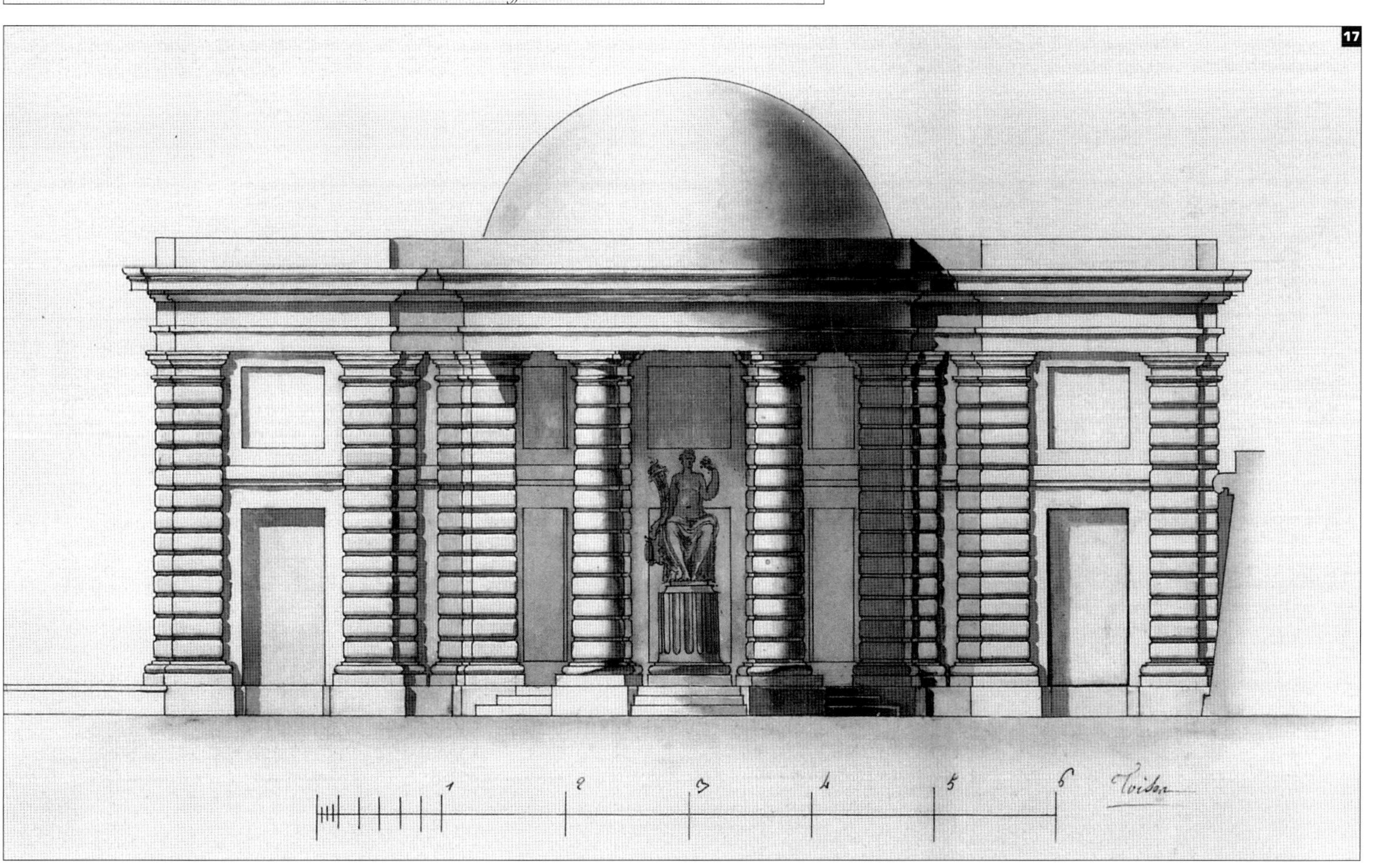

Être à Paris, c'est être partout en France et même en Europe. Soufflot intervient à Mâcon **(ill. 182 à 185)** et à Vienne, à partir de Lyon ; peut-être à Chatou, près de Paris, chez Bertin **(ill. 10 à 12)** ; sûrement à Menars chez Marigny, devenu marquis de Menars **(ill. 13 à 22)**. Il envoie des projets à Bordeaux, à Rennes, à Reims **(ill. 44 à 46)**. Du fait de son appartenance à l'Académie d'architecture, où il siège dans la première classe depuis 1755, ou au titre des fonctions qu'il exerce à la direction des Bâtiments, il est consulté à Versailles et à Compiègne, à Sens et à Tours, à La Rochelle et à Montpellier, à Lille et à Strasbourg, à Liège et à Stuttgart. Le duc de Parme lui propose la place d'*architetto delle fabriche ducali* : sur le refus de Soufflot, Petitot est nommé à cette place en 1753. Lorsqu'en 1760 l'Académie décide de s'associer des correspondants provinciaux ou étrangers (trois provinciaux, neuf étrangers), Soufflot oriente les choix sur Roux, architecte à Lyon, Jollivet, architecte des états de Bourgogne, D'Aggeville, architecte et professeur d'architecture à l'Académie de Marseille, Petitot de Parme, Ritter de Berne, Tagliafichi de Gênes, Temanza de Venise, Vallin de La Mothe de Saint-Pétersbourg.

Aux concours académiques, des concurrents se présentent avec le titre d'élève de Soufflot : ce sont Balthasar-Philippe Bugni, le Lyonnais Benoît de Gérando, Jean-Baptiste-Claude Jallier, Just-François Boucher, Florent-Alexis Desgranges. Aucun n'obtient le grand prix. Il ne faut pas en tirer de conclusion sur la pédagogie de Soufflot, qui ne s'est même peut-être pas exercée sur ces concurrents ; ceux-ci ne sont élèves de Soufflot qu'en titre : on ne peut en effet se présenter aux concours qu'avec le patronage d'un académicien, chaque académicien ne pouvant patronner qu'un élève par concours.

En 1755, Soufflot a été nommé contrôleur des Bâtiments du roi à Marly, puis aussitôt après au département de Paris, en même temps qu'il succédait comme architecte de la Pompadour à Lassurance et à Garnier d'Isle, décédés. Le département de Paris est le plus important des dix-huit départements de la direction des Bâtiments ; la charge qu'occupait Garnier d'Isle rapporte 6 000 livres par an. Soufflot a dû la racheter 90 000 livres au fils de Garnier, qui l'aurait bien occupée, mais on ne lui a pas demandé son avis. Soufflot a sous ses ordres trois inspecteurs, qui sont Maximilien Brébion, Hubert Pluyette et Charles-Pierre Coustou, fils et frère des sculpteurs Guillaume I et Guillaume II. En 1756, Soufflot est nommé directeur des manufactures royales des Gobelins et de la Savonnerie, qui dépendent de la direction des Bâtiments. L'architecte Robert De Cotte avait déjà exercé cette fonction. En 1757, Soufflot est anobli et reçoit l'ordre de Saint-Michel. Il se donne pour blason : D'argent à une colonne de gueules accostée de deux castors au naturel posés en pal[32].

En 1773, Marigny démissionne. Il est remplacé à la direction par l'abbé Terray, lui-même remplacé l'année suivante, après la mort de Louis XV, par le comte d'Angiviller. Gabriel démissionne à son tour en 1775. C'est à Richard Mique, protégé de la reine, que revient le titre de Premier architecte, auquel Soufflot pouvait prétendre. En compensation, celui-ci est nommé architecte ordinaire et contrôleur général ambulant des Bâtiments du roi. Est-il nécessaire de rappeler que, dans le jargon de l'administration de l'Ancien Régime, ordinaire n'est pas loin de signifier « extraordinaire » ?

18 - Château de Menars, salon de raccordement et orangerie.

Château de Menars, projet, collection Marigny.

19 - Cabinet de silence.

20 - Obélisque du Rond-de-Cour.

21 - Temple d'Apollon.

22 - Rotonde dorique pour le Rond-de-Cour.

Dans les absences de Gabriel qui préside encore l'Académie, Mique, qui n'est même pas académicien, prétend assurer cette présidence. Il la prendra en 1782 au décès de Gabriel. Mais jusqu'à son propre décès, Soufflot est reconnu comme le second personnage de l'Académie. D'Angiviller, qui est réformateur et autoritaire, supprime en 1775 le titre de Premier architecte et crée trois places d'intendant général, auxquelles sont nommés, dans l'ordre de préséance, Mique, Soufflot et Hazon. Nicolas-Henri Jardin hérite du titre d'architecte ordinaire.

Mis à part l'église Sainte-Geneviève, l'œuvre de Soufflot à Paris n'a pas laissé de témoins majeurs. Les principales traces sont au sol, dans les aménagements de voirie aux Champs-Élysées et devant Sainte-Geneviève. Mais faute d'argent et de continuité dans les instructions des directeurs, Soufflot n'a pas pu mener à bien le dégagement de la Colonnade du Louvre et la réhabilitation du palais lui-même, ce qui était pourtant le premier objectif de la direction. Soufflot a participé au concours ouvert en 1753 pour créer une place royale là où Gabriel réalisera la place Louis-XV (place de la Concorde) ; mais son projet, de l'avis de Marigny lui-même, n'était pas bon **(ill. 47 et 48)**. Soufflot avait fait aussi un projet pour cette place entre l'île Saint-Louis et l'île de la Cité **(ill. 49)**. Il manque une information sûre pour juger de ses projets de théâtre **(ill. 74 à 76)**. La sacristie de Notre-Dame **(ill. 98 à 110)**, le château d'eau de la Croix-du-Trahoir **(ill. 55 à 57)**, les Écoles de droit **(ill. 52 et 53, 175 à 177)** sont des réalisation de qualité, mais somme toute assez modestes. La maison de Marigny au Roule ne mérite peut-être pas la réputation qu'elle a eue **(ill. 23 à 25)**. Au total, il nous semble que ce bilan, un peu décevant, ne peut pas être entièrement attribué aux conditions générales de la construction qui ne se sont améliorées qu'au début des années 1760 et n'ont dynamisé la commande, mais surtout la commande privée, que dans les années 1770. Les capacités du maître ont été en quelque sorte accaparées par les servitudes de l'administration et par le chantier principal, celui de Sainte-Geneviève.

19

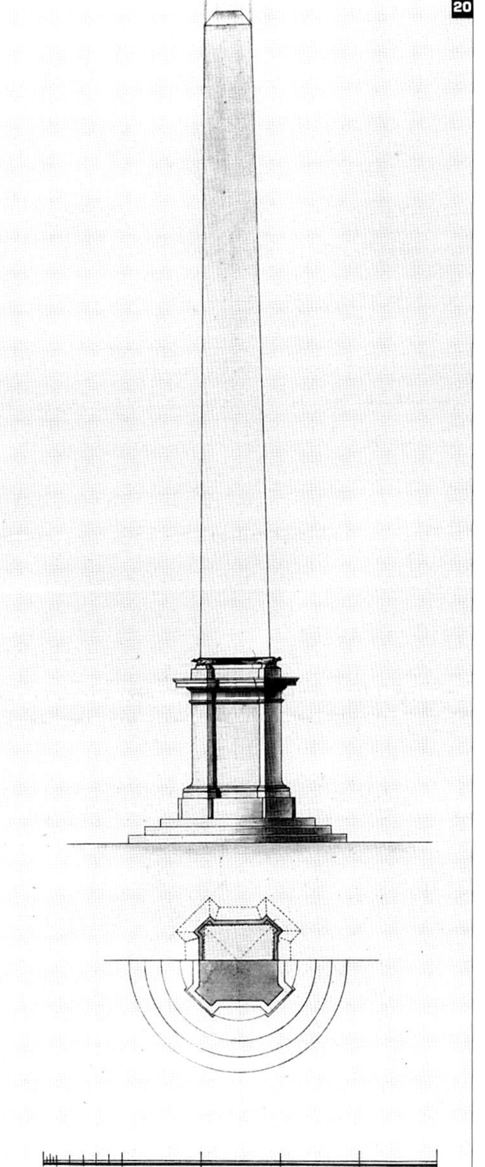
20

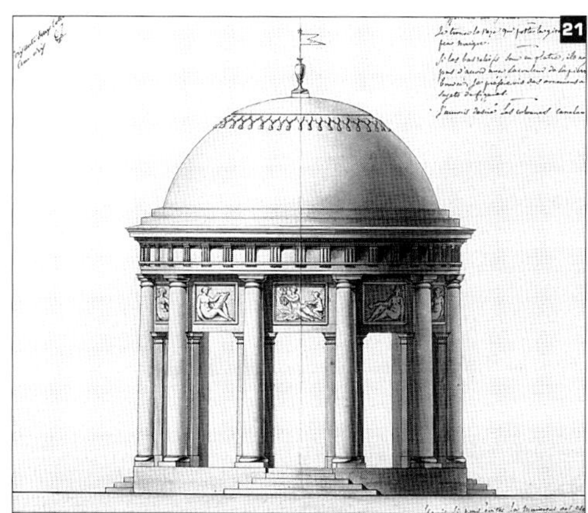
21

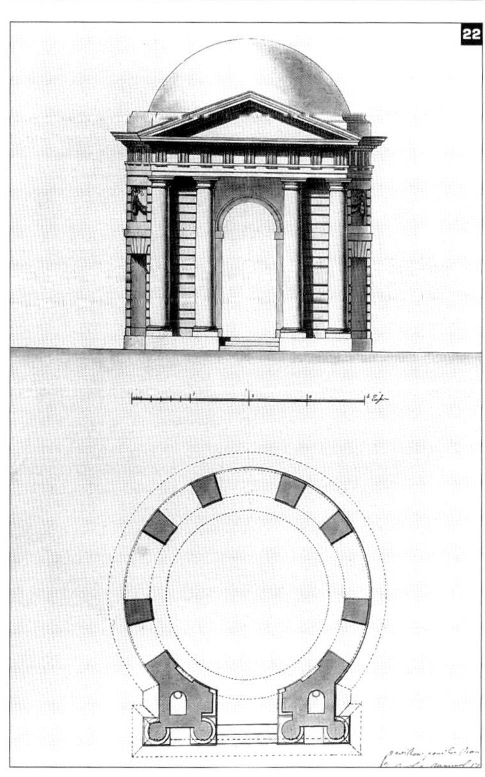
22

Elevation de La Maison de Monsieur Le Marquis de Marigny.

Paris, maison Marigny, faubourg du Roule.

23 à 25 - Élévations et plan, projets.

24

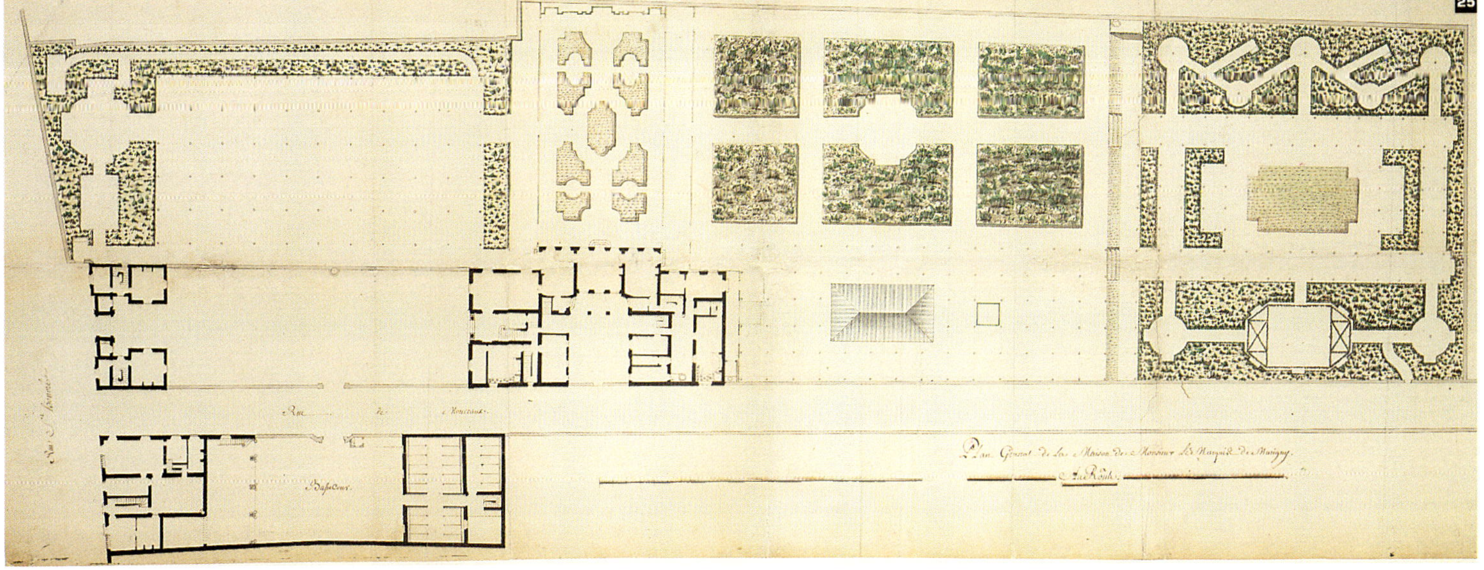

25

Le projet pour Sainte-Geneviève approuvé par le roi en 1757, un peu plus de deux ans après la désignation de Soufflot comme maître d'œuvre, a été gravé par Bellicard, désigné par Louis XV pour seconder Soufflot, et par Charpentier **(ill. 127 et 128)**, sans doute parce que les gravures de Bellicard avaient déçu. Le projet de 1757 sera maintes fois modifié. La première pierre n'est posée que le 6 septembre 1764. Il a fallu sept ans pour réaliser des fondations en un terrain difficile et pour achever la crypte.

En 1769, on commence à construire les piles de la croisée, qui doivent porter la tour-lanterne. Pierre Patte adresse à Marigny un mémoire démontrant que ces piles ne pourront porter celle-ci. « Je ne peux me défendre de quelques inquiétudes », écrit Marigny à Soufflot (10 novembre 1769). Cependant Patte a montré son mémoire à Perronet, le célèbre ingénieur, fondateur de l'École des ponts et chaussées, qui prend le parti de Soufflot. Aussi Soufflot peut-il répondre à Marigny : « Le sieur Patte [est] aveuglé par sa méchanceté dont il a donné tant de preuves. [...] Nouvel Érostrate, son but est de faire du bruit. [...] C'est après avoir dîné chez moi pour conférer sur les dômes qu'il est allé à Londres étudier celui de Saint-Paul avec des lettres de recommandation que je lui ai données au moyen desquelles tout lui a été ouvert. [Il a dit] qu'il n'avait fait le voyage de Londres que pour achever d'étudier les dômes et pouvoir d'autant mieux ma ruine à l'égard de celui de Sainte-Geneviève. » Soufflot a en effet donné à Patte une lettre de recommandation à son ami l'architecte William Chambers. Celui-ci écrit à Soufflot pour l'informer que Patte s'emploie activement à relever Saint-Paul et d'autres œuvres de Wren et l'invite à faire lui-même le voyage de Londres[33]. En 1770, Patte publie son *Mémoire sur la construction de la coupole projetée pour couronner la nouvelle église de Sainte-Geneviève à Paris, où il est question de prouver que les piliers déjà exécutés et destinés à porter cette coupole n'ont point les dimensions nécessaires pour espérer d'y élever un pareil ouvrage avec solidité* (Amsterdam, 1770). La communauté scientifique se mobilise pour défendre Soufflot : l'abbé Bossut de l'Académie des sciences, Perronet qui s'exprime dans le *Mercure de France*, Gauthey, l'ingénieur des états de Bourgogne, qui publie son *Mémoire sur l'application de la mécanique à la construction des voûtes des dômes* (1771). Cependant en mai 1778 apparaissent dans les piles des fissures qui relancent les attaques de Patte. Un expert est nommé, Pierre Desmaisons, de l'Académie d'architecture, qui écrit en juillet : « Les effets du tassement ne doivent pas effrayer des hommes éclairés : ces accidents ne proviennent que de trop de précision dans l'exécution, les joints étant trop bien finis ; cela n'est point fait pour altérer en rien la solidité. »

La position prise par toutes ces autorités n'étant pas sans risque, on ne peut l'attribuer à la solidarité du milieu académique. Mais celle-ci paraît plus évidente quand il s'agit de juger les critiques que suscite le projet lui-même et les contre-projets qu'elles justifient. Ainsi du malheureux Desbœufs, élève de l'Académie, qui a l'audace de publier un très original contre-projet dans un *Mémoire contenant les observations sur la disposition de la nouvelle église Sainte-Geneviève* (1765), démonstration « indécente, peu réfléchie et remplie de faussetés », qui vaut à son auteur d'être chassé de l'école académique, c'est-à-dire exclu des concours. Le projet de Desbœufs était en effet « indécent » : il aurait été plus à sa place dans la Vienne baroque. Les projets de l'abbé Laugier et de Patte étaient en revanche trop précocement « néoclassiques » pour avoir quelques chances d'être loués par l'Académie[34].

Les fissures de 1778 n'ont ébranlé que la santé du maître d'œuvre. À la mort de Soufflot, la succession est assurée par Brébion, qui était le chef d'équipe, puis par Rondelet, qui aura le triste privilège de réaliser en 1791, sous les ordres de Quatremère de Quincy, les transformations de l'église en Panthéon par des interventions qui vont altérer le parti de Soufflot ; et en 1795, de nouveaux signes inquiétants étant apparus, de renforcer les piles et de larder la tour-lanterne de ferrailles.

De cette œuvre qui s'inscrit dans l'histoire de l'architecture comme un monument crucial, au sens étymologique de ce terme, un monument où l'innovation stylistique se croise avec l'invention technique, l'aspect le plus singulier, sans précédent ni imitation, nous semble-t-il, est la compilation d'*exempla* que l'ami Dumont appelle les « Autorités », tirés de l'expérience personnelle de Soufflot ou étudiés par procuration mais à sa demande pour démontrer la fiabilité de son parti. Le titre d'« Autorités » doit être réservé aux œuvres ou parties d'œuvre, gravées par Dumont sous ce titre ou à celles que Soufflot, dans son commentaire à l'Académie, a explicitement rapportées à cette démonstration. À savoir : pour l'Antiquité, l'obélisque dit la Pyramide ou tombeau de Pilate à Vienne ; pour le gothique, la cathédrale de Milan, Notre-Dame de Dijon, relevé commandé à Jollivet et exécuté par Jallier, élève de Soufflot à l'Académie, l'abbaye Toussaint d'Angers, relevée par M. de Poilly, inspecteur des Bâtiments de la place Louis-XV, Saint-Nizier de Lyon et Saint-Étienne-du-Mont à Paris ; pour le XVIe et le XVIIe siècle, Saint-Augustin de Plaisance, relevé par Petitot **(ill. 35)**, S. Carlo al Corso à Rome **(ill. 34)**, le S. Lorenzo de Turin, confondu avec le Saint-Suaire ; St Mary-le-Bow à Londres ; pour le XVIIIe siècle, Saint-Pierre à Genève et Saint-Jean-l'Évangéliste à Liège.

Portraits physique, intellectuel et moral

Si l'on en juge par le nombre de représentations dessinées, peintes ou gravées qui nous ont conservé les traits de Soufflot, celui-ci est bien l'architecte français le plus célèbre de son temps, ou le plus célébré. En effet, si la plupart des grands architectes du XVIIIe siècle (mais non tous) ont été portraiturés, il est rare qu'ils l'aient été plusieurs fois. Il faut mettre à part la caricature de Ghezzi de 1750 **(ill. 29)** dont la valeur documentaire est limitée. Il suffit pour s'en convaincre de comparer ce profil avec celui que Cochin a donné à son ami dans la série des portraits en médaillons des notabilités contemporaines : Jacques-Germain a quarante-quatre ans **(ill. 27)**. Il en a cinquante-quatre sur le portrait peint par Louis-Michel Van Loo **(ill. 1)** : il porte le cordon noir de l'ordre de Saint-Michel ; il dessine une des premières versions de son projet pour Sainte-Geneviève ; dans le cadre du tableau sont enchâssés deux dessins en médaillon qui seraient de la main de l'architecte. Soufflot est très lié avec les Van Loo, Louis-Michel et Carle. On a même cru pouvoir reconnaître dans un portrait exécuté par Carle un portrait de Soufflot[35].

Le buste signé « Prévôt Ft » **(ill. 26)** montre un homme qui ne doit pas avoir beaucoup plus de trente ans, sinon moins, auquel ressemble un peu l'homme caricaturé par Ghezzi[36]. On a cru pouvoir identifier ce Prévôt avec le sculpteur Joseph Prévôt[37] qui fut élève de Claude Francin et aurait travaillé au Louvre avec Soufflot. L'attribution paraissait renforcée par le fait que Francin avait été pensionnaire à Rome en même temps que Soufflot. Cependant, Francin n'a pas enseigné, semble-t-il, avant 1767. En 1775, Joseph Prévôt écrivait à D'Angiviller pour lui demander du travail, en lui rappelant qu'il avait travaillé à Versailles, à Fontainebleau, à Trianon, à l'École militaire, à la place Louis-XV, à l'hôtel de Richelieu et à celui du duc de La Vrillière[38]. Il n'est pas question du Louvre. De toute évidence, Joseph Prévôt était un collaborateur de Gabriel mis au chômage par la retraite de son patron, en 1775. Aussi Joseph Prévôt n'a-t-il pas de titre à être préféré comme auteur du buste à Jean-Jacques Prévôt, autre sculpteur, dont on sait seulement qu'il se mariait en 1722. Pour un buste que nous ne croyons pas postérieur aux années 1750, Jean-Jacques paraît plus indiqué que Joseph.

Le portrait au crayon noir de Louis Pujos, signé et daté 1776[39], aurait servi de modèle pour une gravure anonyme et posthume **(ill. 28)**, comportant une inscription qui fait naître Soufflot à Auxerre en 1694 (*sic*), et l'épitaphe que Soufflot avait composée pour lui-même. « Pour maître dans son art, il n'eut que la nature. / Il voulut qu'au talent on joignît la droiture. / Plus d'un rival jaloux, qui fut son ennemi, / S'il eut connu son cœur eût été son ami[40]. » Pour en finir avec les portraits de Soufflot, il faut signaler un croquis de Gabriel de Saint-Aubin, qui représente probablement Soufflot[41], un buste en marbre qui était conservé dans la bibliothèque de l'abbaye Sainte-Geneviève et qui est aujourd'hui perdu. Il s'agissait évidemment d'honorer le constructeur de l'église abbatiale[42]. Cette suite exceptionnelle, qui permet de suivre l'artiste de la trentaine à la soixantaine, fait admirablement ressortir la séduction qui résista à l'empâtement de l'âge mûr comme à l'abattement de la vieillesse, et valut à l'artiste de fidèles amitiés et de puissantes protections[43]. François le Romain est lui-même connu par un portrait gravé de Trinquesse et Lempereur et par un buste anonyme.

On est en droit de se demander quelle aurait été la carrière de Soufflot sans les interventions de Marigny en sa faveur. En 1754, celui-ci écrit à l'évêque de Rennes qui cherche un architecte pour reconstruire sa cathédrale : « Si vous vous étiez adressé au Roi [...], je ne doute pas que Sa Majesté ne vous eût donné M. Gabriel [...] ; j'en connais un qui n'est pas dans les bâtiments du Roi, mais qui est un des plus célèbres de l'Académie royale d'architecture, capable de bien projeter et de bien exécuter cette grande entreprise ; qui jouit de la plus haute réputation à Lyon, son séjour ordinaire, par les édifices immenses qu'il a construits ; c'est M. Soufflot, qui m'a accompagné dans mon voyage d'Italie, et avec qui j'ai étudié les plus beaux morceaux d'architecture ancienne et moderne ; et c'est parmi les architectes du temps la tête la mieux meublée que je connaisse ; homme d'ailleurs plein de sentiments et dont je vous réponds à tous égards[44]. » En janvier 1755, Marigny, qui a obtenu du roi qu'il choisisse Soufflot pour le prestigieux chantier de Sainte-Geneviève, de préférence à Gabriel, écrit à ce dernier : « Tout est rangé, Monsieur, au sujet de l'affaire de Sainte-Geneviève ; vous n'en serez pas chargé, votre réputation étant faite ; je profite de cette occasion pour faire connaître au roi le mérite d'un artiste dont je fais cas. D'ailleurs les grandes opérations dont vous êtes chargé dans les bâtiments suffisent autant à vos occupations qu'elles suffiront un jour pour votre gloire[45]. » Les instructions que Marigny donne par lettre à celui qu'il appelle familièrement Soufflot sont pleines d'aménité. Le parti pris est évident dans l'affaire du théâtre à construire aux Tuileries où Gabriel et Soufflot, travaillant de concert, ont, faute d'avoir suivi à la lettre les instructions du

26 - Buste de Soufflot signé "Prévôt Ft".

27 - Portrait de Soufflot dessiné par Cochin, gravé par J.-L.-M. Cars, 1757.

28 - Portrait de Soufflot, gravure anonyme, peut-être d'après un dessin de L. Pujos.

29 - Pietro-Leone Ghezzi, caricatures de M. de Vandières, de l'abbé Leblanc, de Soufflot et de Cochin.

directeur, mal disposé les piliers de la salle : « Je suis très assuré, Soufflot, que, sans Gabriel, qui est un petit étourdi de soixante-cinq ans, ces maudits piliers n'existeraient pas » (avril 1763)[46]. Le ton change sensiblement après l'affaire De Wailly de 1767. Charles De Wailly, nouveau protégé de Marigny, a été nommé par celui-ci directement à la première classe de l'Académie, alors que le passage par la seconde était statutaire. La réaction de l'Académie, menée par Gabriel, qui n'est guère porté à ménager le directeur, prend l'allure d'une sédition. Soufflot n'a pas pris nettement position ; il est sans doute de cœur avec ses confrères. En 1769, Marigny, qui vient de recevoir le mémoire de Patte, mettant en cause le parti adopté par Soufflot pour Sainte-Geneviève, écrit à l'architecte qu'il n'appelle plus Soufflot mais « Monsieur » : «J'aime à me persuader, Monsieur, que plus votre disposition est éloignée de toutes celles qui ont été mises en usage jusqu'à présent, et plus vous vous êtes assuré des moyens de remédier aux difficultés qui en sont la suite. » Marigny ne cache pas que s'il souhaite que Soufflot fasse la démonstration demandée, c'est d'abord parce que sa responsabilité de directeur a été engagée dans le choix du maître d'œuvre[47]. En 1768, Marigny a mis De Wailly en concurrence avec Soufflot pour la construction des fabriques de Menars. Il reste que les principales interventions de Soufflot à Menars et à la maison de Marigny au faubourg du Roule datent des années 1768-1769 et que Soufflot intervient encore à l'hôtel de la rue Saint-Thomas-du-Louvre après la démission que Marigny présente au roi en 1773.

Les archives de la Maison du roi, conservées aux Archives nationales, et les archives privées de Marigny, conservées à la Bibliothèque historique de la Ville de Paris, permettent de reconstituer assez précisément les relations de Soufflot avec le protagoniste du voyage d'Italie. Ces ressources manquent en ce qui concerne les relations avec Cochin : on sait qu'elles furent suivies, mais il n'en reste que des fragments : insignifiants, comme le voisinage dans des logements réservés aux artistes, les rencontres sur le chemin des honneurs (Académie, anoblissement et ordre royal de Saint-Michel) ; anecdotiques comme le célibat et la sociabilité ; ou seulement singuliers, comme la présence d'une sœur, également célibataire et proche, appelée Geneviève !

30 - Paris, tombeau de Caylus à Saint-Germain-l'Auxerrois, gravure dédiée au comte de Maurepas, Vassé inv., Pierre Chenu sculpt.

On ne prend pas de risque en affirmant que Soufflot a rencontré dans la société tout ce qui comptait en son temps. Marigny l'a introduit dans le salon de Mme Geoffrin, « l'Église encyclopédique ». Il y retrouve Cochin, mais aussi d'autres intimes, les deux peintres Joseph Vernet et Carle Van Loo. Il y fréquente le comte de Caylus, le pédant et influant archéologue : c'est dans une « urne » romaine, mise en scène par Soufflot, que le comte se fera enterrer **(ill. 30)**, tombeau pour lequel Diderot, qui n'aimait pas Caylus, a écrit cette épitaphe : « Ci-gît un antiquaire acariâtre et brusque / Ah ! Qu'il est bien logé dans cette cruche étrusque ! » Caylus est de la famille (probablement le neveu) de Charles-Gabriel de Tubières de Caylus, évêque d'Auxerre, qui fut un des plus éminents prélats français de la première moitié du siècle (il meurt fort âgé en 1754) : aurait-il joué un rôle dans les débuts de Soufflot ?

Il faut poser ici la question de la franc-maçonnerie. On n'aurait pas de mal à démontrer que Soufflot était entouré de maçons ; que la plupart de ses confrères l'étaient. Jean-Baptiste de Puisieux, son vérificateur, était franc-maçon : en 1771, il présidait la Grande Loge de France comme doyen des vénérables de Paris[48]. La loge des Cœurs simples de l'Étoile polaire à l'Orient de Paris, à laquelle De Wailly est inscrit, a été fondée par un génovéfain, Alexandre Guy Pingré.

Parmi les relations parisiennes, il faut compter les amis de Lyon, Bertin, les Tronchin ; et bien sûr les collaborateurs, les Coustou, Guillaume II le sculpteur et Charles-Pierre l'architecte, les architectes Hazon, Dumont, Brébion, Rondelet, Soufflot le Romain et Lequeu. Ce Lequeu, qui fut l'élève de Soufflot et le dessinateur de l'agence, est bien l'extravagant Jean-Jacques Lequeu dont le nom est associé à ceux de Ledoux et de Boullée depuis les travaux d'Emil Kaufmann[49]. Dévoué à son patron, il a rassemblé les gravures des œuvres et des « Autorités » en un « Recueil d'architecture de Jacques-Germain Soufflot donné à la Bibliothèque impériale par Jean-Jacques Lequeu, de Rouen, son élève à l'école royale de Paris[50] ». Soufflot eut sans doute autant d'ennemis que d'amis et aussi fidèles. Mais on est porté à le croire quand il écrit dans son épitaphe : « Plus d'un rival jaloux qui fut son ennemi / S'il eut connu son cœur eût été son ami. »

Qui ne sait combien compte dans la carrière d'un architecte le carnet d'adresses ? L'entregent a permis au Bourguignon d'Irancy, dont l'action aurait pu être circonscrite au Lyonnais, d'accéder au titre d'architecte du roi, que portent les académiciens et qui confère une autorité nationale aux provinciaux « montés » à Paris. Mais la Province reconnaît les siens. Il faut le savoir-faire et l'autorité d'un Gabriel pour parvenir à s'emparer, à l'occasion d'une simple consultation, de la direction des chantiers des grandes villes d'intendance. À Rennes et à Bordeaux, ce fut pour Soufflot un échec ; mais fort banal : « Ce n'est pas d'aujourd'hui qu'on a vu des villes de province, après avoir consulté les hommes les plus doués de talents, finir par accueillir le projet le plus faible parce qu'il est l'ouvrage d'un concitoyen ou d'un homme qu'on a coutume d'employer[51] », écrit Marigny à Soufflot à propos de l'échec de Bordeaux.

Le portrait intellectuel est plus difficile à établir que le portrait physique et social. La principale source est ici le *Catalogue des tableaux, pastels, gouaches, aquarelles, dessins d'architecture et autres [...] qui composent le cabinet de feu M. Soufflot*, établi par le marchand de tableaux J.-B.-P. Lebrun, édité par celui-ci en 1780. La vente a eu lieu le 20 novembre 1780. À l'exception d'un Téniers, la collection d'œuvres d'art ne comprenait que des œuvres contemporaines, et sans doute assez modestes car cette partie de la vente n'a rapporté que 22 037 livres : beaucoup d'œuvres dues à des amis et peut-être données par ceux-ci, de nombreux tableaux ou dessins d'architecture dus à Pannini, à Hubert Robert, à Charles De Wailly, dont le superbe intérieur de Sainte-Geneviève **(ill. 31)**, qui faisait pendant à une vue intérieure du Panthéon de Rome[52], parallèle qui était évidemment un hommage à l'architecte de Sainte-Geneviève. La vue intérieure de Sainte-Geneviève par Jean-Baptiste Glony **(ill. 32)** aurait-elle été aussi exécutée pour Soufflot ? On notera l'absence d'œuvre de Piranèse dans cette collection.

Dans la bibliothèque, des absences singulières : pas les traités du retour au gothique, celui de Cordemoy ou de Laugier, le Lyonnais, pourtant grand admirateur de Sainte-Geneviève ; pas les publications de Patte, le détracteur. Des traités techniques, mais pas de ces titres littéraires qui figurent dans toutes les bibliothèques d'amateurs distingués : où est passé ce Soufflot qu'on nous décrit comme amateur de musique et de poésie, qui avait sa loge à l'Opéra et à la Comédie-Française, traduisait en vers Métastase et faisait lui-même de la poésie[53] ? Nous sommes tenté de croire que Soufflot s'était défait d'une partie de sa bibliothèque avant son décès. N'a-t-il pas fait don à l'Académie, le 30 avril 1779, des trente-trois volumes de l'Encyclopédie ? Cependant Marmontel, qui reconnaît en Soufflot « un homme de sens, très avisé, habile et savant architecte », prétendait que « sa pensée était inscrite dans le cercle de son compas[54] ».

Le portrait moral enfin. Nous avons déjà cité ce vers de l'épitaphe : « Il voulut qu'au talent on joignît la droiture. » Rien ne permet de supposer que le vol initial ait été autre chose qu'un péché de jeunesse. Jacques-Germain semble avoir tout fait pour se faire pardonner de sa famille : et le dol et la douleur. Sans pour autant oublier le devoir d'État : « Vis-à-vis du service du roi, je ne connais ni parents ni amis ; la vérité et l'impartialité ont toujours été mes guides uniques », écrit Soufflot[55]. D'après la notice nécrologique des *Mémoires secrets* du 28 septembre 1780, « il aimait la gloire, mais noblement, et il était incapable d'aucune bassesse pour l'obtenir ».

Il était à la fois compatissant et charitable. Il défendait les intérêts de ses employés jusqu'à oublier les siens. Cependant dans la direction du chantier, il était rude. On l'appelle le « bourru bienfaisant[56] ».

31

Paris, église Sainte-Geneviève.

31 - Vue intérieure par Charles De Wailly, état vers 1757-1758.

32 - Vue intérieure signée *J. B. Glomy 1767.*

«Il avait quelque chose de brusque et de tranchant par son habitude de commander dès le plus jeune âge, mais il se repentait de ses vivacités, en demandait excuse le lendemain[57]. »

Il s'intéressait particulièrement au destin des jeunes gens : « J'ai toujours aimé et j'aimerai toujours à aider les jeunes gens qui m'appartiennent de près ou de loin et même d'autres, à mettre leur jeunesse à profit en leur procurant les moyens de s'avancer dans les états pour lesquels ils paraissent propres », écrit-il à la veille de sa mort[58]. On est tenté par un rapprochement avec Boullée, le confrère qui prétendit peut-être à la succession sur le chantier de Sainte-Geneviève : il eut « jusqu'à la fin de sa vie l'amour des jeunes gens », écrivaient ses biographes ; « privé des douceurs du mariage, il servait de père à quelques-uns : lorsqu'ils étaient sortis de ses mains, il les désignait à la confiance publique et leur sacrifiait son intérêt personnel ». Cependant les protégés de Boullée sont à leur tour devenus célèbres ; on ne peut en dire autant de ceux de Soufflot, mis à part Soufflot le Romain qui n'eut pourtant pas une carrière comparable à celle d'un Brongniart ou d'un Chalgrin.

La maladie, les attaques dont son œuvre était la cible ont assombri les dernières années. On a dit qu'il s'était suicidé. Il n'y pas de raison de le croire, à moins que la famille ait tout fait pour cacher le suicide. La version officielle est que Jacques-Germain est mort chrétiennement, assisté par l'abbé de L'Épée, le charitable éducateur des sourds-muets, un ami, peut-être le confesseur. « Le convoi de M. Soufflot qui a eu lieu jeudi 31 août était très nombreux et composé de beaucoup de gens de qualité », lit-on dans les *Mémoires secrets* à la date du 2 septembre. L'office eut lieu en l'église de sa paroisse, placée sous le vocable de saint Germain l'Auxerrois, le saint prélat venu de l'Auxerrois, auquel Soufflot devait l'un de ses prénoms. Dans son homélie, l'évêque de Saint-Brieuc exprimait le souhait que l'architecte soit enterré dans son chef-d'œuvre. L'accord se fit très vite pour un transfert dans la vieille église Sainte-Geneviève, en attendant le transfert dans l'église neuve achevée, qui ne se fit que le 25 février 1829. À l'arrivée du corps dans la vieille église, l'abbé salua « la piété chrétienne dont Soufflot a donné les preuves si touchantes, surtout dans ses derniers jours, la patience pleine de religion avec laquelle il a soutenu la longue infirmité[59]».

32

1 - Archives Lefèvre-Pontalis. Contrat de mariage du 12 juillet 1712.

2 - Archives Lefèvre-Pontalis. Partage de la succession de Jacques-Germain Soufflot, 21 juillet 1782, devant Me Lambert, notaire à Paris. Minutier central des notaires de Paris Réserve, 0919 inventaire après décès, 7 septembre 1780.

3 - Pérouse de Montclos, p. 67. Son projet a été conservé.

4 - Gallet (Michel), « Jacques-Richard Cochois », *Bulletin de l'Association pour la sauvegarde et la mise en valeur du Paris historique*, numéro spécial, juin 1971, p. 48-57.

5 - Archives nationales, O1 1554.

6 - Gallet, *op. cit.*

7 - Les dessins pour ce décor dans l'*Album Soufflot de Magny* semblent bien être de Soufflot le Romain. Cependant, Jean-Jacques Lequeu, collaborateur de Soufflot le Romain, a gravé aussi des dessins pour cet hôtel [BNF, Est., Ye 92 (I), n° 7127].

8 - Le relevé du temple est présenté à l'Académie royale par Soufflot l'Aîné en 1778. Le relevé du Panthéon romain se trouve dans l'*Album Soufflot de Magny.*

9 - Archives Lefèvre-Pontalis.

10 - Archives nationales, O1 1559.

11 - Duchesne (Antoine-Nicolas), *Relation du voyage à Reims* (1775), 1902, p. 119. Le témoignage de Duchesne, signalé par A. Braham, ne laisse aucun doute : Soufflot est bien allé à Fresnes (« M. Soufflot m'a dit [...] qu'il avait été la dessiner dans sa jeunesse ») et n'a pas connu la chapelle que seulement en 1738, grâce à la gravure publiée par Mariette, comme on a pu le croire.

12 - *Soufflot à Lyon,* p. 183.

13 - *Soufflot à Lyon,* p. 267 et 268.

14 - Souchal.

15 - *Soufflot à Lyon,* p. 185-187.

16 - *Vente Soufflot.*

17 - Ribière (Hippolyte), notice sur Coulanges-la-Vineuse, *Bulletin de la Société des sciences historiques et naturelles de l'Yonne,* t. IV (1850), p. 144.

18 - Ce dessin (Vienne, Graphische Sammlung Albertina, n° 12268) a été publié sous le nom de Soufflot par Hermann Egger (*Architektonische Handzeichnungen,* Vienne, 1910, n° 49). Christian Benedik, de l'Albertina, nous fait savoir que rien n'étaye l'attribution à Soufflot de ce dessin, dont toutefois le verso, collé sur un carton, n'est pas visible. Hubert Robert a plusieurs fois dessiné et peint cette partie haute de l'escalier de Caprarola (musées du Louvre et de Valence) : dans toutes ces œuvres, on retrouve la même représentation de l'étoffe jetée sur le garde-corps. À la vente Soufflot figurent des dessins de Robert, mais sur d'autres sujets.

19 - À la vente Soufflot figuraient douze cahiers d'études faites à Rome par Soufflot « et autres ».

20 - *Exposition Soufflot,* n° 9 : des dessins de Soufflot d'après des édifices romains de l'Antiquité auraient été signalés dans une collection particulière, information de seconde main qui ne permet aucune vérification. Soufflot le Romain a fait des relevés d'après l'antique.

21 - Blondel (Jacques-François), *De la distribution des maisons de plaisance,* Paris, 1737-1738, t. II, p. 67.

22 - Pour la recommandation du gouverneur, voir *Soufflot à Lyon,* p. 278. Pour les relations de Soufflot avec l'Académie royale, voir *P.-V. Acad.*

23 - Ce voyage a été maintes fois décrit. La meilleure référence à cet égard est l'introduction de Christian Michel au *Voyage d'Italie* de Cochin.

24 - Archives Lefèvre-Pontalis.

25 - *Soufflot à Lyon,* p. 203-216.

26 - Wiebenson, p. 120 et 121.

27 - *Soufflot à Lyon,* p. 283.

28 - Guerra (Andrea), « L'Albergo dei Poveri di Napoli », in *Il trionfo della miseria,* Milan, 1995, p. 185.

29 - *Colloque Soufflot,* p. 214-221, communication de Loredana Olivato Puppi, « Architectes français de l'époque de Soufflot en Vénétie ».

30 - Archives nationales, O1 1554.

31 - *Colloque Soufflot,* p. 109-114 : communication de Marie-Félicie Pérez, "Soufflot et la création de l'école de dessin de Lyon, 1751-1780 ».

32 - Lettres patentes d'anoblissement en mars 1757. Chevalier de l'ordre de Saint-Michel le 29 juin 1757. C'est à tort que l'on prétend que Soufflot a reçu l'ordre du Saint-Esprit.

33 - Mathieu, p. 183 et 398.

34 - Pour l'ensemble des projets que l'on peut qualifier de contre-projets, voir Petzet. Celui-ci n'a pas retenu dans cet ensemble le projet de cathédrale que Patte a publié en 1765 dans ses *Monuments érigés en France à la gloire de Louis XV.* Il se pourrait cependant que ce projet soit à l'origine de la confrontation Patte-Soufflot.

35 - Portrait d'un inconnu conservé au château de Versailles. Voir *Carle Vanloo, premier peintre du roi (Nice 1705-Paris 1765),* cat. exp., Nice, Clermont-Ferrand, Nancy, 1977, n° 75 ; Claire Constans, *Musée national du château de Versailles. Catalogue des peintures,* 1980, n° 4449. Ce tableau a été acquis en 1835 pour représenter Soufflot dans la galerie historique.

36 - Ce buste en terre cuite (60 cm de haut) a été donné à l'Académie d'architecture par Albert Laprade en 1952 (*Académie d'architecture. Catalogue des collections 1750-1900,* vol. I, 1987, n° 716). C'est à tort que l'on a affirmé que l'original de ce buste était au château de Versailles. Le buste de Versailles est un moulage exécuté en 1837 pour la Galerie historique (Simone Hoog, *Musée national du château de Versailles. Les sculptures,* Paris, 1993, n° 1592). Mais il ne nous paraît pas plus assuré que ce moulage a été exécuté d'après un original en marbre conservé à la bibliothèque Sainte-Geneviève. Sur cet original, voir ci-contre, note 42.

37 - Catalogue du musée du château de Versailles, par Eudore Soulié, n° 1838.

38 - Lami (Stanislas), *Dictionnaire des sculpteurs de l'école française au XVIIIe siècle,* 1910-1911.

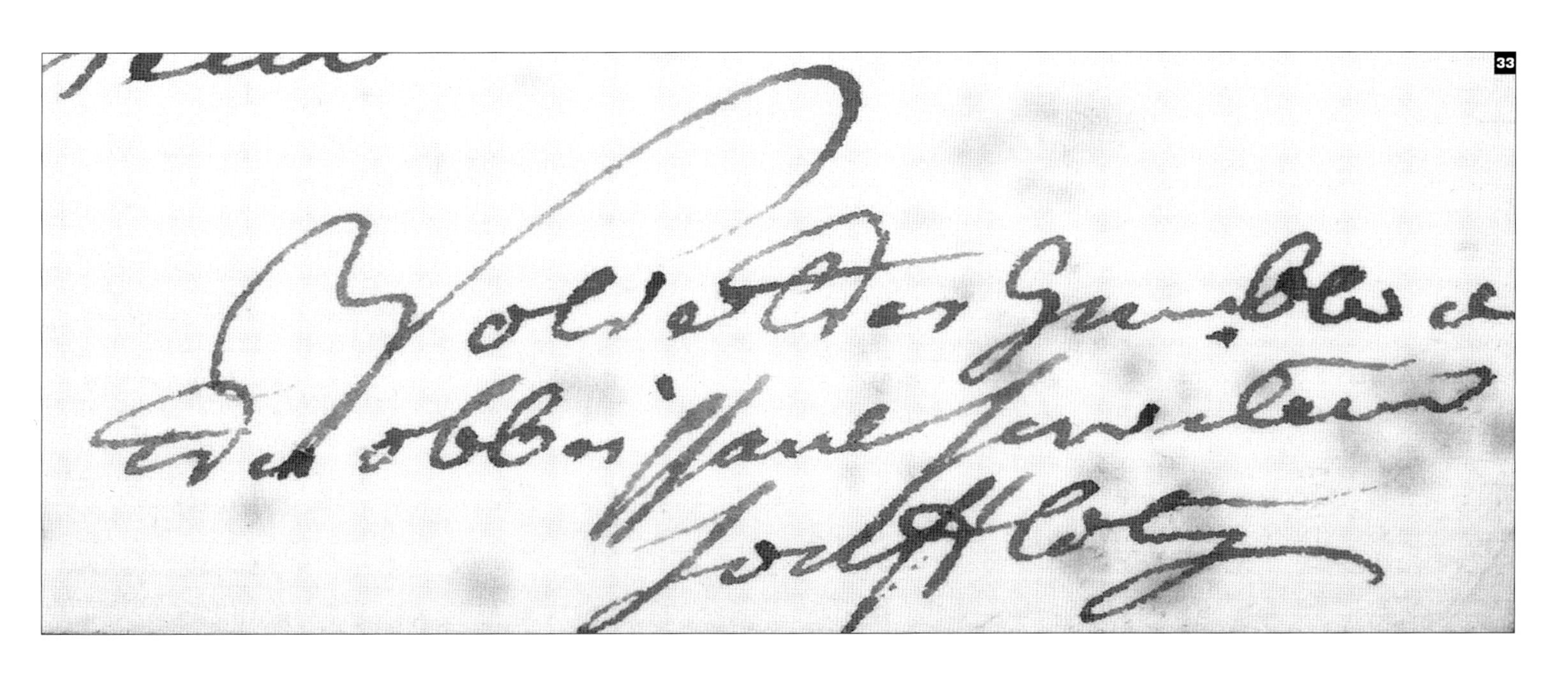

39 - *Exposition Soufflot,* n° 4. La famille propriétaire de ce dessin, présenté à l'exposition, ne nous a pas permis de le voir.

40 - Monval, p. 42. Cette épitaphe rédigée par Soufflot aurait été lue à l'Académie de Lyon, le 24 août 1773.

41 - Rotterdam, musée Boymans-Van Beuningen. Le dessin, daté du 22 décembre 1776, porte le numéro 418 dans le catalogue de l'œuvre de l'artiste dressé par Émile Dacier (*Gabriel de Saint-Aubin, peintre, dessinateur et graveur (1724-1780),* Paris, Bruxelles, t. II, 1931), qui propose l'identification du personnage représenté avec Soufflot.

42 - Signalé par Millin, *Antiquités nationales,* t. V (an VII), LX, abbaye Sainte-Geneviève, p. 112, buste de « Soufflot, architecte de la nouvelle église ». Il est dit perdu par Amédée Boinet (« Catalogue des œuvres d'art de la bibliothèque Sainte-Geneviève », in *Mémoires de la Société de l'histoire de Paris et de l'Île-de-France,* t. XLVII, 1924, p. 97). On a peine à croire que ce marbre était l'original du buste fait par Prévôt : n'aurait-on trouvé pour honorer le constructeur de l'église qu'un buste antérieur à l'ouverture des travaux ?

43 - Monval (p. 12) signale une « sanguine représentant Soufflot jeune de profil », appartenant à la famille Lefèvre-Pontalis, que nous n'avons pas retrouvée. Le dessin du fonds Coste (bibliothèque municipale de Lyon, fonds Coste, n° 15096) n'est qu'une mauvaise copie de la gravure de Cochin. L. Charvet (p. 370 et 371) donne une liste des portraits de fantaisie ou faits d'après les originaux. On trouve en divers lieux (et notamment à la bibliothèque Sainte-Geneviève) les bustes « rétrospectifs » de Louis-Parfait Merlieux (1831) et de Jean-Pierre Dantan (1845).

44 - Archives nationales, O1 1908 ; Archives départementales d'Ille-et-Vilaine, 1188.

45 - Archives nationales, O1 1694.

46 - Archives nationales, O1 1252.

47 - Archives nationales, O1 1120.

48 - Gallet, notice sur Puisieux.

49 - Duboy.

50 - BNF, Est., Ha 41.

51 - Archives nationales, O1 1911, lettres du 27 mars et du 7 avril 1769.

52 - Dessin daté 1756, conservé à la Graphische Sammlung Albertina, à Vienne.

53 - *Mémoires secrets,* t. XV, 28 septembre 1780.

54 - Marmontel, *Mémoires,* livre VI, p. 178 et 190.

55 - Archives nationales, O1 1554, lettre de Soufflot à D'Angiviller du 17 avril 1775.

56 - Monval, p. 35.

57 - *Mémoires secrets,* t. XV, 28 septembre 1780.

58 - Archives Lefèvre-Pontalis.

59 - Archives Lefèvre-Pontalis.

PLAN, COUPE PROFIL ET ELEVATION

de l'Eglise de St Charles du Cours à Rome,

mis au jour par Mr Dumont, pour faire connoitre aux Amateurs, les recherches et les observations de feu Mr Soufflot, Chevalier de l'Ordre du Roi et Architecte de la nouvelle Eglise de Ste Genevieve de Paris.

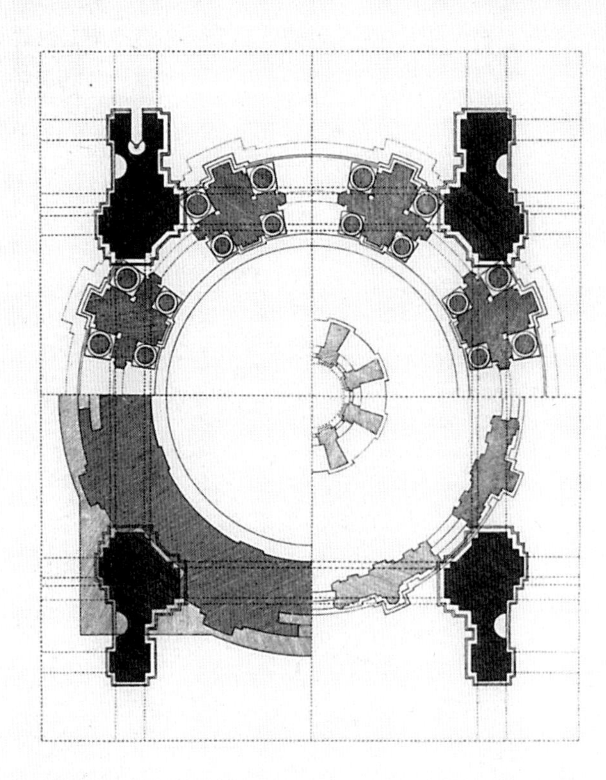

Le Sr Dumont, lors de son tems de Pensionnaire à l'Academie de France à Rome, ayant aussi examiné la construction de ce Dome, a également trouvé que le mur du tambour étoit de 8. pds ½ d'épaisseur, les Entablemens tant interieurs qu'exterieurs sont evidés d'une Colonne à une autre au droit de chaque Croisée.

Ces constructions ainsi que la plus grande partie des solides de cette Eglise sont en brique.

Cette Planche se trouve, ainsi que nombres d'autres relativent au même sujet, chés le Sr Dumont, Professeur d'Architecture, Rüe des Arcis, Maison du Commissaire.

Chapitre II

Les « Autorités »

La réputation acquise par Soufflot dans les années 1740-1750 s'est construite, pour une part, sur le grand chantier de l'hôtel-Dieu et, pour l'autre, sur les discours prononcés aux retours d'Italie devant l'Académie des beaux-arts de Lyon. À la réserve du « Mémoire sur les raisons qui font approuver ou désapprouver les ouvrages d'architecture », ces discours ont été conservés[1]. Le 9 décembre 1739, Soufflot donne lecture d'un « Mémoire sur les proportions de l'architecture » ; le 12 avril 1741, d'un « Mémoire sur l'architecture gothique » ; le 9 septembre 1744, d'un « Mémoire pour servir de solution à cette question, sçavoir [*sic*] si dans l'art de l'architecture le goût est préférable à la science des règles ou la science des règles au goût » ; le 12 avril 1752, de « Diverses remarques sur l'Italie. État du Mont Vésuve dans le mois de juin 1750 et dans le mois de novembre de la même année » ; le 31 mai 1752, de la « Suitte [*sic*] des remarques sur l'Italie ». Soufflot a relu à l'Académie royale d'architecture, le 22 décembre 1761, le mémoire sur l'architecture gothique, mais peut-être pas dans la forme qu'il avait en 1741. En effet, le 20 novembre 1775, il lisait encore à l'Académie royale un mémoire intitulé « De l'identité du goût et des règles dans l'Art de l'Architecture[2] », qui reprenait le sujet du mémoire de 1744, mais enrichi des idées les plus neuves développées depuis le milieu du siècle. Ainsi les mémoires de 1740-1750 n'ont eu d'audience qu'auprès d'un public d'amateurs, pas nécessairement très instruits des questions relatives à l'architecture et à la théorie de cet art ; plus sensibles à la distinction vraiment académique des sujets abordés qu'à l'originalité des développements. Réserve faite toutefois pour l'architecte Delamonce et l'avocat Clapasson, qui ont fait devant l'Académie lyonnaise, dont ils étaient membres, des interventions sur les mêmes sujets. Peut-être aurions-nous un jugement plus sûr sur ladite originalité, si le texte des interventions de ces confrères avait été conservé. Soufflot n'était pas encore de l'Académie lorsque, le 7 juin 1736, Delamonce y a prononcé un discours sur le gothique ; mais il a entendu la description de Naples et du Vésuve, avant d'y être allé lui-même (9 mars 1740), le discours sur la perfection des arts libéraux (22 avril 1744), l'examen critique des églises de Lyon (8 mars 1747), le « Mémoire sur les édifices publics pour les spectacles chez les Anciens » (14 février 1748). Clapasson lui-même lit un « Mémoire sur le théâtre des Anciens » (10 juillet 1743) ; un « Mémoire sur les qualités requises pour un architecte d'après Vitruve » (7 juillet 1745) ; un « Mémoire sur les progrès de l'architecture depuis la Renaissance » (24 décembre 1749) ; et en 1756, alors que Soufflot n'est plus là pour l'entendre, un « Mémoire sur le gothique ». Curieusement, certaines interventions de Delamonce et de Clapasson sont signalées par le *Mercure de France*, alors que celles de Soufflot n'ont eu aucun écho dans la presse.

Pour se faire remarquer dans ce siècle bavard, il était essentiel de produire du discours. Au siècle précédent, les plus grands artistes s'étaient tus ; sans doute pensaient-ils que tout avait été dit. Soufflot le pensait aussi : « Tant d'habiles gens ont écrit sur l'architecture, tant de cours considérables qui traitent de ce bel art ont paru en différents temps qu'il semble bien difficile d'en pouvoir rien dire de nouveau. [...] Les Français qui ont écrit [après les Italiens] disent mot pour mot ce qu'ont dit leurs devanciers[3]. » Fallait il que le devoir académique fût alors prégnant pour que Soufflot se soit lui-même exposé à cette critique !

C'est moins dans les discours que dans le recueil d'*exempla*, systématiquement rassemblé, organisé, publié que l'on découvre la modernité de Soufflot. Bien sûr, de tout temps, les architectes ont emprunté à leurs devanciers : ici ou là, en étudiant la production de Soufflot, on observe des traces de ces emprunts. Mais il s'agit de tout autre chose. Avec une étonnante constance, c'est-à-dire tout au long de sa carrière, Soufflot a rassemblé les preuves par l'exemple de la faisabilité de son œuvre, de la seule de ces œuvres serait-on tenté d'écrire, celle à laquelle il paraît se préparer depuis qu'il a travaillé sur la tour-lanterne à coupole et à dôme de l'église Saint-Bruno-des-Chartreux de Lyon. Parmi ces *exempla*, six édifices publiés par Dumont après la mort de Soufflot sous le nom d' « Autorités » : la pyramide de Vienne,

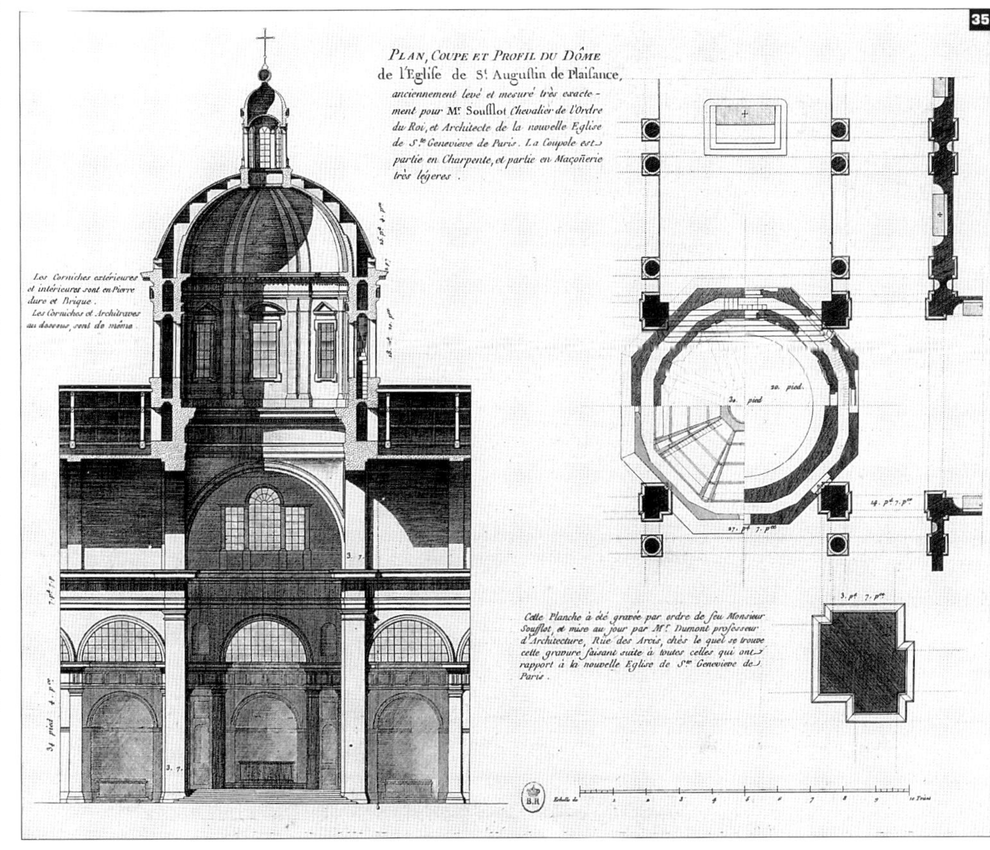

34 et 35 - Saint-Charles-du-Cours à Rome et Saint-Augustin à Plaisance, relevés exécutés à la demande de Soufflot, édités par Dumont sous le titre « Autorités ».

la Toussaint d'Angers, le dôme de Milan, l'église S. Agostino de Plaisance **(ill. 35)**, l'église S. Carlo al Corso de Rome **(ill. 34)** et l'église S. Lorenzo à Turin prise pour le Saint-Suaire. La gravure de la pyramide porte la légende suivante : « Ancien monument existant près de Vienne en Dauphiné que l'on dit être le tombeau de Pilaste [*sic*]. Feu Mr Soufflot a fait lever, dessiner et graver ces détails pour augmenter le nombre de ces Autorités dans les constructions de la nouvelle Église de Ste Geneviève de Paris. » La planche représentant l'église S. Lorenzo de Turin, et non le Saint-Suaire, porte comme légende : « Plan et coupe de la chapelle royale du St Suaire de Turin dont l'on peut voir les Desseins dans l'Architecture civile de Guarino Guarini. [...] Feu Mr Soufflot [...] a autrefois fait graver cette planche pour augmenter le nombre de ses Autorités. [...] Le tout mis au jour par Mr Dumont. » La planche n'est en effet qu'une copie de la planche publiée par Guarini dans *Disegni di Architettura civile* (1686) : le lapsus est-il dû à Soufflot ? La légende comme la gravure sont assurément postérieures à la mort de Soufflot.

On remarquera que les *exempla* retenus par Soufflot, ces six, comme les autres que nous identifierons, sont des modèles techniques ; pas stylistiques. Peut-on imaginer anthologie plus éclectique que celle qui va de l'antique de Vienne au baroque de Turin, en passant par le gothique d'Angers ? Le déploiement du discours académique sur la *venustas* n'est peut-être là que pour masquer le primat reconnu par l'auteur à la *firmitas*.

Cependant Soufflot avait un projet plus ambitieux, passé jusqu'alors inaperçu, signalé par le duc d'Aiguillon dans ses Mémoires : « Soufflot avoit un travail tout prêt sur les monumens tant anciens que modernes *sur la même échelle*. C'est un ouvrage curieux et utile à publier, il y faisait travailler depuis vingt ans[4]. » D'après le contexte, ce passage des Mémoires pourrait être contemporain de la mort de Soufflot. La mise en chantier remonte au moins aux années 1760.

Le classicisme

Le classicisme français ne pourrait être reconnu comme un style que si l'on parvenait à dire ce qu'il y a de commun entre ces deux parangons que sont la porte Saint-Denis de François Blondel et la Colonnade du Louvre de Claude Perrault, les deux antagonistes d'une célèbre querelle, d'un dialogue platonicien dans lequel Blondel fut le représentant de la doctrine classique, de la tradition théorique qui se transmettait sans altération notable depuis la Renaissance, et Perrault le contradicteur, auquel les architectes français dans leur ensemble ne reconnaîtront qu'un mérite, celui d'avoir réanimé le débat, d'avoir en quelque sorte obligé la théorie à se fortifier pour repousser ces attaques[5]. Soufflot prend parti pour Blondel dans son premier mémoire, celui de 1739. Blondel, premier directeur et premier professeur de l'Académie royale d'architecture, que fonda Colbert pour élaborer les principes, affirme qu'il y a des « beautés positives » : « Nous nous sentons forcés, même sans les connaître, à admirer et à aimer les bâtiments dans lesquels elles se rencontrent », récite Soufflot. « Il s'agit des règles primitives qui existaient avant qu'on les connût, comme il existait avant qu'on le démontrât qu'en tout triangle les trois angles sont égaux à deux droits », démontre Soufflot dans son discours de 1775 devant ses confrères de l'Académie parisienne, qui ne pouvaient qu'approuver puisqu'ils avaient déjà lu cela quelque part. Et encore, « la somme [de ces règles] et tous les corollaires que la succession des temps en a fait tirer [...] a constitué le bon goût ». Cependant, on ne peut rejeter la théorie des règles fondées sur « l'accoutumance » sans s'interroger sur les motivations de Perrault, l'auteur de l'admirable traduction du *Vitruve*, un maître pour la jeune école française. C'est pourquoi on lui réserve le rôle du contradicteur porté aux extrêmes dans l'ardeur de la querelle. Il était de ces sophistes qui ne veulent pas « se rétracter de ce qu'ils ont une fois avancé bien qu'intérieurement ils sentent leur tort et agissent conséquemment aux principes contre lesquels ils déclament », explique Soufflot. Cela dit, Soufflot tente, après tant d'autres et avec aussi peu de succès, de retrouver les « beautés positives » (les « divines proportions », disait De l'Orme), en comparant les rapports des trois dimensions, longueur, largeur, hauteur, dans quelques églises romaines. « J'ai vu que les parties de ces mêmes églises qui avaient le plus d'approbation avaient aussi beaucoup de conformité », écrit-il. Mais pour ajouter aussitôt : « Même si elles avaient de la différence, on ne l'y avait très souvent mise que pour leur faire produire à nos yeux des effets semblables. » Et ce n'est pas faute pourtant d'avoir quelque peu tiraillé les mesures pour obtenir des rapports conformes à l'idée que l'on doit s'en faire. À propos des proportions d'un arc : « Celui-ci n'est pas tout à fait en la proportion 1 à 2, mais ce qu'il y a de plus semble ne lui avoir été donné que pour regagner la hauteur que mangent les saillies de la corniche » ! Sans doute Soufflot eût-il été plus avisé d'adopter les conclusions d'un De l'Orme : « De toutes les mesures que j'ay remarquées aux édifices antiques, je n'en ai trouvées qui fussent semblables, ainsi toujours différentes : et toutefois les édifices estoient très beaux et admirables à la veue[6]. » La position de Soufflot qui identifie goût et règle est en retrait ou en retard sur les réflexions les plus nouvelles. Celles d'un Michel de Frémin dans ses *Mémoires critiques d'architecture* (1702) : « Entre les fautes, il y en a qui sont contre les règles, d'autres qui sont contre le goût. Celles-là sont toujours des fautes [...] ; celles-ci ne sont fautes qu'en ce qu'elles paraissent à certains goûts[7]. »

Il faut attendre le discours de 1775 pour voir apparaître dans la doctrine de Soufflot les notions de convenance et de caractère qui sont les apports les plus importants du XVIIIe siècle à la théorie[8]. La convenance tient du principe de commodité que les Français, depuis De l'Orme, ont fait prévaloir sur les deux autres principes vitruviens ; mais sa définition a évolué : elle « consiste dans le rapport de la construction avec le local, avec l'utilité et avec l'usage de la chose construite ». Le caractère est le paroxysme de la convenance qui finira par s'imposer comme l'ultime objectif de la composition architecturale. « Les temples destinés au culte de Dieu doivent avoir un caractère unique et différent de celui des temples de la justice ; l'habitat des hommes libres ne doit pas avoir celui de la demeure des malfaiteurs [c'est-à-dire de la prison]. » Soufflot n'aurait pas volé sa réputation de précurseur s'il avait tenu ce discours dans les années 1740. Mais dès 1745, dans son *Livre d'architecture*, Germain Boffrand écrivait : « Il ne suffit pas qu'un édifice soit beau, il faut que le spectateur ressente le caractère qu'il doit imposer [...] joie, respect [...] tristesse [...] Ces différents édifices, par leur disposition, par leur structure, par la manière dont ils sont décorés, doivent annoncer au spectateur leur destination ; et s'ils ne le font pas, ils pèchent contre l'expression et ne sont ce qu'ils doivent être. » Cette déclaration est extraite des « Principes tirés de l'art poétique d'Horace », très singulière transposition du

36 - Lyon, église Saint-Bruno-des-Chartreux, cadre d'un des tableaux de Trémolières, détail.

Ut pictura poesis, dans laquelle l'architecture est substituée à la peinture[9]. C'est auprès de Boffrand et non de Soufflot qu'il faut chercher les prémices de l'esthétique néoclassique, fondée sur la philosophie sensualiste, et dont le produit le plus significatif est *Le Génie de l'architecture ou l'Analogie de cet art avec nos sensations*, publié par Le Camus de Mézières l'année même de la mort de Soufflot.

L'éternel retour

Nombre des architectes français du XVIIIe siècle ont été crédités d'une participation décisive au retour à un meilleur goût. Ce n'est pas seulement l'évolution des aspirations qui explique ce déferlement des vagues successives. Ainsi, quinze années après Soufflot, Boullée est encore recensé parmi ceux qui ont concouru au retour à la grande manière du siècle de Louis XIV ; dans les années 1770, le même architecte participe au retour à l'antique qui se fait en partie au détriment de la grande manière ; enfin, dans les dernières années de sa vie et du siècle, il prône, presque seul, un retour radical au modèle de la nature.

Le combat pour le retour à la grande manière, auquel Soufflot participe, comprend deux aspects, apparemment bien différents, pourtant solidaires dans l'esprit des contemporains : d'une part, la condamnation du rococo, une perversion du goût qui ne concerne guère que le décor intérieur, voire le répertoire des ornemanistes, le travail des ébénistes et des orfèvres, car la rocaille n'a atteint les partis généraux de l'architecture que dans quelques rares projets, qui n'ont pas été pris au sérieux ; d'autre part, l'indignation que suscite l'arrêt des grands travaux, l'absence de programme d'architecture publique. Cette situation n'est pourtant que celle de Paris, touché de plein fouet par les difficultés des finances de l'État et par la relative indifférence du Régent comme de Louis XV aux grandes entreprises urbaines. La province, restée fort active grâce aux crédits des généralités et des municipalités, a entretenu la tradition des nobles ouvrages ; mais la province ne compte pour rien dans le bilan national. Jacques-François Blondel, qui officie dans l'École des arts depuis 1743, affirme que c'est l'atonie de la commande publique qui explique la propagation du mauvais goût, les architectes ne pouvant plus s'exprimer que par de petites choses. Blondel est d'ailleurs le premier à publier, en 1737, cinq ans avant Soufflot : « Il serait à craindre, si l'on continuait ce désordre et si l'on oubliait les sages lois de l'Architecture, que notre manière de bâtir ne s'attirât un juste blâme dans les siècles futurs[10]. » Bien qu'il soit peut-être inspiré par le désir de faire tort à Soufflot, l'éloge que Patte fait en 1777 de feu Blondel est apparemment justifié : Jacques-François Blondel « a réussi à préparer par ses instructions la révolution qui s'est faite depuis vingt ans dans le goût de notre architecture en ne cessant de faire ressortir la frivolité des formes captieuses qui avaient commencé à s'y introduire par opposition aux beautés mâles et chefs-d'œuvre des grands maîtres[11]. » L'abbé Jean-Bernard Leblanc, un des mentors de Vandières en Italie, proclame dans ses lettres écrites entre 1737 et 1744 : « On affecte déjà de s'éloigner du siècle de Louis XIV, l'âge d'or des lettres et des beaux arts en France. » À propos d'un décor rococo : « Voilà ce qu'on appelle des desseins d'un nouveau goût. [...] Nous sommes revenus à la barbarie des Goths[12]. »

En 1741, Soufflot, à son tour, dénonçait à l'Académie de Lyon « ces bizarres nouveautés que la mode autorise et détruira demain ». Le propos prend de l'ampleur dans le discours de 1744 : « Il est encore une chose à laquelle pour le malheur de notre siècle on ne donne que trop le nom de goût. Je parle de cet enfant de notre amour pour les nouveautés, enfant monstrueux dont les ouvrages ne furent de tout temps que trop funestes aux arts. [...] Rien n'est beau à son gré [à celui de l'artiste rococo] s'il n'est de travers. Cette sage et riche simplicité, ces proportions si estimées auxquelles des bâtiments étaient autrefois redevables de leur beauté [...], il les méprise dans un édifice qui n'est pas chargé de tous les colifichets qu'autrefois on osait à peine hasarder dans les boisages où on pourrait d'autant mieux les risquer qu'on doit regarder ces décorations comme des meubles sur lesquels on peut bien se donner plus de licence. » Tolérance admise par Blondel, mais qui consiste à admettre ce qu'on condamne, puisque le rococo n'a pris d'ampleur que dans les boiseries et les meubles, les objets, les architectures provisoires des fêtes : voire par exemple les lambris et les cadres des tableaux de l'édifice des chartreux de Lyon **(ill. 36 et 37)** ou l'arc de triomphe dressé en 1745 à Paris par le peintre Charles-Antoine Tremblin **(ill. 86)**[13].

À partir de 1745, les déclarations contre la rocaille se multiplient. Citons encore celle de Garnier d'Isle, car c'est l'architecte de la Pompadour et le contrôleur des Bâtiments du roi à Paris (deux fonctions dans lesquelles Soufflot lui succédera) : dans un « Mémoire sur l'origine de l'architecture », lu le 15 novembre 1745 à l'Académie royale, il fustige « toutes ces nouveautés et ornements bizarres qui feraient un jour notre honte[14] ». Telle était sans doute l'opinion de la favorite qui fit le choix de Soufflot pour accompagner son frère en Italie.

L'ouvrage le plus rococo de Paris est le salon de l'hôtel de Soubise dû à Boffrand, qui pourtant reprend l'antienne des contempteurs du rococo dans son *Livre d'architecture*. Celui-ci contient une « Dissertation sur ce qu'on appelle le bon goût en architecture », où reparaît la distinction entre le goût selon les règles et le goût suivant la mode. Il est vrai que le salon date de 1735 et le livre de 1745. Cependant le meilleur exemple du retour à un meilleur goût n'est pas dû à ces théoriciens, mais au sculpteur Bouchardon, dont la fontaine de Grenelle, construite précisément dans les années 1739-1745, est, avec plusieurs décennies d'avance, en style Louis XVI !

Identifier l'initiateur de cet important mouvement et, par conséquent, dater son origine sont apparus

37 - Lyon, église Saint-Bruno-des-Chartreux, tableau de Trémolières avec un cadre de Soufflot.

très vite comme un enjeu considérable dans la compétition de la renommée. C'est à Cochin que l'on doit la version qui s'est imposée en son temps et, avec quelques réserves, au nôtre. « On peut donner pour première époque du retour à un meilleur goût l'arrivée de Legeay, architecte, qui avait été pensionnaire à Rome. Comme le goût de Legeay était excellent, il ouvrit les yeux à beaucoup de gens. Les jeunes architectes le saisirent autant qu'ils le purent, plutôt parce qu'il leur parut nouveau que par un véritable sentiment de ses beautés. On vit changer sensiblement l'école d'architecture au grand étonnement de tous les architectes anciens de l'Académie[15]. » Legeay qui arrive à Rome en 1737 n'a rencontré Soufflot qu'en 1738. Fixé à Paris de 1742 à 1748, il forme en effet la grande génération des Boullée, des Peyre, des De Wailly. Les années 1740-1745 ont bien été importantes : première déclaration de Blondel et de Soufflot, création de l'École des arts en 1743, nomination de Tournehem à la direction des Bâtiments en 1745. Mais que Legeay ait été identifié comme le responsable d'un retour à un meilleur goût, lui que l'on qualifierait volontiers de baroque, est stupéfiant. De la production de Legeay à Paris, Cochin lui-même n'a retenu que de délirants décors de théâtre. Legeay était « un des plus beaux génies en architecture qu'il y ait eu ; mais d'ailleurs sans frein et, pour ainsi dire, sans raison », écrit encore Cochin. Aussi pense-t-on que Cochin n'a mis en vedette le retour de Legeay que pour masquer l'action de Caylus, l'antiquaire, dont l'influence fut considérable[16] et pour se permettre d'écrire : « Depuis la véritable époque décisive, ç'a été le retour de M. de Marigny d'Italie. [...] Soufflot prêcha d'exemple. [...] J'y aidai aussi comme la mouche du coche. J'écrivis dans le *Mercure* contre les folies anciennes et les couvris d'une assez bonne dose de ridicule. Enfin tout le monde se remit, ou tâcha de se remettre, sur la voie du bon goût du siècle précédent. » « Si le bizarre nous a séduit, écrit Soufflot dans son discours de 1775, il a été bientôt méprisé : on en doit l'oubli aux connaissances que M. le marquis de Marigny avait acquises dans ses voyages. » De toute évidence, il y a du plaidoyer *pro domo* dans ces déclarations ; mais, pour autant, il ne faut pas minimiser la « véritable époque décisive ». Le but des « voyages » était bien d'apprendre à Vandières à « distinguer le vrai beau de ce qui n'en a que l'apparence », comme le notait le marquis d'Argenson dans son journal. La formule a toute l'ambiguïté du fait lui-même : Vandières allait-il en Italie pour étudier les modèles qu'il fallait imiter ? ou ceux qu'il ne fallait pas imiter ? Ce qui donnait toute sa valeur à cette expérience, c'est que l'initié était appelé à devenir le ministre des Beaux-Arts. Si l'action de Marigny n'a pas été à la hauteur de son ambition, il faut en accuser l'effet des guerres et de la misère des finances.

La situation créée par le directorat de Marigny avait un précédent avec le ministère de Sublet de Noyers sous Louis XIII, lui aussi plus riche en idées qu'en réalisations. En 1742, l'Académie royale entreprend précisément la lecture du *Parallèle de l'architecture antique et de la moderne*, le maître livre publié en 1650 par Fréart de Chambray, féal de Sublet, qui ferraillait contre les mascarons, cartouches, « semblables grotesques ridicules et impertinentes dont l'architecture moderne est tout infectée ». Dans le *Temple du goût* (1733), Voltaire vante la « noble simplicité », comme Fréart ; et comme Fréart, Soufflot prône la réduction du répertoire des ordres à trois, les trois ordres dits grecs, les deux ordres latins n'étant qu'ordres mutilés ou composites.

Cependant la référence des réformateurs des années 1750 n'est pas Sublet et Fréart, mais Colbert, le ministre des grands travaux de Paris, et Perrault, le traducteur de Vitruve et l'auteur de la Colonnade. C'est bien l'achèvement de l'œuvre de Colbert, et en particulier de la Colonnade, que réclame La Font de Saint-Yenne dans *L'Ombre du grand Colbert* (1749). Soufflot propose à Marigny d'orner son salon des bustes de Vitruve et de Perrault[17]. Cochin imagine un savant M. Searcher en visite à Paris en 2355, qui doute que Sainte-Geneviève ait été construite au XVIIIe siècle par un certain Saufflot ou Soufflot : « Le goût du XVIIIe siècle a été informe à en juger par quelques restes de bâtiments dont la date est certaine et par quelques écrits de ces temps-là qui sont remplis de plaintes contre le mauvais goût qui régnait alors. [...] Or on ne voit aucun de ces défauts ni dans cette église ni au Louvre. » Aussi le visiteur de Sainte-Geneviève conclut-il : « Cet admirable édifice a été bâti par le même architecte que le superbe péristyle du Louvre[18]. » S'il avait connu le projet de Perrault pour l'église Sainte-Geneviève, étonnante préfiguration de celui de Soufflot[19], avec ses colonnades intérieures, Searcher n'aurait plus eu aucun doute. D'ailleurs tous les théoriciens de l'église idéale, partisans des colonnades intérieures, font référence à la Colonnade du Louvre. Cordemoy tiendrait une « église dans le goût du portique de l'entrée du Louvre [...] comme la plus belle chose du monde[20]. » De même, Julien-David Le Roy dans son *Histoire de la disposition et des formes différentes que les chrétiens ont données à leurs temples depuis le règne de Constantin le Grand jusqu'à nos jours* (1764). Derrière l'exemple de Perrault se profilait l'Antiquité tout entière, le traité de Vitruve et son temple de Fano. On pouvait croire avoir définitivement daté la « véritable époque décisive ».

Il n'en était rien. Au début des années 1770, un ancien pensionnaire du roi, retour d'Italie, construit l'École de chirurgie. « Tout le système de la vieille architecture française fut renversé. [...] Contre l'usage reçu en France, dont les Constant, Gabriel, Soufflot venaient de donner de si récents et si dispendieux exemples dans l'École militaire, dans la Madeleine et dans la nouvelle église Sainte-Geneviève [...], l'École de chirurgie fut proclamée par tous les gens de goût le chef-d'œuvre de notre architecture moderne », écrit Landon dans les *Annales du musée* (1803).

Ce qui n'a pas changé, à coup sûr, c'est le style du discours, cette façon si nouvelle de proclamer les événements stylistiques, de les dater des retours des pensionnaires, d'assimiler à des nouveautés les retours au passé immédiat ou au passé antérieur, de condamner et d'exalter simultanément la modernité sans âge.

L'Antiquité

Pour comprendre que, en dépit de cet apparent bégaiement, chaque retour a bien eu sa spécificité, il faut reconnaître que l'équipe dont faisait partie Soufflot ne s'est pas vraiment intéressée à l'Antiquité ! Pour le moins, les preuves de l'existence d'un tel intérêt manquent encore. On se sera laissé abuser par le mirage des retours, Soufflot bénéficiant par reflets de l'engouement pour l'Antiquité qui a commencé à toucher la France, et d'abord en son Académie de Rome, à partir des années 1750.

Pas de citation d'édifice antique dans les discours de 1739, 1741, 1744, faits au retour du premier voyage d'Italie. Un hommage fort convenu aux chefs-d'œuvre de la statuaire antique, de l'*Apollon du Belvédère* au *Laocoon*, à l'*Hercule Farnèse*, à la *Vénus de Médicis*, pour la plupart copies romaines d'œuvres grecques, dont on pouvait voir aussi en

France d'excellentes copies dans les collections de François Ier et de Louis XIV. Quelques mots dans le discours de 1752 sur Herculanum et Paestum vus dans le second voyage. Des peintures d'Herculanum déposées à Portici : « Je ne les crus pas beaucoup dignes de notre siècle. » Dans la querelle des Anciens et des Modernes, qui opposa Boileau à Charles Perrault, Soufflot aurait pris le parti de Perrault et des Modernes. « On dit, continue-t-il, que les statues qu'on y a trouvées sont assez belles. [...] On y ajoute que l'architecture y est superbement traitée. [...] J'avoue que je n'ai pas pu juger de son excellence ; le théâtre était dépouillé de ses ornements et ses marbres enlevés ; le forum et les autres édifices publics étaient recomblés. » À Paestum, « j'y restais le temps nécessaire pour les [les temples] mesurer et en faire les dessins au crayon. » Mais que dit Soufflot de cette bouleversante rencontre avec l'architecture grecque ? « Les temples paraissent avoir été construits lorsque l'ordre dorique était encore au berceau. Le plus grand et le mieux conservé est orné d'un portique circulaire de quarante colonnes de six pieds de diamètre. » Pas le moindre jugement sur l'esthétique du temple, et avec cela une singulière imprécision. Par circulaire, Soufflot a voulu désigner le péristyle, mot pourtant entré dans le vocabulaire français dès le XVIe siècle ; quelques-uns de ses auditeurs ont pu penser que le temple était rond. Le plus grand des temples, considéré au XVIIIe siècle comme un temple de Neptune, a un péristyle de trente-six colonnes : quarante à condition de compter les colonnes *in antis*. « J'avais l'intention d'en parler plus en détail mais la crainte de devenir trop long m'a fait restreindre à donner une légère idée de ces monuments », dit-il pour conclure le discours de 1752, que l'on peut décomposer comme suit : 7/10 consacré au Vésuve ; 2/10 à Herculanum, c'est-à-dire pour l'essentiel à l'histoire des fouilles ; 1 à Paestum, aux trois quarts occupé par l'anecdote. La *Suitte* [*sic*] *des plans, coupes, profils, élévations géométrales et perspectives des trois temples antiques* [de Paestum] « mesurés et dessinés par J.-G. Soufflot » **(ill. 38)** n'a été publiée qu'en 1764 par Dumont ; rééditée en 1769 dans un ouvrage plus général intitulé *Les Ruines de Paestum [...] et d'Herculanum*. Pourquoi avoir attendu si longtemps pour faire connaître ce qui passait pour une révélation ? On peut se demander ce que les relevés publiés devaient à ceux de Gioffredo de 1746, à ceux du comte Gazzola, que Soufflot aurait pillé, ou même à ceux de Morghen, publiés en 1765[21]. Soufflot a sûrement fait des relevés de Paestum mais seuls les dessins de Dumont sont connus[22].

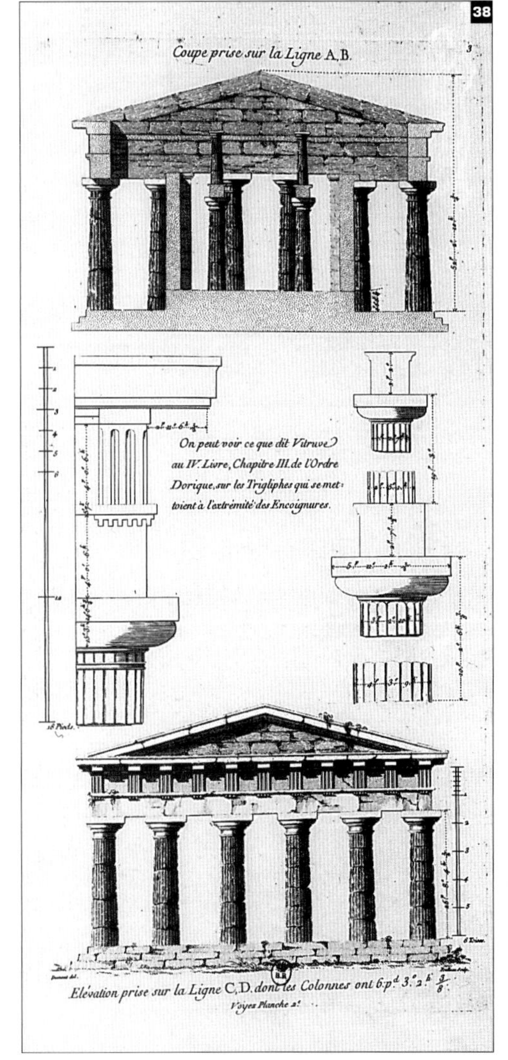

38 - Relevé d'un temple in *Suitte [sic] des plans, coupes, profils, élévations géométrales et perspectives des trois temples antiques, tels qu'ils existoient en mil sept cent cinquante dans la Bourgade de Pæsto [...] / Ils ont été mesurés et dessinés par J.-G. Soufflot, Architecte du Roy [...] en 1750 / Et mis au jour par les soins de G.-M. Dumont en 1764.*

Au cours du voyage de 1750, Soufflot a aussi étudié l'hydraulique des thermes romains de Bullicame, près de Viterbe, et jeté un œil à un temple antique « quarré [*sic*] pour l'extérieur et octogone pour l'intérieur », qui se trouvait auprès. Dans sa courte « Introduction à l'explication des desseins de la salle de spectacles de Lyon », lue à l'Académie lyonnaise en 1753, Soufflot consacre quelques lignes à l'origine antique des théâtres, toutes empruntées à Vitruve et seulement illustrées de deux exemples modernes, Parme et Vérone alias Vicence. Sans tomber dans le travers qui consiste à emprunter au disert Cochin pour combler les lacunes des discours de Soufflot, il faut reconnaître que les remarques de Cochin sur Herculanum ne sont pas plus enthousiastes que celles de Soufflot.

En août 1770, Soufflot présente à l'Académie royale le relevé de la pyramide de Vienne qu'il a commandé. Il a pu voir celle-ci lorsqu'en 1740-1743 il est allé à Vienne pour placer le tombeau des évêques dans la cathédrale Saint-Maurice. Mais ce monument ne fait « autorité » que parce qu'il démontre la possibilité de reporter sur quatre piliers périphériques la charge d'une masse de pierre centrale. Enfin, le 23 mars 1778, Soufflot présente à l'Académie un relevé du monument dit temple de la Minerva Medica, exécuté sur place par Soufflot le Romain. Soufflot l'aîné n'y est apparemment pour rien. Au total, on ne trouve aucun développement sur l'Antiquité dans la série des discours.

D'ailleurs les Français ne s'intéressent plus guère aux monuments antiques depuis que Colbert a fait dresser l'état français du sujet en commandant à Perrault la traduction du *Vitruve* (1673) et à Desgodets *Les Édifices antiques de Rome dessinés et mesurés très exactement* (1682). L'école peut désormais utiliser cette antiquité reconstituée et livresque sans avoir à interroger des édifices mutilés et lointains. Robert de Cotte, futur Premier architecte du roi, qui fait en 1689 son tour d'Italie, ne s'intéresse pratiquement qu'à la production romaine contemporaine[23]. Encore que Villacerf, le directeur des Bâtiments, l'ait invité à vérifier les mesures de Desgodets, Oppenord, pensionnaire en 1696, ne se comporte pas autrement.

Il y a pourtant dans la première moitié du XVIIIe siècle des fouilles actives à Rome et de remarquables publications archéologiques. Les Italiens fouillent encore à la villa Adriana, dans le palazzo de'Cesari, dans les Camere de'Liberti. P.-L. Ghezzi, qui caricatura Vandières et sa bande **(ill. 29)**, avait publié en 1731 sur les Camere de'Liberti[24]. Celles-ci reparaissent dans la *Prima Parte di Architetture e Prospettiva* de Piranèse (1743), dont on sait qu'elle a réveillé l'intérêt des Français pour l'archéologie et doit être considérée, beaucoup plus que les discours de Soufflot, comme la vraie source du néoclassicisme. Dans la première moitié du siècle, les Français n'ont vu l'Antiquité que dans les *Vedute* fantaisistes de

39 - Bellicard, caprice publié dans l'avant-propos de l'*Architecture françoise* de J.-F. Blondel, 1752.

40 - Petitot, mascarade à la grecque, 1771.

Pannini. Le tournant à cet égard se situant au milieu du siècle, l'on a été tenté de croire que le voyage de Marigny y avait été en effet pour quelque chose. Cependant rien ne justifie le mot de Hautecœur : « Vandières revint en France persuadé de l'excellence de l'Antiquité[25]. » Encore moins celui de Monval : Soufflot « va garder des ruines antiques et de leur style ornemental un souvenir ineffaçable qu'il utilisera un jour. [...] Il sera un des promoteurs du renouveau de l'art pompéien[26]. » Nous verrons en étudiant l'œuvre que peu de choses peuvent être attribuées à une connaissance directe de l'Antiquité, non médiatisée par le classicisme français.

Il n'est plus nécessaire de démontrer l'importance de l'arrivée de Piranèse à Rome en 1740, l'influence qu'il exerça sur ses voisins du Corso, les pensionnaires de l'Académie de France. Legeay n'est pas l'inspirateur de Piranèse ; mais un imitateur tardif. Autour de 1750, les « piranésiens français » sont encore à l'Académie de France. Petitot, élève de Soufflot et pensionnaire, fait une restitution du théâtre d'Herculanum pour la fête de la Chinea de 1749. Bellicard, pensionnaire de 1748 à 1751, qui, auprès de Vandières, remplacera Soufflot obligé de rentrer en France et gravera les œuvres de Cochin et de Soufflot, a illustré l'avant-propos de l'*Architecture françoise* de J.-F. Blondel, publiée en 1752, d'une vision piranésienne **(ill. 39)**. Clérisseau, pensionnaire de 1749 à 1754, est qualifié de Piranèse français. Peyre et De Wailly, pensionnaires de 1753 à 1754-1755, ont entrepris une restitution des thermes de Dioclétien et de Caracalla. Le Roy quitte l'Académie pour la Grèce en 1755 ; il publie en 1758 *Les Ruines des plus beaux monuments de la Grèce*, doublant les Anglais Stuart et Revett qui voulaient être les premiers en Grèce. Pourtant les Anglais sont en train de prendre l'avantage sur les Français. Robert Wood et James Dawkins ont publié à Londres en 1753 *The Ruins of Palmyra* et en 1757 *The Ruins of Balbec*.

D'ailleurs les ordres grecs nouvellement identifiés, le dorique primitif, l'ionique de l'Érechthéion, ont eu plus de succès en Angleterre qu'en France[27]. Ce que l'on a appelé à Paris le goût grec ne fut guère plus qu'une mode, de même nature et de même extension que le rococo. Legeay, Caylus se sont vantés d'avoir apporté le goût grec en France[28]. Caylus a en effet multiplié les commentaires sur les monuments antiques à l'Académie des inscriptions et belles-lettres, de 1742 à sa mort (1765). De 1752 à 1757 paraissent les sept volumes de son *Recueil d'Antiquités égyptiennes, étrusques, grecques, romaines et gauloises*. Mais, bien qu'il ait commandé à Petitot et à Bellicard une restitution du mausolée d'Halicarnasse, Caylus ne s'intéresse guère à l'architecture. En revanche, il fait grand cas du mobilier créé pour La Live de Jully en 1756-1758 par Le Lorrain, pensionnaire de retour d'Italie, mobilier qui fut à l'origine de cette mode. « Le Lorrain donna des desseins fort lourds pour l'appartement de M. de La Live. [...] Ils firent d'autant de bruit que M. de Caylus le loua avec enthousiasme », écrit Cochin, qui porte un jugement sévère sur la prétendue architecture grecque. « Comme il faut que tout soit tourné en sobriquet à Paris, on appela cela de l'architecture à la grecque. [Ce genre] ne resta bon goût qu'entre les mains d'un petit nombre de personnes et devint folie entre les mains des autres[29]. »

Tous ceux qui furent au premier rang de la lutte contre le rococo et qui n'étaient pas pour autant des partisans du retour à l'antique, mais des Modernes, les gardiens de la continuité menacée, ont réagi comme Cochin. Dès 1762, Marigny, en tant que

directeur général des Bâtiments, donne ses instructions à l'Académie romaine qui dépend de son autorité : « Je voudrais que nos architectes s'occupassent plus de choses relatives à nos mœurs et à nos usages que des temples de la Grèce[30]. » Le concours du grand prix de 1766 est un portail de cathédrale : le programme précise que celui-ci doit être « sans aucune apparence de Rome ». Le projet présenté fait plusieurs emprunts au chantier de Sainte-Geneviève[31]. Legeay, qui en 1768 vient de rentrer en France, s'étonne de l'abus que ses anciens élèves font des colonnes : « C'était bon, dit-il, dans les desseins de décoration et de feux d'artifice que je leur donnais à copier[32]. » Blondel, qui, dans son *Cours* (1771), continue à enseigner l'art de faire « revivre les procédés qu'ont suivis les Mansart et les Perrault », combat ceux qui prétendent extraire leurs modèles des « entrailles de Rome[33] ».

Mais, en 1778, Marigny n'est plus à la direction depuis cinq ans, le nouveau réglement de l'Académie fait obligation aux pensionnaires d'exécuter le relevé d'un monument antique pendant leur séjour.

La modernité

Les voyages que Soufflot fait en Italie et les discours académiques qu'il en tire ne laissent aucun doute : c'est la modernité qui le retient, celle des églises pour le premier voyage, celle des théâtres pour le second. Et Rome plus que tout autre lieu. Une modernité qui toutefois ne comporte, exception faite pour les théâtres, ni l'architecture contemporaine, ni l'architecture civile. Le premier séjour italien a lieu sous le pontificat de Clément XII, si important pour l'architecture romaine. Mais on ne saura pas ce que Soufflot pense du palais Pamphili construit sur le Corso en face de l'Académie (1731-1734), du célèbre escalier de la Trinité-des-Monts (1723-1726), de la non moins célèbre fontaine de Trevi (1732-1735). Pas un mot sur l'œuvre de ces grands contemporains que sont Ferdinando Fuga et Alessandro Galilei. Si Soufflot présente à l'Académie royale des productions de l'architecture civile, la fontaine de la place Navone et la façade du palais Barberini, qui offre « quelque chose de singulier relativement aux proportions des ordres », c'est que des relevés en ont été exécutés par Soufflot le Romain. Les relevés de la bibliothèque de S. Maria sopra Minerva et de la bibliothèque du Vatican ont bien été commandés par Soufflot à des pensionnaires, à D'Arnaudin et Heurtier en 1768 pour le premier[34], à Pâris et Huvé en 1774 pour le second[35] : il s'agissait de rassembler des « Autorités » pour projeter la bibliothèque royale du Louvre.

Depuis le début du XVIIe siècle, les Français ne viennent guère à Rome que pour y chercher le modèle de l'église de la Contre-Réforme, l'église aux canons de la Renaissance italienne réformée par le Concile. Peu leur importe l'architecture des demeures italiennes qui leur paraît ou inférieure à la leur ou inadaptée aux usages de leur pays. Exception pour Caprarola, peut-être à cause de Vignole ou seulement parce que l'œuvre est exceptionnelle : Lemercier, le premier et l'un des rares architectes français du XVIIe siècle à avoir effectué le voyage d'Italie, en a fait un superbe relevé[36] ; Oppenord aussi. L'œuvre de Michel-Ange intéresse plus que toute autre. Lemercier grave le projet de Michel-Ange pour S. Giovanni dei Fiorentini. Robert de Cotte, qui voit du Michel-Ange partout, ne s'intéresse qu'aux églises du XVIe siècle ; il est déjà plus critique pour les églises du XVIIe siècle. Oppenord relève la porta Pia et le Capitole, qui sont de Michel-Ange, mais aussi Saint-Jean-de-Latran et deux églises qui retiendront particulièrement l'attention de Soufflot, S. Andrea della Valle et S. Ignazio, « l'église la plus belle qui soit à Rome après Saint-Pierre par les proportions », écrit le directeur de l'Académie romaine à propos des travaux d'Oppenord : « Celui-ci dessine les plans et élévations des plus beaux édifices modernes de Rome, des églises surtout. [...] Quand je dis modernes, j'entends les ouvrages faits depuis un siècle », et en particulier, l'œuvre de Borromini[37]. Oppenord est un des très rares Français à s'être intéressés au maître baroque que Soufflot ignore[38]. Aussi Oppenord a-t-il été, comme le dit Cochin, le premier « à sortir du bon goût du siècle de Louis XIV[39] ». Les mêmes tropismes s'exercent encore sur un Nicolas-Henri Jardin, pensionnaire dans les années 1740.

Les architectes français ont été si nombreux à travailler à Saint-Pierre qu'on finit par se demander ce qu'ils ont bien pu y faire, ou comment ils se sont distribué la tâche de rendre compte de la plus belle des églises de Rome. D'après le directeur de l'Académie de Rome, Potain, Grand Prix de 1738, « entreprend un travail immense qui est de lever les plans, profils, modulations de toute la basilique de Saint-Pierre. Jamais personne n'a fait une entreprise d'un si grand détail [...] il y a déjà trois ans qu'il y travaille[40] ». Mais qu'avaient donc fait dans les années précédentes Soufflot et consorts ? Le 5 juillet 1751, Soufflot présente à l'Académie parisienne quatre volumes des édifices et églises de Rome, apparemment une compilation d'auteurs divers, comprenant sa propre contribution à la connaissance de la basilique Saint-Pierre et de sa colonnade. Le 5 juillet et le 6 août 1762, quelques académiciens, dont Soufflot, sont invités à examiner les relevés de Dumont sur Saint-Pierre, apparemment des relevés de détails. Il semble que la série des grandes opérations soit alors close. Cependant, les pensionnaires continuent à fréquenter Saint-Pierre, mais pour en tirer des vues pittoresques, comme De Wailly qui y dessine l'œuvre du Bernin, le baldaquin, la chaire de saint Pierre et le tombeau de la princesse Mathilde, auquel se réduit ce que nous connaissons du travail de Soufflot **(ill. 5)**.

Les églises romaines citées dans les discours de 1739 et 1741 sont toutes des églises du XVIIe siècle, à l'exception du Gesù et des Ss. Apostoli, qui sont respectivement de la seconde moitié du XVIe siècle et du début du XVIIIe siècle, mais qui ne font l'objet d'aucun commentaire. S. Andrea della Valle « passe pour la plus belle quoique la plus dépourvue d'ornements ». S. Ignazio serait aussi belle si elle avait un « dôme qui jusqu'ici n'a pas été élevé ». Pas un mot de l'étonnante place devant l'église, soit parce que c'est un ouvrage contemporain (1727-1728), soit parce que Soufflot ne s'intéresse qu'aux dômes et à la proportion des églises. S. Carlo al Corso est « infiniment plus ornée que les deux autres [...] cependant, elle plaît moins et d'autres de Rome beaucoup plus ornées que celle-ci ne plaisent pas du tout aux gens de goût ». C'est pourtant S. Carlo qui est retenu parmi les « Autorités », ce qui prouve bien que le style n'intervient pas dans la sélection de celles-ci. Soufflot présente cette église le 7 mai 1770 à l'Académie parisienne qui constate, avec « étonnement », que « les parties portées sont plus considérables que les parties portantes ». Sur la gravure, qui ne présente que la croisée avec la tour-lanterne **(ill. 34)**, Dumont signale que l'ouvrage est en brique. S'il était démontré que ce relevé était de Soufflot et qu'il datait du premier voyage, on s'émerveillerait de la précocité de l'éveil de Soufflot aux problèmes que posaient de tels ouvrages. Pour les autres églises, ses relevés étaient peut-être réduits à la mesure des longueur, largeur et hauteur nécessaire pour établir ses fallacieuses proportions. Le Gesù est jugé trop écrasé et S. Carlo ai Catinari, trop court.

Hors de Rome, c'est encore les églises, les problèmes techniques que pose leur construction, qui enrichissent un répertoire dont l'éclectisme ne peut surprendre puisque le style n'est pas en cause. Les « Autorités » comprennent tout aussi bien S. Agostino de Plaisance, qui date du xvie siècle **(ill. 35)**, que S. Lorenzo de Turin, l'extravagant ouvrage du disciple de Borromini. Soufflot a dû voir les deux églises dans son voyage de 1750. Le relevé de S. Agostino, présenté à l'Académie parisienne en 1760 (2 mars) et 1762 (19 juillet, 22 novembre, 20 décembre), a été exécuté par Petitot à la demande de Soufflot[41] : « L'architecte de cette église tenait encore aux dispositions générales des Goths, dont il a voulu imiter la légèreté dans la construction, mais ses ordres doriques n'en sont pas moins corrects. » C'est bien S. Lorenzo qui a dû retenir l'attention de Soufflot à Turin et ce n'est que par une erreur du graveur des « Autorités » que cette église a été identifiée avec le Saint-Suaire.

Raymond, pensionnaire, entretient avec Soufflot une correspondance sur la charpente de S. Agostino de Plaisance et sur celle de la Salute de Venise[42]. Le relevé qu'il a fait de la charpente du dôme vénitien est présenté à l'Académie parisienne en 1775 (20 février) par Soufflot qui commande à Rondelet de comparer cette charpente, faite de planches assemblées suivant un procédé proche de celui décrit par De l'Orme, avec celle du dôme des Invalides. Cette dernière apparaît comme inutilement lourde et dispendieuse : elle n'aurait pas dû coûter la moitié de ce qu'elle coûta[43].

Les charges, qui pèsent sur un bâtiment, voilà la préoccupation dominante de Soufflot : elle attire son attention hors d'Italie. Il n'est pas de preuve que Soufflot se soit particulièrement intéressé à la chapelle du château de Versailles. Mais le fait se passe de preuve. L'idée s'imposait en effet peu à peu que Mansart y avait « appliqué la majestueuse décoration que Perrault avait exécutée au frontispice du Louvre », écrit Julien-David Le Roy dans son *Histoire [...] des temples* (1764). Le Roy ajoute fort justement que « Mansart même osa encore plus que Perrault n'avait osé et fit soutenir à ses colonnes la retombée des voûtes très hautes de la chapelle ». Et cependant, comme pour définir la place que Soufflot va occuper : « Il y avait encore bien loin de l'art d'employer des colonnes dans une chapelle très étroite, dont le plan formait à peu près un parallélogramme, à celui de faire de ces colonnades un système général de décoration applicable aux églises les plus magnifiques, et susceptible de s'allier même avec les coupoles qu'on voit à leur centre[44]. »

En 1753, Soufflot présente à l'Académie parisienne (9 et 30 avril) le projet de l'église Saint-Jean-l'Évangéliste de Liège, en cours de construction, dont la tour-lanterne à dôme doit être portée par des colonnes. En 1770 (2 juillet), Soufflot présente le relevé du tempietto chargeant la tour de « Sainte-Marie-des-Arcs » (St Mary-le-Bow) construite à Londres par Wren. Soufflot n'a pas répondu à l'invitation à venir à Londres que lui a adressée l'architecte Chambers, mais, curieusement, il s'intéresse au voyage que Patte y fait en 1769 pour nourrir de l'expérience de Wren les arguments qu'il va développer contre la solution adoptée par Soufflot à Sainte-Geneviève. Encore en 1770, Soufflot présente le relevé de l'église Saint-Pierre à Genève, œuvre d'Alfieri qui dirige ce chantier, ce que Soufflot, lui-même trop occupé, n'avait pu faire : le relevé montre les fers dont Alfieri a armé les plates-bandes du portique.

Alfieri est l'architecte du théâtre de Turin, le plus moderne, le plus réputé d'Italie. Inauguré en 1740, il est visité par tous les architectes et amateurs français partis pour l'Italie à la recherche des formules susceptibles de transformer les salles du théâtre français. Le théâtre de Turin se distingue en particulier par le plan de sa salle en ovale tronqué à sa petite extrémité par l'ouverture de scène. C'est le parti adopté pour la première fois en France au théâtre de Lyon. Le relevé que Soufflot en a fait est adressé par Vandières à Tournehem, le directeur des Bâtiments, pour qu'il le montre au roi. « Le roi m'a paru content de la lettre que vous m'avez écrite au sujet du théâtre de Turin », écrit Mme de Pompadour à son frère, le 6 février 1750. « Sa Majesté attend et verra avec plaisir le plan que M. de Tournehem lui remettra de votre part. [...] Vous avez fait merveille de vous lier avec le comte Alfieri[45]. » Ledit relevé n'était peut-être qu'une copie du projet d'exécution mis à la disposition des Français par Alfieri, alors à Turin.

Dans son « Introduction à l'explication des desseins de la salle de spectacles de Lyon » (1753), Soufflot ne cite que les théâtres de Parme et de Vicence, qui sont remarquables par leur parti à l'antique. Il a vu Parme, mais pas Vicence[46]. Cochin, qui a vu les deux, les préfère à tout autre. Parme « est le seul théâtre moderne que l'on voit en Italie, si l'on excepte celui de Palladio, qui soit vraiment décoré d'architecture. Tous les autres ne sont qu'un composé de loges égales à six rangs l'une sur l'autre qui ne mérite pas le nom d'architecture », écrit Cochin dans son *Projet d'une salle de spectacle pour un théâtre de Comédie* (1765). Les salles italiennes modernes ne sont en effet formées que de balcons superposés et divisés en loges qui ressemblent à « des cages à poulets ». Comme les salles antiques, celles de Parme et de Vicence sont en amphithéâtre. De plus, leur plan est l'ovale tronqué sur le grand côté par l'ouverture de scène, parti que Cochin préfère à celui de Turin et de Lyon.

Soufflot a encore vu les théâtres de Milan, de Reggio, de Modène, qui ne sont pas recommandables, mais également ceux de Rome et de Naples, l'Argentina de Rome, construit en 1730, et le théâtre S. Carlo de Naples, construit en 1737, qui méritaient qu'on les étudiât.

Les études faites par Soufflot sur les théâtres ne sont ni les premières ni les plus amples exécutées par des Français. En 1745-1746, Potain a été envoyé en Italie par Gabriel qui projetait l'Opéra de Versailles. Il n'est pas impossible que la mission de Soufflot ait été une manœuvre pour réduire l'autorité grandissante du Premier architecte. Le *Parallèle des plans des plus belles salles de spectacle d'Italie et de France*, édité en planches séparées entre 1764 et 1777 par Dumont, contient tous les théâtres italiens vus par Soufflot. Certains de ces relevés seraient-ils de Soufflot ou dus à la collaboration de Soufflot et de Dumont, dont on ne sait au juste à quel moment ce dernier s'intègre à l'équipe de Vandières ? D'après l'*Essai sur l'architecture théâtrale* (1782) de Patte, le recueil de Dumont est une « compilation faite sans choix et en grande partie sans exactitude ». La critique est peut-être inspirée par l'animosité de Patte à l'égard du clan Soufflot. Dumont, comme Patte, publie une longue série de théâtres français qui ont été construits avant et après celui de Lyon : celui-ci occupe une place privilégiée dans le recueil de Dumont ; il n'est même pas cité dans celui de Patte !

Le gothique

Le « Mémoire sur l'architecture gothique », lu le 12 avril 1741, est le plus important de ceux présentés par Soufflot à l'Académie lyonnaise : moins d'ailleurs par l'originalité de son contenu que comme témoin de la longévité des idées qui se concrétisent dix ans, vingt ans plus tard, dans le chantier de Sainte-Geneviève. Soufflot y cite les églises gothiques qu'il a vues ou pu voir : le Dôme de Milan lors du second voyage, Notre-Dame de Paris, avant ou juste après ce voyage, la cathédrale Saint-Maurice de Vienne, où il est allé pour mettre en place le tombeau des évêques ; enfin, à Lyon, la cathédrale Saint-Jean, les églises Saint-Nizier et Saint-Paul et le couvent des Cordeliers.

Dans ce mémoire, Soufflot déplore le « mauvais goût » des ornements gothiques, « petites figures qui forment un vray galimatias ». C'est pourquoi il juge les façades gothiques très inférieures aux façades modernes. En revanche, les églises modernes n'ont fait que reprendre le parti général des églises gothiques et en particulier leur plan : « Nous devons les regarder [les architectes gothiques] comme nos maîtres à cet égard et, malgré le mépris que nous nous en faisons, nous ne saurions leur refuser cet avantage. » Les tribunes font partie de cet héritage : « Celles de Notre-Dame de Paris sont d'une étendue considérable et produisent un effet surprenant en offrant à la vue une seconde église. » Si, en comparaison avec ceux des églises gothiques, les piliers et les voûtes des églises modernes apparaissent « un peu lourds », c'est que la « construction gothique » est « plus ingénieuse, plus hardie et même plus difficile » que celle des églises modernes. Les églises gothiques sont plus élancées que les modernes : ainsi se repose la question des proportions. À cet égard, la position prise par Soufflot est paradoxale. Il écrit d'abord : « Dans les unes [les gothiques], l'examen détruit pour ainsi dire le plaisir [qu'elles donnent] ; dans les autres [les modernes], il le fait naître. » Ainsi la raison ramènerait à l'orthodoxie des beautés positives le malheureux qui se serait laissé un instant séduire par les beautés captieuses de l'architecture gothique. Mais Soufflot écrit encore : les règles, « d'habiles gens les ont établies, d'habiles gens assemblés [les académiciens sans doute] pourraient les réformer ». Hommage involontaire à Perrault, les beautés positives en prennent un coup ; le dogme ne fait plus obstacle à l'apparition d'une nouvelle église.

« La plus grande partie de nos auteurs [...] ont pensé que les Gots n'avaient produit en architecture que du bizarre et du méprisable », écrit encore Soufflot, qui se garde bien de citer les auteurs qui avant lui ont travaillé à la réhabilitation du gothique ou à ce qui a été présenté comme tel. Car, en vérité, le gothique n'avait probablement jamais cessé d'être admiré[47] et imité, mis à part l'ornement gothique dont la condamnation fait presque l'unanimité depuis la Renaissance et encore bien après que Soufflot se fut exprimé[48]. De l'Orme appelle le gothique la « mode françoise », « laquelle véritablement je ne veux despriser » [49]. André Thévet place au-dessus de Michel-Ange Eudes de Montreuil, présenté comme l'architecte de saint Louis[50]. Pour autant que cette architecture est considérée (à tort ou à raison) comme typiquement française, elle ne peut que servir d'argument dans le travail de la France renaissante pour s'émanciper de la tutelle italienne. L'objectif atteint, le sujet cesse pour un temps d'intéresser les théoriciens, mais on continue à construire en style gothique pendant tout le XVIIe siècle, jusque dans le chantier royal de la cathédrale d'Orléans. Perrault est le premier à reprendre le thème illustré par De l'Orme : « Le goût de notre siècle, ou du moins de notre nation, est différent de celui des Anciens et peut-être qu'en cela il tient un peu du gothique, car nous aimons l'air, le jour et les dégagements », écrit Perrault dans *Les Dix Livres d'Architecture de Vitruve* (1673)[51]. On notera que ce propos n'est là que pour justifier l'invention d'un sixième entrecolonnement, le pseudosystyle, ajouté aux cinq entrecolonnements de Vitruve. Ce parti, qui est à peu près celui de la Colonnade et qui associe un petit et un grand entrecolonnement, ce qui produit de fait un jumelage des colonnes, est français parce que la lumière atténuée du climat français appelle un grand entrecolonnement pour l'éclairement des intérieurs et que les Français ont acquis la maîtrise des plates-bandes de grande portée. Ainsi, pourrait-on dire, tout Soufflot est déjà dans Perrault, qui se croit autorisé à « réformer » les règles pour y intégrer la « légèreté » gothique. Définition du mot « léger » dans l'*Explication des termes* joint au *Cours* de D'Aviler (1691) : « Ce mot se dit en architecture d'un ouvrage percé où la beauté de la forme consiste dans le peu de matière, comme les portiques de colonnes, les péristyles » et l'élévation intérieure des églises gothiques pourrait-on ajouter, car la légèreté est bien reconnue par tous les théoriciens comme le trait distinctif de l'architecture gothique. Encore que dans la *Dissertation touchant l'architecture antique et l'architecture gothique* (1699), le premier essai pour distinguer les phases de l'évolution de l'architecture médiévale, Jean-François Félibien associe la « légèreté » plus particulièrement à la troisième phase, apparemment celle que nous nommons flamboyante, qui est moins recommandable que l'architecture du XIIIe siècle, car la « hardiesse du travail » y devient « démesurée » et que c'est là que se produit « l'amas confus d'une multitude d'ornements ». Dans son *Cours d'architecture* (1675-1683), François Blondel, le seul auteur que Soufflot cite, démontre la beauté des proportions de la cathédrale de Milan.

Tout est dit, nous semble-t-il, avant que les Frémin, les Cordemoy et les Frézier ouvrent le procès en réhabilitation. Mais on ne peut s'abstenir de les citer car Soufflot, qui feint de les ignorer, leur a fait quelques emprunts. Ainsi, dans ses *Mémoires critiques d'architecture* (1702), Michel de Frémin[52] dit le bien qu'il pense des tribunes gothiques, parce qu'elles sont commodes. En plaçant la *commoditas* au-dessus de la *venustas*, Frémin croit pouvoir se poser en réformateur, bien qu'il ne fasse que reprendre la hiérarchie de De l'Orme. Mais il dégage la perspective en renvoyant au second plan la question des proportions, des ordres, de l'ornement. Du *Nouveau traité de toute l'architecture* (1706), il faut retenir que Cordemoy a fait sortir la question du champ des idées en l'abordant par l'émotion, à laquelle Soufflot n'osera pas se soumettre sans réserve : « Peut-on y entrer toutes gothiques qu'elles soient, sans être saisi d'admiration [...] parce que cette prodigieuse quantité de colonnes [...] laisse voir sans embarras d'un coup d'œil toute la grandeur et la beauté de ces églises[53]. » À ces considérations d'amateur, Frézier, l'ingénieur, l'auteur de la somme sur la stéréotomie, spécialité française remontant au Moyen Âge, apporte le jugement du spécialiste qui compare la légèreté gothique « de peu de dépense » à la « consommation superflue de matériaux » que l'on fait dans les constructions modernes. Sa « Dissertation » [54] paraît l'année même (1738) où Delamonce présente sa propre dissertation sur l'architecture gothique à l'Académie de Lyon (7 juin), malheureusement perdue. Soufflot ne l'a peut-être pas entendue parce que, si sa présence à Lyon est attestée en mars, il n'entre à l'Académie qu'à la fin de l'année. Deux ans plus tôt, Robert de Cotte, Premier architecte du roi, et Jacques V Gabriel, futur Premier architecte, ont entrepris le massif de la façade gothique de la cathédrale d'Orléans, dont le projet a été approuvé par le roi.

Tout cela interdit de faire de Soufflot un précurseur du retour au gothique. Il revenait encore à un autre, l'abbé Laugier, de passer à l'étape suivante, celle du projet, au moins dans sa définition théorique : « J'ai cherché si en bâtissant nos églises dans le bon goût de l'architecture antique, il n'y aurait pas le moyen de leur donner une élévation et une légèreté qui égalât [*sic*] celle de nos belles églises gothiques », écrit-il dans son *Essai sur l'architecture* de 1753, dont le retentissement fut considérable[55]. Laugier a décrit cette église idéale, finalement très différente du projet de Soufflot pour Sainte-Geneviève[56]. Mais dans ses *Observations sur l'architecture*, publiées dix ans plus tard (1765), il reconnaît dans l'édifice qui se construit une église selon ses vœux. On aimerait connaître les relations que Soufflot a pu entretenir avec l'abbé, qui était lyonnais.

Soufflot n'est pas un théoricien bien qu'il s'efforce de le paraître, mais un homme d'expérience : en privilégiant l'observation, il fait de l'architecture une science expérimentale. Par là, bien qu'il n'osât point rompre avec le dogmatisme du siècle précédent, il est bien de son siècle. Le meilleur de sa démonstration se trouve encore dans les « Autorités ».

Le 22 décembre 1761 et le 20 décembre 1762, Soufflot relit à l'Académie royale son mémoire lyonnais de 1741 et, tandis qu'il prépare le projet d'exécution des vaisseaux de Sainte-Geneviève, il présente le relevé de Notre-Dame de Dijon, exécuté à sa demande par Jallier, élève de l'Académie, sous le contrôle de Jolivet, architecte des états de Bourgogne, que Soufflot a fait nommer correspondant de l'Académie. Le relevé signé par Jolivet a été gravé et publié dans le *Cours d'architecture* de Jacques-François Blondel[57]. Cette église du XIIIe siècle « n'a souffert d'aucune altération jusqu'à présent malgré la légèreté de la plus grande portion de ses parties qui est telle que bien des architectes pourraient traiter d'ignorant dans l'art de bâtir et de téméraire quiconque le proposerait comme un projet à exécuter », commente Soufflot. Le relevé a été fait « pour prouver jusqu'à quel point nous avons poussé l'abus de l'emploi des matériaux dans les églises bâties à Paris depuis environ deux siècles ». La même année 1762, Perronet, qui toujours soutint l'entreprise de Soufflot, présentait (1er février) un relevé de l'église de Mantes à l'Académie qui avouait que « cette manière de bâtir » lui paraissait « de plus en plus intéressante ».

Le relevé de l'église de la Toussaint à Angers, l'un des plus audacieux défis opposés à la pesanteur, est le seul relevé gothique commandé par Soufflot et figurant dans l'anthologie posthume dressée par Dumont : il est dû à N. de Poilly, inspecteur des Bâtiments de la place Louis-XV, et daté de 1764. Y figure aussi le relevé du Dôme de Milan, mais Soufflot s'est contenté de faire graver un relevé, dont on trouverait sans doute, sans trop chercher, l'origine. Il le présente à l'Académie le 30 juillet 1770. Il n'y a pas lieu de faire figurer parmi les « Autorités » la basilique Saint-Marc comme l'a fait Dartein, qui croyait à un voyage de Soufflot à Venise[58].

En revanche, il faut enrichir la liste des « Autorités » dressée par Dumont de nombreuses œuvres parisiennes. Les 1er et 8 mars 1773, Soufflot lit à l'Académie un « Mémoire sur le cul-de-lampe ou clef pendante que l'on voit dans l'église Saint-Étienne-du-Mont » ; en 1774 (18 juillet), il y présente le relevé de l'église Saint-Nizier de Lyon, qui est malheureusement perdu. Mais ce que nous savons du mémoire de 1773 suffit pour prendre la mesure de l'attention critique et érudite que Soufflot a su porter sur les exemples les plus divers, sans exclusive, comme cette clef pendante, chef-d'œuvre extravagant de l'art de construire, visible dans l'église jouxtant celle de Sainte-Geneviève : après une longue et originale réflexion, sur la date possible de l'ouvrage, Soufflot conclut que l'usage d'une armature de fer lui a permis de résister pendant plus de deux cents ans.

Un mémoire, jusqu'alors inédit, intitulé « Recueil des différens ouvrages gothiques et autres que M. Soufflot, architecte du roy et contrôleur des bâtiments de Sa Majesté au département de Paris, a recueilli avec les observations qu'il a faites », malheureusement dépouillé de son illustration[59], permet d'allonger encore la liste des « Autorités » parisiennes : salle capitulaire des Bernardins, cloîtres de Sainte-Geneviève et de Saint-Germain-des-Prés, réfectoires de Saint-Germain-des-Prés et de Saint-Martin-des-Champs. On ne s'étonne pas de trouver dans cette liste ces deux réfectoires, l'un chef-d'œuvre disparu de Pierre de Montreuil, l'autre attribuable au même maître, stupéfiant par la gracilité de ses colonnes. La surprise vient de l'église du collège de Cluny, œuvre majeure de l'architecture gothique du XIIIe siècle, totalement oubliée, qui figure dans le mémoire. D'après l'auteur du mémoire, « la construction de cette église est un morceau des plus hardys que l'art ait pu enfanter ». François de Guilhermy qui a pu voir cette église avant sa destruction a écrit qu'elle était en tout comparable à la Sainte-Chapelle[60].

Cependant, dans le temps où il cherchait ses exemples gothiques, Soufflot détruisait le pilier central et mutilait le tympan de la porte principale du portail occidental de la cathédrale de Paris, alors que, quarante ans auparavant, Boffrand avait refait à l'identique la rose du bras droit ; et il faisait de même à la Sainte-Chapelle de Vincennes !

La nature et l'univers

Comme l'ont dit Boffrand et Laugier, l'architecture gothique procède du modèle de la forêt. Ainsi Soufflot a-t-il pu écrire dans son épitaphe : « Pour maître, dans son art, il n'eut que la nature. » Il y a bien du naturalisme dans cet architecte qui s'intéresse plus aux éruptions du Vésuve et aux eaux thermales de Viterbe qu'au théâtre d'Herculanum et aux temples de Paestum[61]. Pendre un poulet au bout d'une corde pour le soumettre aux effets des vapeurs sulfureuses et le jeter ensuite dans l'eau peut passer en effet pour une savante expérience ; et la description des éruptions pour une contribution à la rédaction de l'histoire naturelle. Bien qu'il se défende de « faire le savant », Soufflot prétend avoir été le premier à faire cette description, oubliant ou tentant de faire oublier que le Vésuve est le lieu commun de tous les voyages des curieux des phénomènes naturels et que la description a été tentée, notamment dans le *Mundus Subterraneus* d'Athanas Kircher (Amsterdam, 1664), qu'il mentionne pourtant. Il illustre son propos d'un relevé naïf[62] qui n'est guère plus scientifique que les images dressées peu de temps avant lui par les peintres Vernet, son ami, et Roslin, lié à Cochin.

Les applications à l'architecture des observations du naturaliste ne sont en fait que poncifs du schéma étiologique tant exploité par la théorie depuis Vitruve. Depuis Auguste, pas un théoricien qui n'ait affirmé que pour comprendre les ordres, il fallait remonter à leur origine naturelle. Le « temple représentant l'origine de l'architecture », dessiné par Soufflot pour le

41 - *Plan des églises les plus remarquables…*, publié par Julien-David Le Roy dans *Histoire de la disposition et des formes différentes que les Chrétiens ont données à leurs temples*, 1764.

42 - *Plan sur la même échelle des théâtres modernes les plus connus*, publié dans *Salle de spectacle de Bordeaux* de V. Louis, 1782.

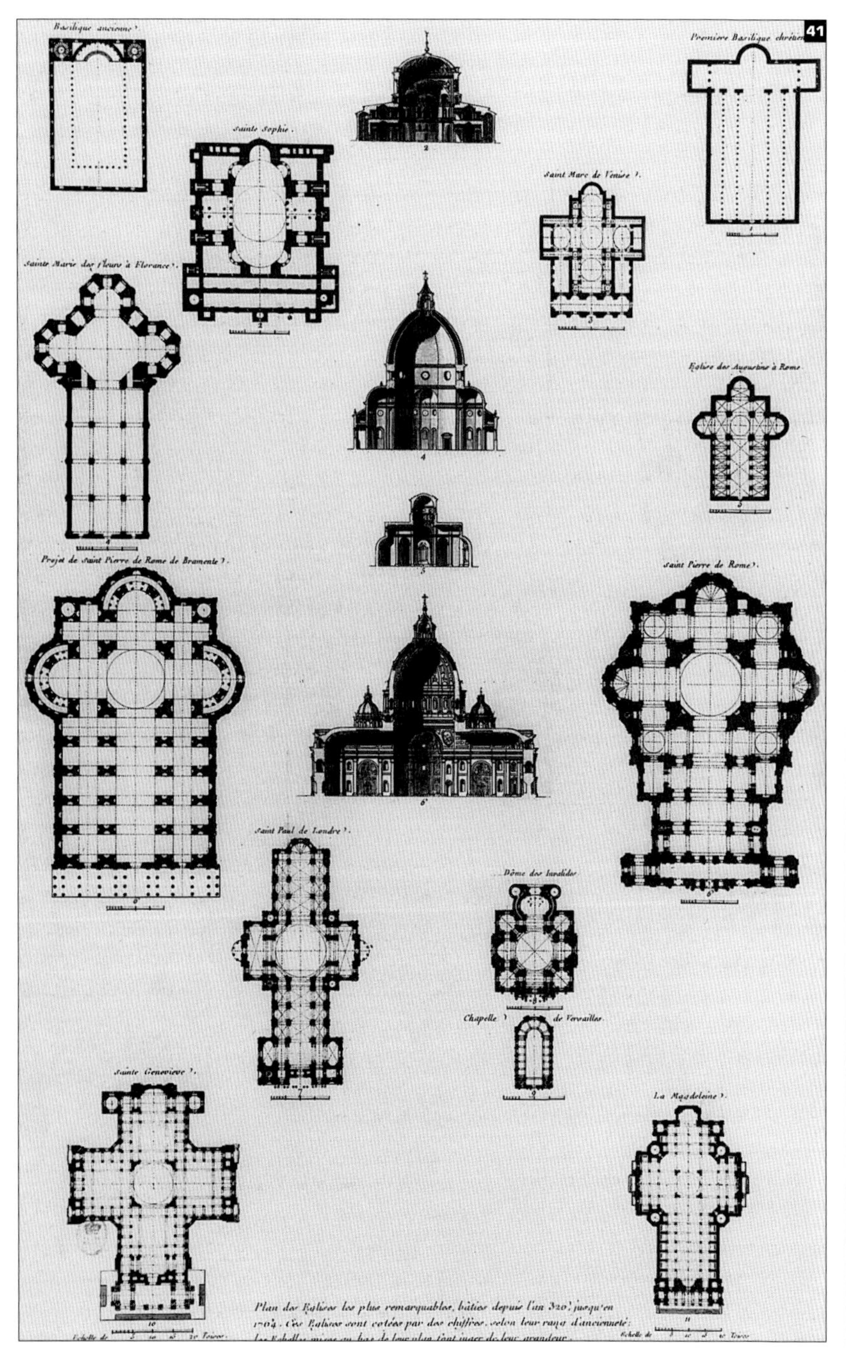

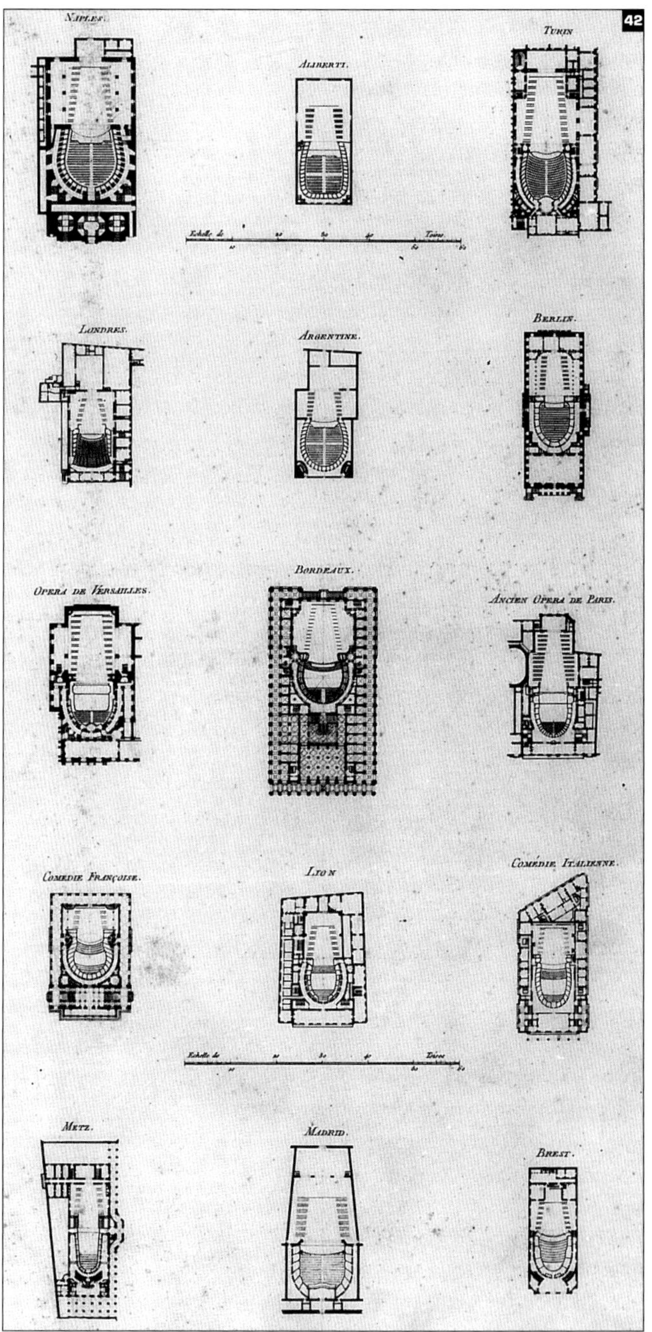

château de Menars, est probablement ce que cette théorie a produit de plus kitsch[63] : cela vous a un petit air de nouveauté, de pittoresque jardinier très « mode », pour qui ne connaît que la publication contemporaine de Ribart de Chamoust sur l'ordre français au naturel. « Pourquoi, je vous prie, ne sera-t-il permis par imitation de la mesme nature de nous y ayder de la première façon de colonnes retirées des arbres », écrivait pourtant deux siècles plus tôt De l'Orme[64], qui lui-même empruntait ses arbres-colonnes à Alberti, à Francesco di Giorgio ou à Bramante. Si Soufflot n'a pas lu De l'Orme, il a pu voir les colonnes en arbre écoté de Bramante à Saint-Ambroise de Milan. Tout cela ne doit rien à la science naturelle du siècle, à l'explication de l'univers donnée par Newton et à l'extraordinaire exploitation que Boullée va en donner.

Nous ne connaissons (et encore assez mal) que la réaction de Soufflot à la mode de l'architecture chinoise. En 1770, Marigny ayant souhaité que Soufflot lui dessine une fabrique chinoise pour Menars, Soufflot lui écrit (14 septembre) : « Un Directeur Général, sous l'administration duquel la bonne architecture a reparu en France après une absence presque totale de plus de trente ans, ne doit, je pense, faire bâtir chez lui ni dans le goût chinois ni dans le goût arabesque : en conséquence, Monsieur, après avoir esquissé des choses dans ces genres, je suis revenu à celui qui doit mieux vous convenir. Vous avez un temple toscan qui donne l'idée de ceux que les Grecs et les Romains appelèrent monoptères ; celui que j'ai l'honneur de vous adresser donnerait une idée des rotondes et serait d'ordre dorique ; je l'ai fait fort simple, mais d'un caractère mâle afin qu'il fasse de l'effet de loin » **(ill. 21)**. Marigny lui répond : « Je conviens avec vous, Monsieur, de ce que devrait faire un chef des arts ; mais vous conviendrez avec moi que c'est ma personne et non ma place qui réside à Menars. Votre rotonde dorique est du meilleur goût possible, aussi en garderai-je avec soin les dessins dans mon portefeuille. Je veux absolument dans cette partie de mon jardin un kiosque ou belvédère chinois, et je persiste à croire qu'il y réussira mieux que la masse sérieuse d'une rotonde, quelque élégante qu'elle fût. S'il vous vient quelque idée heureuse dans le genre que je désire, vous me ferez grand plaisir de me l'envoyer. J'avais prévu votre détermination pour le genre noble et mâle, aussi ai-je frappé à plus d'une porte. » C'est De Wailly qui lui fera sa fabrique chinoise[65].

Bertin, protecteur et ami de Soufflot, était un spécialiste reconnu de l'art chinois. En 1775 (27 novembre), Soufflot présente à l'Académie des relevés de l'architecture chinoise appartenant à Bertin. Nous n'avons pas conservé son commentaire. Mais, la même année, c'est Lequeu et non Soufflot qui exécute pour Bertin les fabriques chinoises de Chatou, où Soufflot construit peut-être l'admirable nymphée, qu'un nouveau Searcher de l'an 2355 prendrait sans doute pour une production de la fin du XVIe siècle ou du XVIIe siècle, contemporaine de la grotte de Viry longtemps attribuée aux frères Perrault.

Le recueil des monuments anciens et modernes à même échelle

Nous avons cité le passage des Mémoires du duc d'Aiguillon signalant le projet de recueil mis en chantier vers 1760 par Soufflot, prêt pour la publication vers 1780, présentant des « monumens tant anciens que modernes *sur la même échelle* ». Le mémorialiste a souligné « sur la même échelle », qui est évidemment l'aspect le plus original du recueil.

D'autres auteurs avaient eu l'ambition de publier un recueil de monuments, notamment Wren et Fischer von Erlach. L'*Entwurf einer historischen Architektur* (1721) de von Erlach, première publication de ce genre, ne présente que des vues pittoresques. L'idée de l'échelle commune, qui permet les comparaisons, apparaît, pour la première fois semble-t-il, dans le « Traité d'architecture civile » mis en chantier en 1740-1750 par Juste-Aurèle Meissonnier : le texte en est perdu, mais on en a conservé quelques dessins et deux planches gravées dans lesquelles des édifices du même genre sont regroupés et présentés à la même échelle[66]. Un tirage de la « planche 1ère », intitulée « Parallèle Général des Édifices les plus considérables depuis les Égyptiens, les Grecs jusqu'à nos derniers Modernes dessignés [*sic*] sur la même échelle par J.-A. Meissonnier [*sic*] », a été inséré dans un recueil factice de relevés de Dumont intitulé *Recueil de plusieurs parties d'architecture de différents maîtres tant d'Italie que de France*[67]. La planche ne présente pratiquement que des façades de temples et d'églises, la plupart recopiées sur les traités du Vitruve et de Palladio. Ce n'est évidemment pas un hasard si le tirage de Meissonnier se trouvait dans l'œuvre de Dumont. Le recueil de Dumont doit pouvoir être daté par un état qui lui est joint, intitulé « État de l'œuvre gravée que M. Dumont vient de terminer. À Paris, 24 janvier 1765 ». Il n'est pas douteux que Dumont était associé à Soufflot dans le grand projet, qui aurait bien été mis en chantier avant 1765, et qui reprenait le projet abandonné à la mort de Meissonnier en 1750. Ainsi les nombreux relevés d'édifices, et notamment de théâtres, auxquels Dumont a consacré des planches gravées séparées avaient pour ultime destination le recueil général. Dès 1762, dans *Détails des plus intéressantes parties d'architecture de la basilique de Saint Pierre de Rome* (1763), Dumont publiait deux planches consacrées aux églises et titrées « Parallèle de monumens sur une même échelle ». Appartient sans doute au même projet ou à un projet concurrent la planche d'églises **(ill. 41)** parue dans l'*Histoire de la disposition et des formes différentes que les Chrétiens ont données à leurs temples depuis le règne de Constantin le Grand jusqu'à nous*, que Julien-David Le Roy publie en 1764, l'année de la pose de la première pierre de l'église Sainte-Geneviève. Utilisant sans doute les relevés de Dumont et de Patte, Victor Louis publie en 1782 dans sa *Salle de spectacle de Bordeaux* une planche intitulée « Plan sur la même échelle des théâtres modernes les plus connus » **(ill. 42)**. Le recueil d'« Édifices de différents peuples disséminés sur la terre » [68], de Jean-Jacques Lequeu, collaborateur de Soufflot, n'est sans doute qu'une résurgence du grand projet. On sait que ce projet n'aboutit qu'avec le *Recueil et parallèle des édifices de tout genre, anciens et modernes [...], dessinés sur une même échelle*, publié en 1799-1801 par J. N. L. Durand. On aimerait savoir ce que le recueil de Durand[69] doit à celui de Soufflot.

---

1 - *Soufflot à Lyon*, p. 169-227.

2 - Ce mémoire n'est connu que par la copie donnée à l'Académie de Lyon par Soufflot, le 28 juillet 1778. *Soufflot à Lyon*, p. 223-227.

3 - *Soufflot à Lyon*, p. 189.

4 - *Mémoires du ministère du duc d'Aiguillon*, p. 309.

5 - Picon, p. 115-156.

6 - De l'Orme (Philibert), *Le Premier Tome de l'architecture*, Paris, 1567, fol. 179.

7 - Frémin (Michel de), sixième lettre.

8 - Szambien (Werner), *Symétrie, goût, caractère : théorie et*

43 - Paris, le Louvre, « guichet » nord de la cour Carrée, détail.

terminologie de l'architecture à l'âge classique, 1550-1800, Paris, 1986.

9 - *Livre d'architecture,* p. 16-32. *Germain Boffrand, 1667-1754 : l'aventure d'un architecte indépendant,* Paris, 1986, ouvrage collectif.

10 - *De la distribution des maisons de plaisance,* Paris, 1737, t. II, p. 67.

11 - Blondel (Jacques-François), *Cours d'architecture,* t. V (1777) écrit par Patte, p. VII.

12 - *Lettres,* Paris, 1745, vol. II, p. 41 et 42, lettre XXXVI, adressée de Londres à M. le comte de Cxxx (probablement Caylus).

13 - Cet arc a été par erreur attribué à Jacques-François Blondel. Le peintre Charles-Antoine Tremblin a travaillé aux Gobelins sous les ordres de Soufflot.

14 - *P.-V. Acad.,* t. VI, p. 351.

15 - Cochin, *Mémoires,* p. 141 et 142.

16 - Érouart, p. 37.

17 - Archives nationales, O[1] 1541. Billet de Marigny à Soufflot, cité par W. Herrmann dans *The Theory of Claude Perrault,* Londres, 1973.

18 - Cochin (Charles-Nicolas), *Recueil de plusieurs pièces concernant les arts,* extrait du *Mercure de France,* 1757, p. 76.

19 - Petzet (Michael), *Claude Perrault und die Architektur des Sonnenkönigs,* Munich, 2000, p. 443 et 470.

20 - Cordemoy (Jean-Louis de), *Nouveau Traité de toute l'architecture,* Paris, 1706, p. 176.

21 - Laveglia (P.), *Paestum. Della decadenza alla riscoperta fino al 1860,* Naples, 1971, cité par Rykwert p. 477, note 30.

22 - Bibliothèque de l'École nationale des ponts et chaussées, ms. fol. 208.

23 - Jestaz (Bertrand), *Le Voyage d'Italie de Robert de Cotte,* Paris, 1960.

24 - Oechslin (Werner), « L'intérêt archéologique et l'expérience architecturale avant et après Piranèse », in *Piranèse et les Français / Colloque tenu à la villa Médicis, 12-14 mai 1976, [organisé par l'] Académie de France à Rome ; études réunies par Georges Brunel,* Rome, 1978, p. 395-419.

25 - Hautecœur, t. IV, p. 4.

26 - Monval, p. 24.

27 - Wiebenson, *passim.*

28 - Érouart, p. 47.

29 - Cochin, p. 142 et 143.

30 - *Correspondance des directeurs,* lettre de Marigny à Natoire, 21 septembre 1762.

31 - Pérouse de Montclos, p. 85-88.

32 - Viel de Saint-Maux (Jean-Louis), *Lettres sur l'architecture,* Paris, 1787, septième lettre p. 58, note 29.

33 - Blondel (Jacques-François), *Cours d'architecture,* t. I (1771), pl. XLVI.

34 - *Correspondance des directeurs,* lettres des 1er février et 2 mars 1768.

35 - Archives nationales, O[1] 1677B.

36 - Gady (Alexandre), *Jacques Lemercier,* thèse de doctorat, Tours, 2001.

37 - *Correspondance des directeurs,* t. I, p. 332 ; t. II, p. 162 et 240.

38 - Connors (Joseph), « Borromini in Oppenord's Sketchbooks », in *Ars naturam adiuvans. Festchrift für Mathias Winner,* Mayence, 1996, p. 598-612

39 - Cochin (Charles-Nicolas), *Mémoires inédits,* p. 129 et 130.

40 - *Correspondance des directeurs,* t. IX, p. 357 et 383 ; t. X, p. 68, 73, 87 et 109.

41 - Bertini (G.), « Soufflot, Petitot e la chiesa di S. Agostino in Piacenza », in *Aurea Parma,* Parme, 1982, p. 24-32.

42 - Gallet (M.), *Les Architectes parisiens,* p. 422-428.

43 - Rondelet (Jean-Baptiste), *Traité de l'art de bâtir,* 16e éd. (1881), t. III, p. 148.

44 - Le Roy (Julien-David), p. 75 et 76.

45 - *Correspondance de Mme de Pompadour,* 1878, p. 34.

46 - Nous l'avons dit dès le premier chapitre, le voyage aller de l'équipe de Vandières ne passait pas par Vicence (que Soufflot appelle Vérone) et Soufflot n'est pas du voyage de retour.

47 - L'exposition *Le Gothique retrouvé avant Viollet-le-Duc* (catalogue, Paris, 1978-1980), qui a tant fait pour faire connaître les travaux menés depuis quelques années sur ce sujet, ne traite la question qu'à partir du XVIIIe siècle, entretenant l'idée d'une redécouverte. Sur la pratique du gothique aux XVIIIe et XIXe siècles, voir H. Rousteau-Charag, *Le Gothique des temps modernes. Architectures religieuses en milieu urbain,* 2003.

48 - L'unanimité n'est pas totale comme le prouve l'admiration de Sébastien Roulliard pour la sculpture de Chartres (*Parthenie. Histoire de la très auguste église de Chartres,* 1609).

49 - De l'Orme (Philibert), *Le Premier Tome de l'architecture,* Paris, 1567, fol. 107.

50 - Thévet (André), *Vrais Pourtraicts et vies des hommes les plus illustres,* Paris, 1584.

51 - Perrault (Claude), p. 76.

52 - Nyberg (D.), « The *Mémoires critiques d'architecture* par Michel de Frémin », *Journal of Society of Architectural Historians,* n° 22 (1963), p. 217-224.

53 - Édition de 1712, p. 175, cité d'après Middleton.

54 - Frézier (Amédée-François), *La Théorie et la pratique de la coupe des pierres,* Strasbourg, Paris, 1737-1739.

55 - Laugier, *Essai,* p. 206. W. Herrmann, *Laugier and Eighteenth Century French Theory,* Londres, 1962.

56 - Petzet, *Soufflots Sainte-Geneviève,* p. 62 et 63.

57 - T. VI, publié par Patte, pl. CXI. Sur ce sujet, voir Recht (Roland) « Le modèle gothique à l'âge classique. Notre-Dame de Dijon revisitée par Soufflot et Viollet-le-Duc », in *Monuments Piot,* t. LXXVIII, p. 141-168.

58 - Dartein (Fernand de), *Études sur les ponts en pierre antérieurs au XIXe siècle,* t. IV, p. 14.

59 - Bibliothèque de l'École nationale des ponts et chaussées, ms. 2096. Ce manuscrit n'est pas de Soufflot, puisque celui-ci est cité dans le texte, mais d'un disciple, qui rapporte les propos de Soufflot. On mesure l'importance que représente la perte des illustrations de ce mémoire, perte qui est postérieure à l'entrée du manuscrit dans la bibliothèque.

60 - Le collège de Cluny a été fondé par l'abbé de Cluny en 1269. La chapelle, qui occupait le côté nord de la place de la Sorbonne, aurait été construite à la fin du XIIIe siècle. On commençait à la démolir en 1834. Guilhermy (*Itinéraire archéologique de Paris,* 1855, p. 335), qui avait pu la voir avant sa destruction, est à notre connaissance le seul auteur à en signaler l'intérêt. Elle ne fait l'objet par ailleurs que de mentions anecdotiques (elle a servi notamment d'atelier à David).

61 - *Soufflot à Lyon,* p. 203-220.

62 - Les dessins de Soufflot sur le Vésuve, vus par Monval (p. 100, note 2) dans la collection Lefèvre-Pontalis, appartiennent bien à cette famille. Un autre dessin appartient à la bibliothèque de l'Académie des sciences, belles-lettres et arts de Lyon (reproduit dans *Soufflot à Lyon,* p. 234). Des dessins de Soufflot ont été gravés et publiés par Dumont dans *Les Ruines de Paestum,* 1769, pl. 14 et 15.

63 - Signalé et reproduit par Monique Mosser, *Colloque Soufflot,* p. 227.

64 - De l'Orme (Philibert), *Premier Tome,* Paris, 1567, fol. 217 vo.

65 - Mosser, passim.

66 - Fohring (Peter), *Meissonnier, un génie du rococo,* Turin, Londres, 1999, cat. n° 75.

67 - BNF, Est., Ha 36, folio.

68 - Duboy, p. 14.

69 - Szambien, p. 27 et suiv.

43

44 à 46 - Reims, place royale, projet. Inscription : *Plan d'une Place projetée pour la ville de Rheims, Approuvé le présent projet, à Compiègne le 11 juillet 1756 [signé] Louis.*

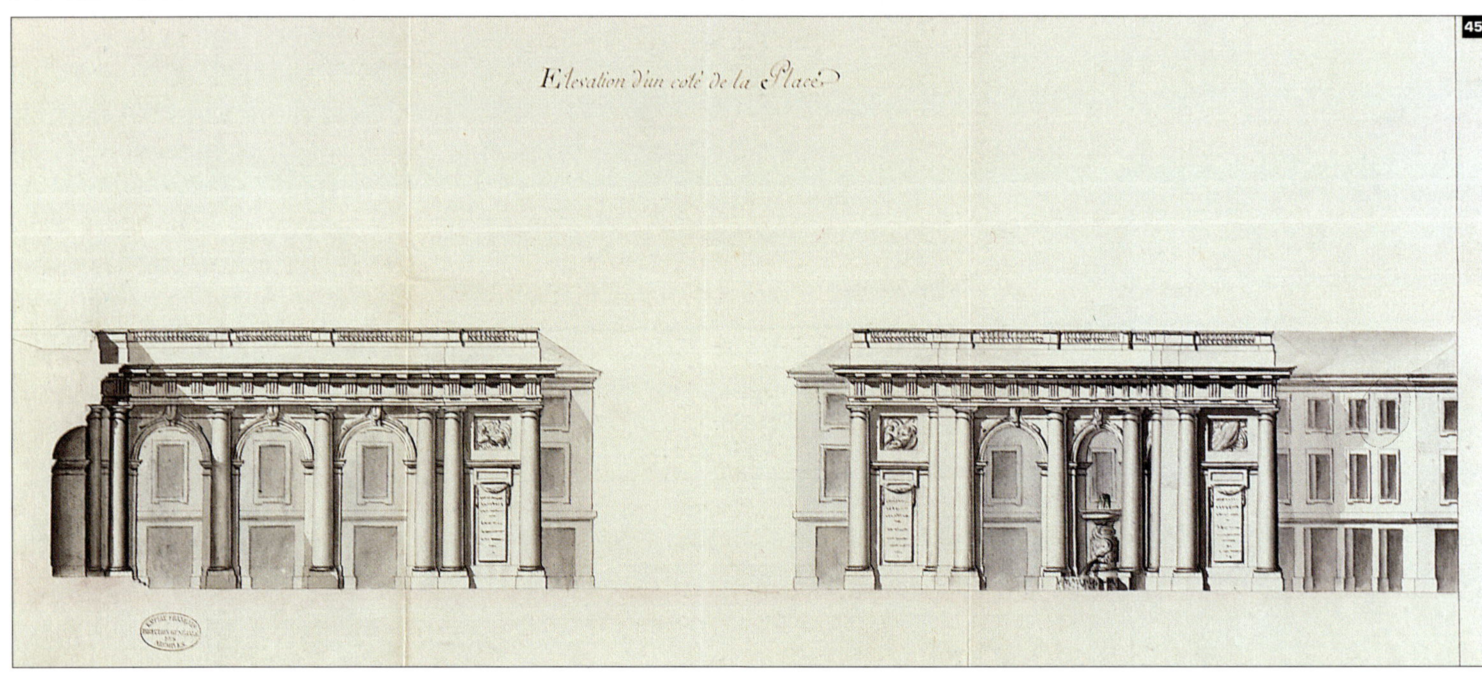

Chapitre III

L'œuvre

Le catalogue de l'œuvre de Soufflot n'est pas très développé, et même étonnamment limité s'agissant de l'œuvre d'un architecte qui fut célèbre dès le début de sa carrière. Il est peu probable qu'une partie importante de cette œuvre soit encore à découvrir, car l'architecture française du XVIIIe siècle a été assez bien étudiée, celle de Soufflot en particulier. C'est que la prestigieuse nomination à la fonction de contrôleur des Bâtiments du roi au département de Paris, le principal département de la direction générale des Bâtiments, se révéla à l'épreuve comme une mauvaise affaire. Sous Marigny comme sous Terray et D'Angiviller, la direction a produit plus de notes d'intention que de réalisations. La monographie de Monval décrit parfaitement l'engagement de Soufflot, fonctionnaire travailleur et consciencieux, qui s'est épuisé dans une tâche qui, au total, ne lui a donné que rarement l'occasion de faire œuvre d'architecte. Il faut lire la *Correspondance de Soufflot avec les directeurs des Bâtiments concernant la manufacture des Gobelins (1756-1780)*, publiée par Monval, pour comprendre à quelle tâche s'épuisait le génie. Pour l'exposé détaillé de la gestion de la manufacture, des démêlés avec les occupants du Louvre et du Luxembourg, des résistances du passé au projet sur la ville, toutes choses qui relèvent de l'histoire de la haute administration plus que de celle de l'architecture, nous pensons être autorisé à renvoyer à Monval.

En revanche, on ne peut ignorer le temps que Soufflot a consacré à l'épuisante entreprise de Sainte-Geneviève. Et, en vérité, à compter les remaniements du projet et le nombre des « Autorités » invoquées, on peut bien croire que, pendant vingt-cinq ans, Soufflot n'a guère pensé qu'à cette œuvre : avec succès cette fois, puisque à elle seule elle justifie *in fine* l'inscription de Soufflot sur la liste des architectes justement célèbres.

L'urbanisme

Au total, Soufflot aura plus marqué le dessein de la ville de Lyon que celui de la ville de Paris. On peut le considérer comme l'auteur, ou le principal auteur, du quartier Saint-Clair qui s'étend sur la rive droite du Rhône entre la rue du Puits-Gaillot (hôtel de ville) et le bastion Saint-Clair (tunnel de la Croix-Rousse). L'aspect le plus remarquable de cette opération est le travail qui a permis de régulariser la rive en augmentant la surface à bâtir aux dépens du fleuve : assurément Soufflot avait les compétences qui lui auraient permis de faire carrière comme ingénieur civil. En revanche, le lotissement est banal : sans remonter à la castramétation romaine, on pourrait lui donner de nombreux antécédents. Peut-être Soufflot a-t-il eu initialement l'intention de profiter de l'opération pour dessiner des ordonnances urbaines : les immeubles de la place Louis-Chazette en seraient les modestes témoins **(ill. 162)** ; mais la spéculation sur l'attribution et l'occupation des lots, à laquelle Soufflot participa activement, l'a finalement emporté sur toute autre considération. Non, le quartier Saint-Clair n'est pas, comme on l'a écrit, l'archétype d'un nouvel urbanisme !

Rien ne prouve que Soufflot soit intervenu autrement que comme spéculateur dans l'aménagement du quartier des Brotteaux, sur l'autre rive du Rhône, lotissement de même nature que celui de Saint-Clair, dirigé par Antoine Morand, un des collaborateurs habituels de Soufflot. Dans le quartier Perrache, c'est le projet de la place Louis-XV de Soufflot qui a été retenu (1770) : le plan rectangulaire était assurément mieux adapté à un plan de lotissement orthogonal **(ill. 158)** que la place circulaire avec avenues rayonnantes projetée par Antoine Perrache, l'architecte du lotissement. Mais la place de Soufflot eût-elle été réalisée qu'elle n'aurait pas introduit dans l'histoire de l'urbanisme une idée nouvelle.

La place royale de Reims (1756) **(ill. 44 à 46)** n'aurait été elle-même qu'un décor urbain, un masque cachant la ville. Et, si ce n'est qu'elle aurait été à l'ancien croisement du *cardo* et du *decumanus*, on ne voit pas ce qui permettait à Soufflot d'écrire à Marigny : « On y pourrait construire la place dans le goût de celles que faisaient les Romains. » Il est vrai que celle-ci est dorique, et sans rien de Paestum ! L'idée de la statue dans la niche est peut-être empruntée à la place royale de Jacques V Gabriel à Rennes. La manœuvre de Soufflot pour s'imposer à Reims au détriment de l'architecte local ressemble à celle que Gabriel avait menée à Rennes, mais cette dernière avec succès. Soufflot ne parviendra à s'imposer ni à Reims, ni à Bordeaux, malgré l'appui de Marigny. La capacité d'imposer sa créature à la province était-elle moindre pour Marigny que pour ses prédécesseurs à la direction ? Nous avons cité, dans le chapitre Ier, le mot de Marigny, à qui il paraissait fatal que son protégé, si doué, soit évincé pour un médiocre architecte bordelais.

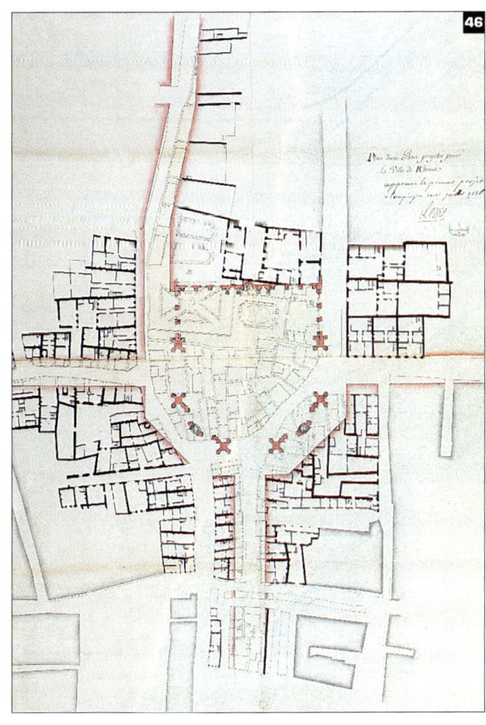

47 et 48 - Paris, place Louis-XV entre le jardin des Tuileries et les Champs-Élysées, projet présenté au concours de 1753. Plan et élévation, dessin, copie par J.-F. Blondel pour le Recueil Marigny.

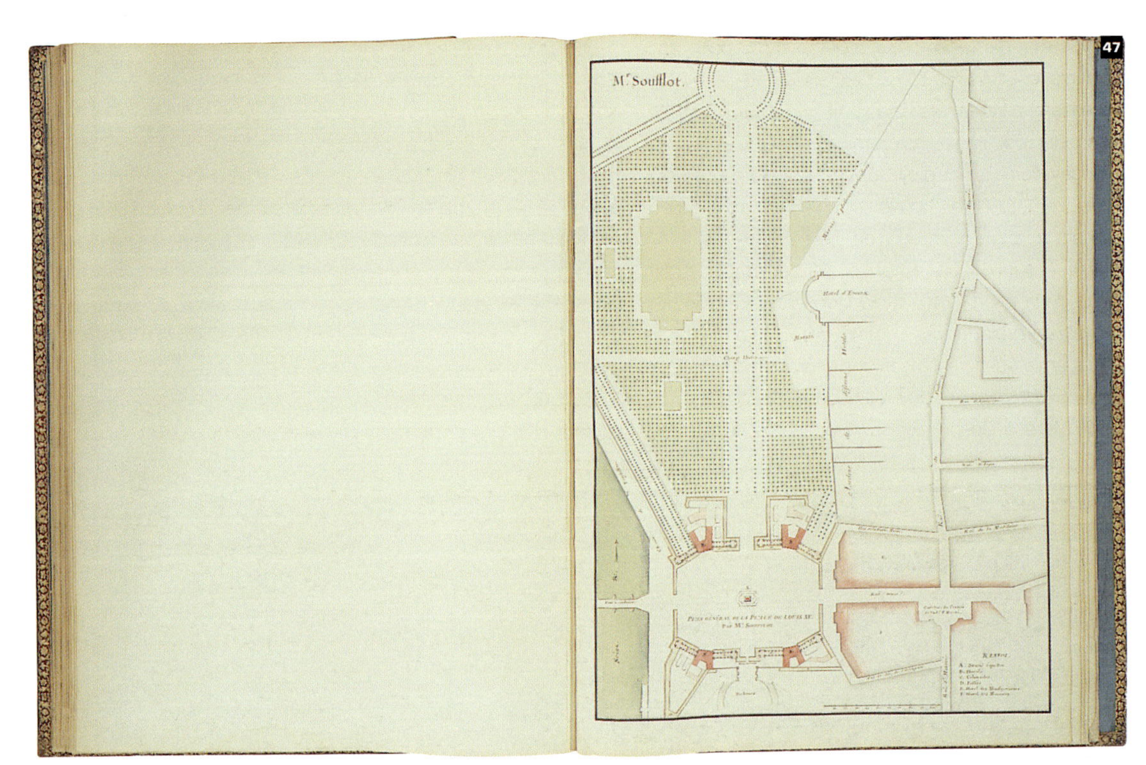

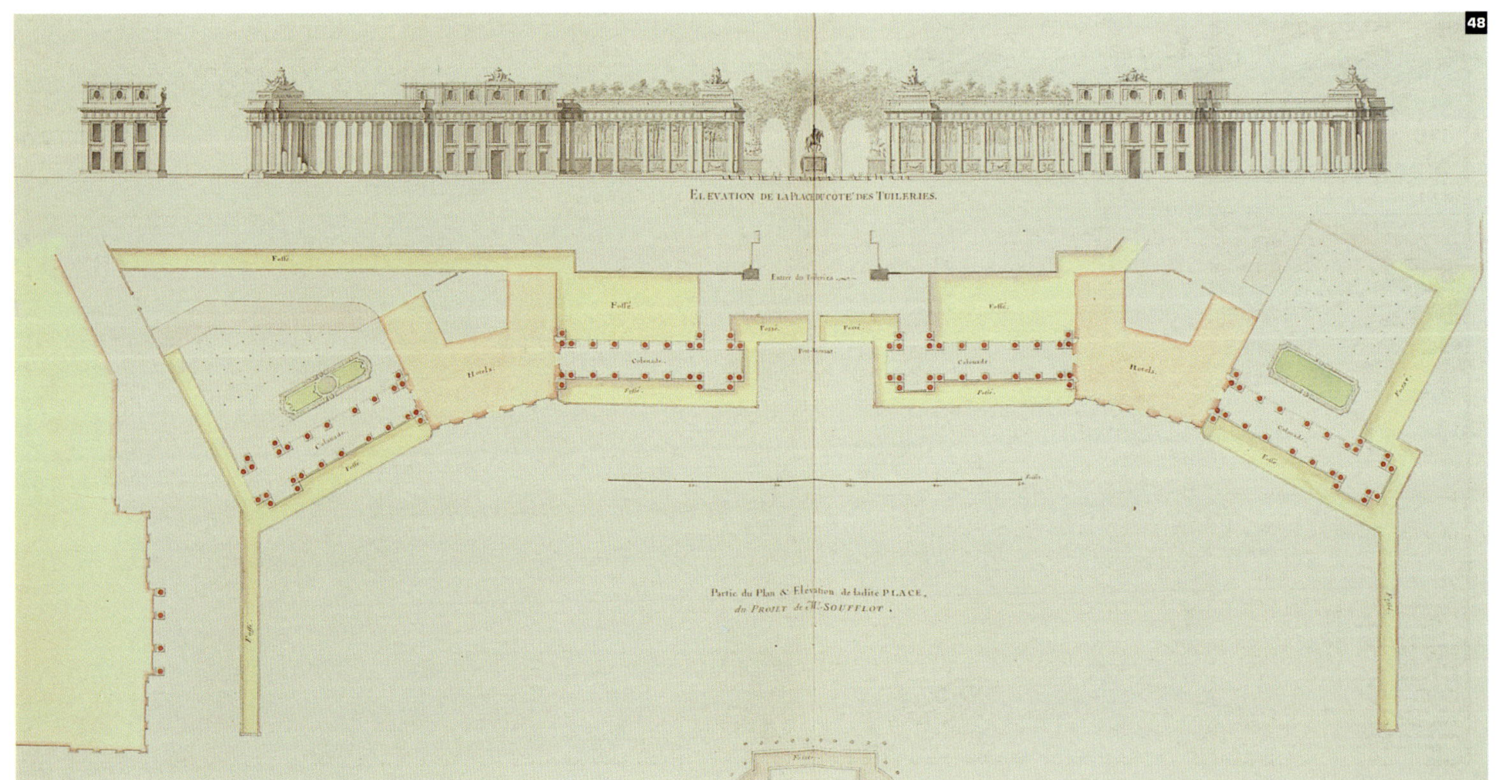

Soufflot participe au concours de 1753 pour créer une place Louis-XV entre l'extrémité du jardin des Tuileries et l'entrée des Champs-Élysées **(ill. 47 et 48)**, concours réservé aux académiciens. Le jugement que Marigny porte sur le projet de Soufflot n'est pas favorable, bien qu'il y ait trouvé du « génie », mais curieusement il rejoint l'opinion de Soufflot lui-même qui n'était pas favorable au choix de cet emplacement (celui de la future place de la Concorde). En effet, on croirait un projet pour les concours du grand prix de l'Académie qui ne sont que des exercices de style : on y retrouve les poncifs du projet des élèves de De Wailly et de Moreau-Desproux pour le concours de 1752.

À une date indéterminée, mais avant 1765, Soufflot avait proposé de situer la place Louis-XV entre l'île de la Cité et l'île Saint-Louis en comblant le bras de Seine séparant les deux îles. Ce projet n'est connu que par le plan de Paris sur lequel Patte a reporté les projets fort divers que ce programme a inspiré à plusieurs architectes **(ill. 49)**. Y figure également le projet de place devant la future église Sainte-Geneviève, le projet approuvé par le roi en 1757 **(ill. 173)** mais pas celui de 1764 **(ill. 174)**, qui pourtant aurait pu paraître dans la publication de Patte qui n'est que de 1765. Aucun de ces deux projets n'est explicitement désigné comme place royale ; cependant, dans les dessins qu'il consacre à la construction de Sainte-Geneviève, Gabriel de Saint-Aubin fait figurer une statue équestre qui ne peut être que royale **(ill. 50 et 51)** : l'a-t-il fait de sa propre initiative ? Le projet de 1757 est un parvis rectangulaire prolongé par une rue axiale qui va jusqu'au Luxembourg : c'est la rue qui porte aujourd'hui le nom de Soufflot, hommage mérité à une des interventions les plus fortes de Soufflot à Paris. Sur le projet de 1764, la place devient demi-circulaire et la rue prend une forme en perspective forcée comme les fausses rues de la scène du théâtre Olympique de Palladio. Soufflot avait en outre prévu

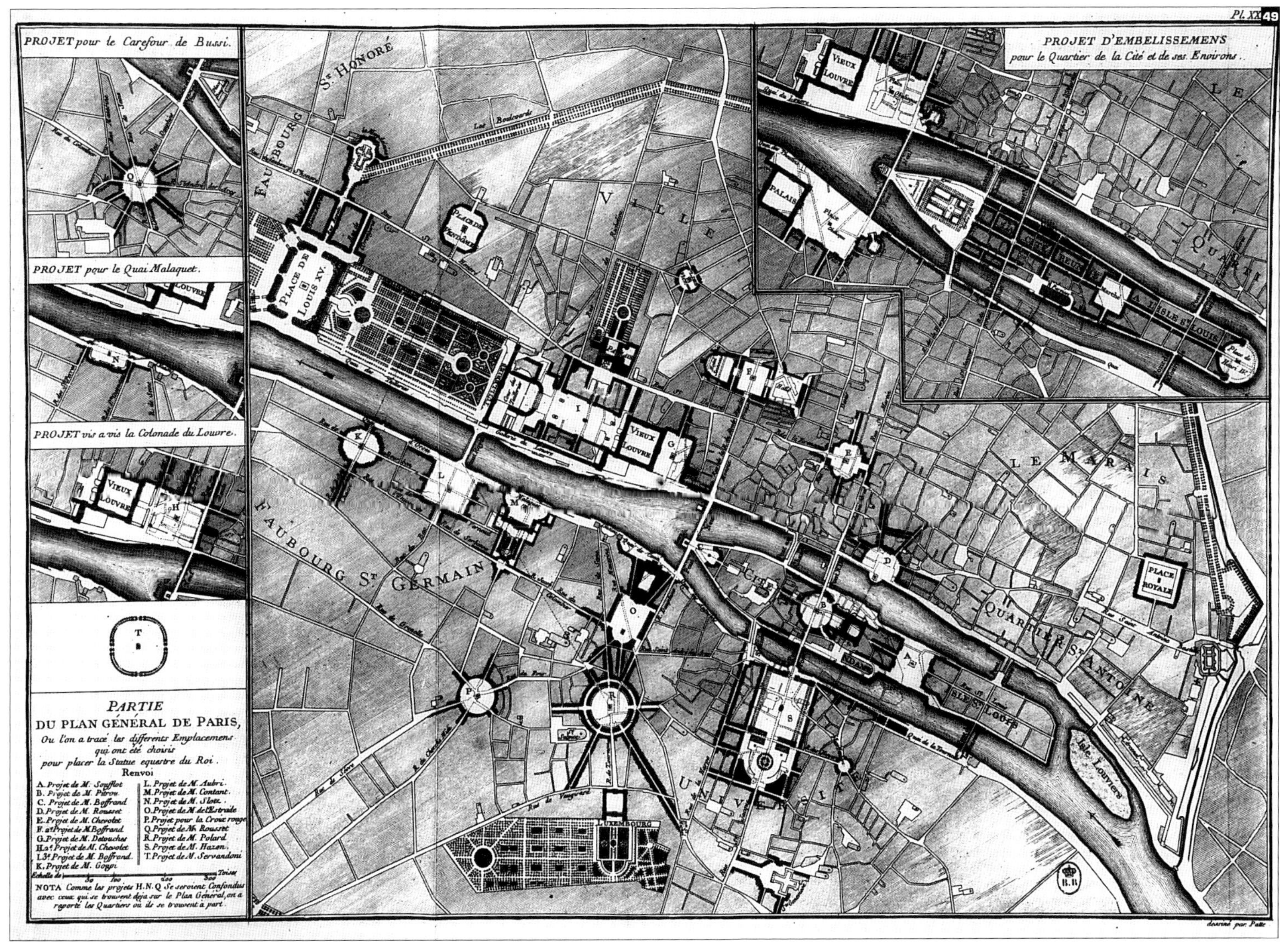

49 - *Partie du plan général de Paris où l'on a tracé les differrents Emplacemens qui ont été choisis pour placer la Statue équestre du Roi*, publié par Patte dans *Monumens érigés en France à la gloire de Louis XV*, 1765. Y figurent deux projets de Soufflot, l'un devant Sainte-Geneviève (approuvé par le roi en 1757), l'autre entre l'île de la Cité et l'île Saint-Louis (date inconnue), indiqué par la lettre « A ».

50 - Deux dessins superposés de G. de Saint-Aubin présentant un projet pour la place devant Sainte-Geneviève. Dessin du haut daté 1776. Sur le dessin du bas, inscription probablement destinée à la statue royale. Première colonne : *ala face orientale / dieu, mon epouse, mes sujets, / de mon bonheur forme la source / Ciel, de mes jours bénnis la course / Et ne m'en éloigne jamais. / g de S [...]* ; deuxième colonne : *ala façe septentrionale / pour secourir les malheureux humains / tu mets un frein au luxe trop superbe / l'agriculture ennoblie en tes mains / nous enrichit par une immense gerbe.* ; troisième colonne : *ala façe occidentale, je vous salüe ô freres de mon Roi/de sa vertu quand vous suivés les traçes / vos deux moitié sont au nombre des graçes / de qui l'amour aime a dicter la loi.* ; quatrième colonne : *ala façe meridionale / de l'orphelin, de l'indigente veuve / Reine des cœurs lorsque tu prend le soin / tu nous fournit une nouvelle preuve / que tu [...] volle au devant du besoin.* ; et sous les deuxième et troisième colonnes : *mort de Clovis c'est toi qui sert de base / au vœu Sacré du plus cheri des rois / ce temple Saint nous ravit en extase / élevons y nos esprits et nos voix.*

51 - Dessin de G. de Saint-Aubin présentant un projet pour la place devant Saint-Geneviève, daté 1776. Inscription : *vüe prophetique de l'Eglise de Ste Genevieve pour l'an 3000 de J.C. Voy le discours de Mr cochin dans le mercure de 1769.*

des édifices à colonnes sous fronton de part et d'autre de la nef, si bien que c'est cinq frontispices de colonnes qui auraient orné la place. Malheureusement, ce plan n'a pas été réalisé entièrement. Il reste que la place avec les Écoles de droit **(ill. 52)** et la rue constituent un des plus beaux exemples urbains de Paris.

On sait que Soufflot, s'il achève les façades de la cour Carrée du Louvre et la Colonnade, ne parvient pas à dégager celle-ci en faisant reculer la ville comme l'opinion le lui demande. Il tente de régulariser l'impasse du Coq (actuelle rue Marengo), commence à réaliser le « guichet » nord de la cour Carrée débouchant sur l'impasse et projette d'achever celle-ci par une fontaine. Pour ce guichet **(ill. 54)**, Soufflot a repris la disposition du guichet ouest, celui dessiné par Lemercier, et non ceux de l'est et du sud, qui pourtant sont de Perrault. Cependant, Soufflot n'a pas reproduit le chapiteau ionique à la Michel-Ange, si peu classique, adopté par Lemercier.

Du côté des Champs-Élysées, les seules interventions de Soufflot aux effets durables sont l'ouverture de la rue qui prend le nom de Marigny et la première esquisse circulaire de ce qui sera la place de l'Étoile. Ses travaux sur l'alimentation en eau de Paris ne paraissent qu'à la fontaine de la Croix-du-Trahoir, qui est en fait un château d'eau **(ill. 55 à 57)**. Soufflot ne parvient qu'à grand-peine à entretenir la pompe de la Samaritaine, qu'il faudrait reconstruire. Ses interventions sur le Pont-Neuf n'ont pas laissé de trace.

Paris, Écoles de droit sur la place devant Sainte-Geneviève.

52 - Façade sur la place.

53 - Projet signé Soufflot et daté *24 octobre 1763*.

54 - Paris, le Louvre, « guichet » nord de la cour Carrée.

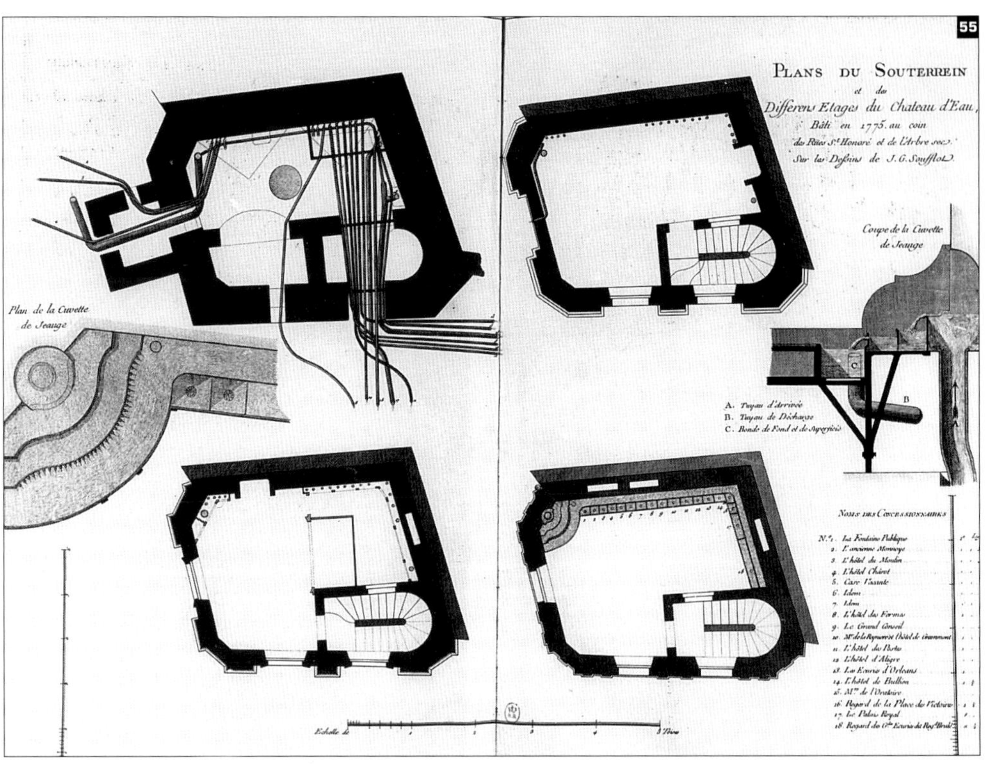
55
Plans du Souterrein et des Differens Etages du Chateau d'Eau, Bâti en 1775. au coin des Rües St. Honoré et de l'Arbre sec. Sur les Desseins de J. G. Soufflot
Plan de la Cuvette de Jeauge
Coupe de la Cuvette de Jeauge
A. Tuyau d'arrivée
B. Tuyau de Décharge
C. Bonde de Fond et de Superficie
Noms des Concessionnaires
Echelle de
Toises

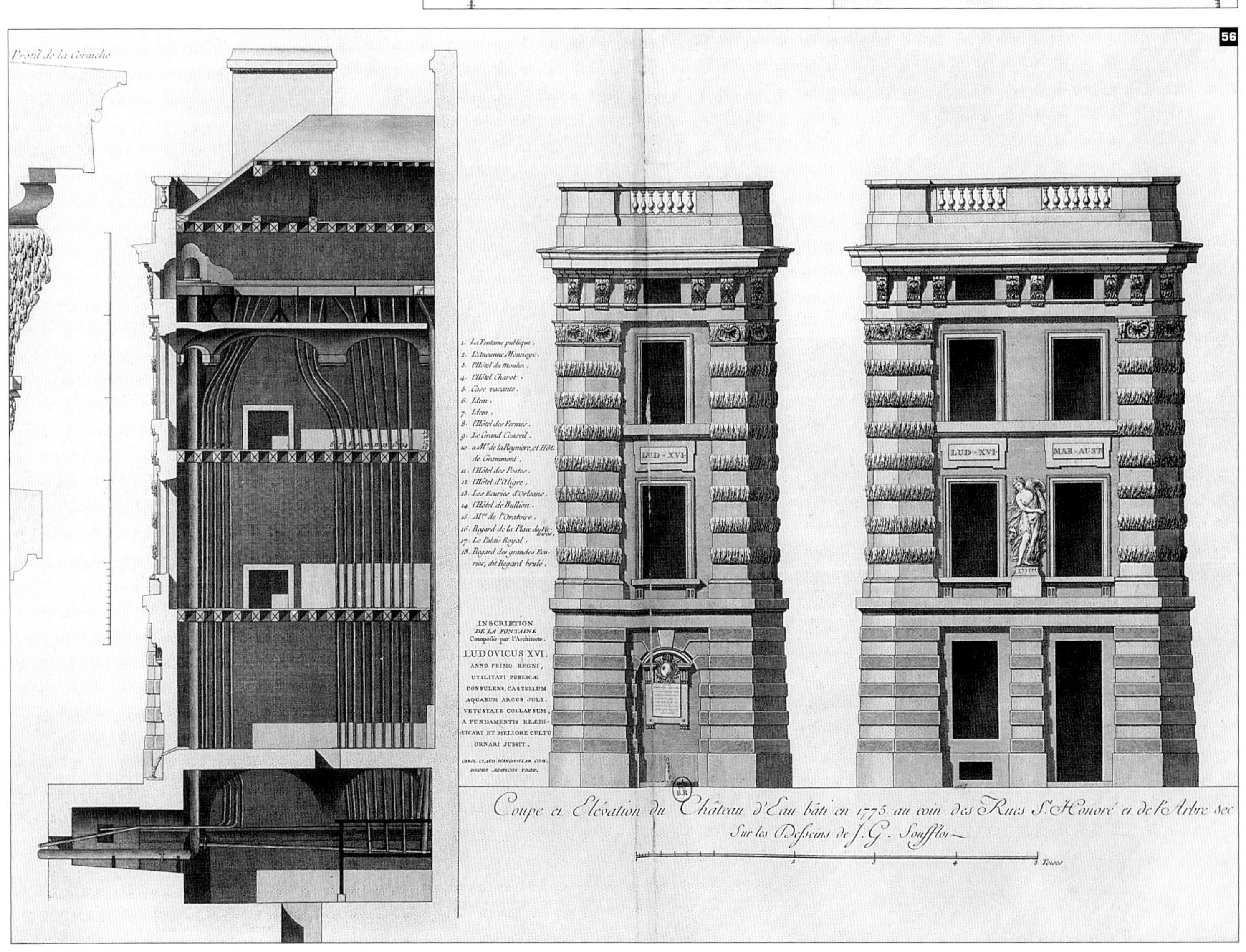
56
Profil de la Corniche
1. La Fontaine publique,
2. L'ancienne Monnoye,
3. l'Hôtel du Moulin,
4. l'Hôtel Charot,
5. Case vacante,
6. Idem,
7. Idem,
8. l'Hôtel des Fermes,
9. Le Grand Conseil,
10. a Mr. de la Reyniere, et Hôt. de Grammont,
11. l'Hôtel des Postes,
12. l'Hôtel d'Aligre,
13. Les Ecuries d'Orleans,
14. l'Hôtel de Bullion,
15. Mrs. de l'Oratoire,
16. Regard de la Place des Victoires,
17. Le Palais Royal,
18. Regard des grandes Ecuries, dit Regard brulé.
INSCRIPTION DE LA FONTAINE Composée par l'Architecte.
LUDOVICUS XVI, ANNO PRIMO REGNI, UTILITATI PUBLICÆ CONSULENS, CASTELLUM AQUARUM ARCUS JULI, VETUSTATE COLLAPSUM, A FUNDAMENTIS REÆDIFICARI ET MELIORE CULTU ORNARI JUSSIT.
LUD · XVI
MAR · AUST
Coupe et Elévation du Château d'Eau bâti en 1775. au coin des Rues St. Honoré et de l'Arbre sec
Sur les Desseins de J. G. Soufflot
Toises

55 et 56 - Paris, château d'eau de la Croix-du-Trahoir, plans et élévations, gravures de F. N. Sellier.

57 - Paris, château d'eau de la Croix-du-Trahoir.

Lyon, hôtel-Dieu.

58 - Avant-corps central de la façade sur le quai, gravure de C.-R.-G. Poulleau (après 1763) d'après le dessin d'Autrechy, auquel a été ajouté le tracé du dôme revu par Loyer. Inscription : *Le trait ponctué du dôme indique le changement que le bureau d'administration de 1758 laissât faire au dessin de l'architecte, sans lui en donner connaissance...*

59 - Façade sur le quai, pavillon latéral.

60 - Élévation et plan, gravure de F.-N. Sellier. Inscription : *Partie du plan et élévation de l'hôtel-Dieu de Lyon, construit sur les desseins et la conduite de J.-G. Soufflot [...] contrôleur [...] de la ville de Lyon.* Soufflot n'a été nommé à ce titre qu'en 1773 mais la gravure est peut-être antérieure à l'inscription.

61 - Façade sur le quai, pavillon central.

L'architecture publique

La commande d'un édifice public est le couronnement de carrière auquel tous les architectes du XVIIIe siècle aspirent, sans toujours y parvenir, quels que soient leurs talents. Or Lyon réserve à Soufflot débutant trois commandes successives dans ce genre : l'hôtel-Dieu en 1738, dès le retour du premier séjour d'Italie **(ill. 58 à 65)**, la loge du Change en 1747 **(ill. 66 à 68)** et le théâtre en 1753, au retour du second voyage **(ill. 69 à 73)**. Il ne s'agit, il est vrai, que d'édifices provinciaux, mais, comme l'on ne construit pas d'édifice public à Paris, ceux de Lyon prennent un relief exceptionnel.

Pour s'imposer à l'hôtel-Dieu, Soufflot profite de la retraite de Delamonce, dont on ne sait malheureusement pas quel a été l'engagement dans cette affaire et quels ont été les acquis ou les contraintes qu'il a pu léguer à Soufflot. Que Soufflot ait été précédé sur le chantier par Étienne Le Bon, Grand Prix de 1725, pensionnaire de 1728 à 1731, un homologue en quelque sorte, paraît probable. En revanche, l'identification du projet de Le Bon avec un projet conservé dans les archives de l'hôtel-Dieu nous paraît douteux **(ill. 153 à 156)**. Les emprunts que Soufflot lui fait dans son propre projet **(ill. 60)** sont tels que l'on ne peut exclure qu'il s'agisse en fait d'un projet de Soufflot.

Les traits qui ont fait la réputation de cette œuvre de Soufflot doivent beaucoup au programme établi par les recteurs et aux dispositions prises par eux avant même l'arrivée de l'architecte. Pour augmenter le vieil hôtel-Dieu, les recteurs ont fait l'acquisition d'une longue bande de terrain au bord du Rhône, qui ne laissait d'autre possibilité que de construire un long bâtiment tout en façade sur le fleuve, façade qui passera d'autant moins inaperçue qu'elle s'étend du vieil hôpital, qu'elle cache, jusqu'au pont, qui est la principale entrée de la ville. Cependant, l'architecte a très habilement tiré parti du site : sans réduire l'impression d'étendue, il a découpé le bâtiment en trois corps, avec un corps central lui-même scandé par trois pavillons : cette scansion comme le traitement des niveaux et le répertoire ornemental appartiennent au style français. Par bien des aspects, cette façade annonce le projet du premier concours parisien pour la place Louis-XV, celui de 1748 : corps central à trois avant-corps, prolongé par des ailes plus basses sur le même alignement ; ordre réservé aux pavillons en

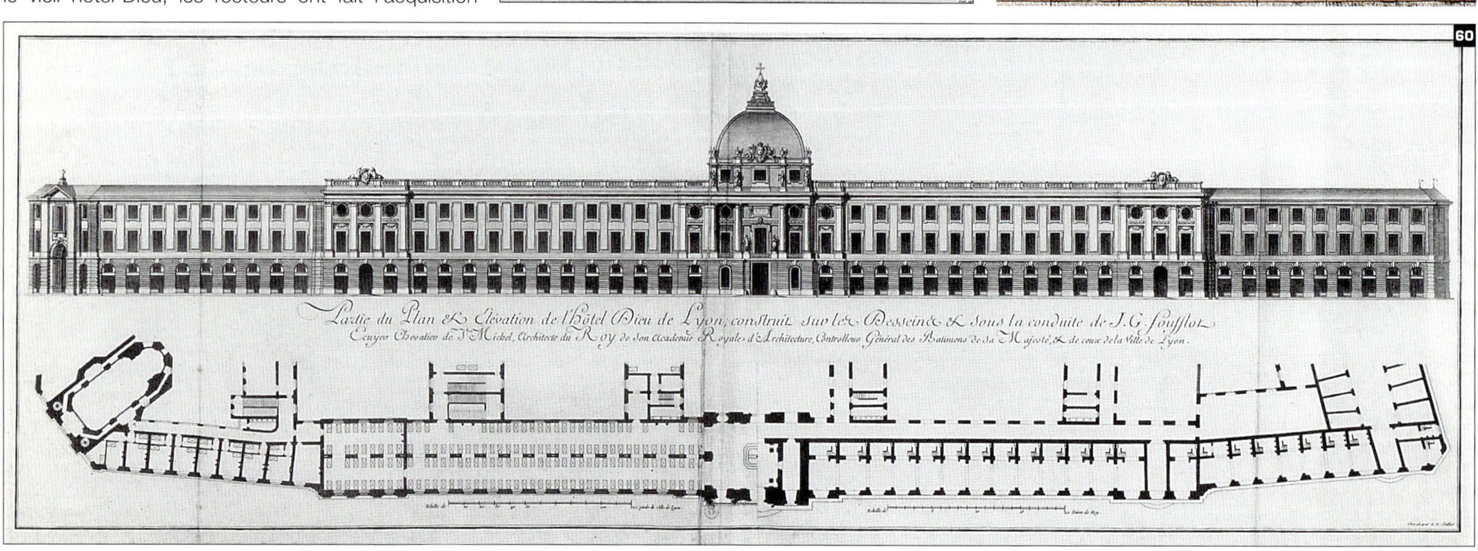

61

Lyon, hôtel-Dieu.

62 - Voûte de la chapelle.

63 - Chapelle, détail.

64 - Vestibule sous la chapelle.

65 - Chapelle.

avant-corps sans fronton, pavillon central à dôme carré ; soubassement, étage-noble, demi-étage et toit plat ; oculi ou médaillons coiffés de guirlandes dans les entrecolonnements de l'ordre. Les comparaisons qui ont été faites avec les façades des palais en cours de construction à Rome nous paraissent en revanche peu convaincantes.

La distribution intérieure est elle-même fortement sujette des choix des recteurs : rez-de-chaussée et entresol loués à des marchands ; spécialisation des départements ; suppression des lits à plusieurs malades. Sans précédent à notre connaissance, l'utilisation du dôme de la chapelle centrale comme cheminée de ventilation pour l'évacuation des miasmes venus des salles. Il paraîtrait que le système n'a jamais vraiment fonctionné, mais l'idée est bien digne de l'ingénieux talent de Soufflot.

La loge du Change est la plus italienne des œuvres de Soufflot. Faut-il chercher quelque subtil rapport entre le programme de la loge marchande que Serlio avait déjà voulu traiter à Lyon au XVIe siècle, et le parti stylistique ? La comparaison qui a été faite avec la loggia Cornaro de Padoue, que Soufflot n'a probablement jamais vue, tourne court : le parti général à deux niveaux de cinq travées de la loge de Lyon n'est dû qu'à un remaniement d'une loge du XVIIe siècle qui ne comptait primitivement qu'un rez-de-chaussée de quatre travées. En revanche, il est vrai que le couronnement à deux pendules est probablement imité des deux médaillons de l'église S. Maria della Pace, une

Lyon, loge du Change.

66 - Gravure de Bellicard, après 1752. Les personnages sont de Cochin.

67 - État actuel.

de ces églises romaines qui avaient tant intéressé Soufflot[1]. Les fenêtres à deux chambranles, l'un dans l'autre, le plus large à crossettes, le tout couronné d'une corniche sur consoles, sont fréquentes à Rome : on en voit jusqu'au palais Mancini, le siège de l'Académie de France. Les perrons sur l'angle de la terrasse de soubassement (disparus) et les angles abattus de l'étage, avec leur figure en ronde bosse (disparue), nous paraissent dans l'esprit du baroque romain, sans que nous puissions proposer un terme de comparaison : un emprunt au tombeau d'Henri II dessiné par Primatice est peu probable ; il est d'ailleurs possible que la remarquable idée de la figure d'angle soit une invention de Soufflot. Mais, encore une fois, le rapprochement qui nous est proposé avec le palais de la Consulta, construit en 1734 par Fuga, nous paraît sans objet.

Au moment de sa construction, le théâtre de Lyon **(ill. 69 à 73)** passait pour le plus moderne de France. Il devait sa réputation à son isolement et au plan ovale de sa salle, traits empruntés aux théâtres italiens. L'isolement, c'est-à-dire le fait d'occuper un îlot entier, circonscrit par la voirie, était en passe de devenir la marque distinctive des édifices publics. Les théâtres français les plus récents n'étaient encore que partie constituante d'un palais ou d'un pâté de maisons. Cependant la façade de Lyon manquait de caractère, c'est-à-dire qu'elle n'était pas caractéristique du genre : à quelques détails près, son parti pouvait être confondu avec celui de certains hôtels parisiens,

68 - Lyon, loge du Change, détail de la façade.

69 - Lyon, théâtre, relevé gravé par Sellier et Neufforge.

comme l'hôtel de Seignelay construit par Boffrand en 1718. L'ovale tronqué de la salle était plus ramassé que celui de la salle de Turin, la scène moins profonde, au total le traitement de l'espace intérieur en était meilleur, d'autant que la saillie des balcons allait en diminuant de bas en haut et que les séparations entre les loges avaient été réduites au minimum. « Les six rangs de loges toutes égales [des théâtre italiens] présentent une uniformité qui les fait ressembler à des cases pratiquées dans un mur », écrit Cochin qui, dans son *Projet d'une salle de spectacle pour un théâtre de Comédie* (1765), pratique aussi la retraite progressive de l'aplomb des balcons. Peut-être faut-il interpréter cette solution comme une transposition des salles entièrement en amphithéâtre comme celles de Vicence et de Parme, les seules que Soufflot cite dans la présentation de son projet à l'Académie de Lyon. Ce sont les Slodtz qui auraient les premiers, dans une salle provisoire construite à Versailles en 1745, supprimé les cloisons séparant les loges et les poteaux portant la saillie des balcons. Dans son *Projet*, Cochin décrit un artifice qui, dit-il, se voyait au théâtre de Lyon et permettait de réduire encore l'effet de cases produit par les loges : le fond de celles-ci était coupé de la salle par des panneaux que l'on ne supprimait qu'en cas d'affluence.

Sur la planche intitulée « Plan sur la même échelle des théâtres modernes les plus connus » **(ill. 42)**, publiée par Victor dans *Salle de spectacle de Bordeaux* (1782), on voit que celui de Lyon était parmi les plus petits et celui de Bordeaux, le plus grand. Ce dernier, construit dans les années 1770, surclassait en tout celui de Lyon et le fera oublier. Si Patte, dans son *Essai sur l'architecture théâtrale* (1782), « oublie » en effet le théâtre de Lyon, ce n'est peut-être que l'effet de son hostilité à l'égard de Soufflot ; mais il ne peut être soupçonné de partialité quand il écrit que le théâtre de Bordeaux est le premier d'Europe : on sait que celui-ci se distingue par le portique qui le classe immédiatement dans la famille des édifices publics et par le développement sans précédent donné aux dégagements intérieurs. Le cocasse est que Soufflot avait présenté un projet de théâtre pour Bordeaux dès 1755 : on s'en sait rien.

Les gravures du théâtre de Lyon présentent, dans l'ouverture de scène, deux décors très différents, l'un pourrait être qualifié de baroque, l'autre de piranésien ; on ne peut ni les dater l'un par rapport à l'autre, ni expliquer ce changement de décor. D'après D. Rabreau[2], qui a démontré comment la scène a été l'un des lieux de l'élaboration de l'architecture nouvelle, le premier exemple de cette représentation est celle gravée par Bellicard sur le relevé de la vieille salle de la Comédie-Française publié dans *L'Architecture française* de Blondel (1752). Il faut aussi rapporter ici la restitution de la basilique Saint-Pierre sur la scène de la salle des Machines aux Tuileries, à laquelle Soufflot avait participé.

Son intervention dans cette salle en 1763 est la seule de ses réalisations pour l'architecture théâtrale de Paris, et elle fut désastreuse. Il s'agissait de reconstituer exactement dans l'immense scène des Tuileries, non comme décor mais pour qu'on en fasse usage, les dispositions de l'Opéra du Palais-Royal, qui venait de brûler. « Soufflot, qui a fait à Lyon une salle où l'on n'entend pas, vient d'en faire une à Paris où l'on ne voit rien », écrit Grimm. Les *Mémoires secrets* ont suivi au jour le jour l'évolution du chantier. « On découvre à chaque instant de nouvelles choses à faire. [...] Cet ouvrage ainsi morcelé ne lui [à Soufflot] fait point honneur : il devait embrasser d'un coup d'œil l'ensemble de ce qu'il y avait à faire » (6 octobre 1763). À l'inauguration (24 janvier 1764), longue liste des défauts de la salle : « En général, on se récrie contre l'architecte. [...] Le Sieur Soufflot en rougit et rejette toute l'indignation publique sur Mrs Gabriel et de Marigny » (7 février). On se souvient que Marigny, par sympathie pour Soufflot, avait lui-même attribué les défauts de la salle à Gabriel. Mais en réalité, c'était bien lui qui avait fait le pari absurde de reproduire à l'identique la salle incendiée sur la scène d'un autre théâtre : « Qu'elle soit ligne pour ligne pareille à celle qui a été incendiée, écrivait Marigny à Soufflot (21 avril) : j'exige cette précision afin que, si personne n'a plus d'aisance, personne aussi n'ait à se plaindre[3]. »

Cette malheureuse opération a peut-être été fatale au projet de Soufflot et de Marigny de construire une salle pour la Comédie-Française à l'emplacement de l'hôtel de Conti, en bord de Seine, emplacement sur lequel Antoine bâtira l'hôtel des Monnaies. Le site aurait rappelé celui du théâtre de Lyon sur le Rhône. « Faites-moi souvenir de causer Comédie-Française avec vous[4] », avait écrit Marigny à Soufflot dès 1761 (20 septembre). « *Non dimenticarvi del nostro pensiere toccante alla Comedia francese nel palazzo Conti* », lui répétait-il, le 2 février 1763. La fin de la guerre de Sept Ans permettait d'envisager une construction. Marigny a ses idées sur ce qu'il faudrait faire, mais il peine à les arrêter et Soufflot peine à les satisfaire[5]. C'est à propos de ce projet que Marigny écrit : « Malheureusement pour vous, Soufflot, je suis dans un accès de théâtromanie. J'ai ruminé vos plans, j'en suis content à beaucoup d'égards, mais j'ai 268 497 additions ou changements à vous demander, lesquels je soumets, comme de raison, à votre acquis et à vos lumières. [...] Je voudrais que la forme de la salle fût non pas le demi-cercle mais la moitié de l'ovale parfait et un peu plus prise dans son grand diamètre. » Que veut dire le directeur : que la coupe doit être perpendiculaire au grand diamètre comme dans le théâtre de Lyon, ou parallèle à celui-ci ? En revanche, nul doute, il souhaite que soit reproduite la disposition qui faisait l'originalité du théâtre de Lyon : « Je voudrais que les deuxièmes loges fussent en recul des deux tiers sur les premières et de même les troisièmes sur les deuxièmes, de façon que le total de la salle fît amphithéâtre. » L'entrée devra se faire par une colonnade tournante dans laquelle la salle s'encastrera. Il faudra prévoir des boutiques dont la location permettra de couvrir une partie des dépenses.

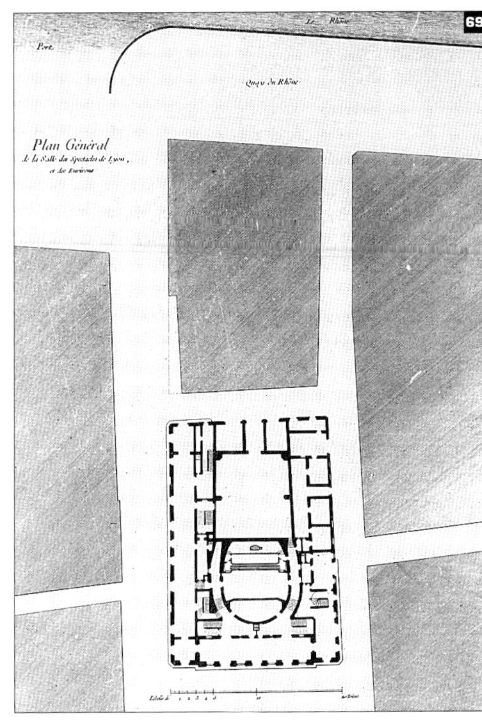

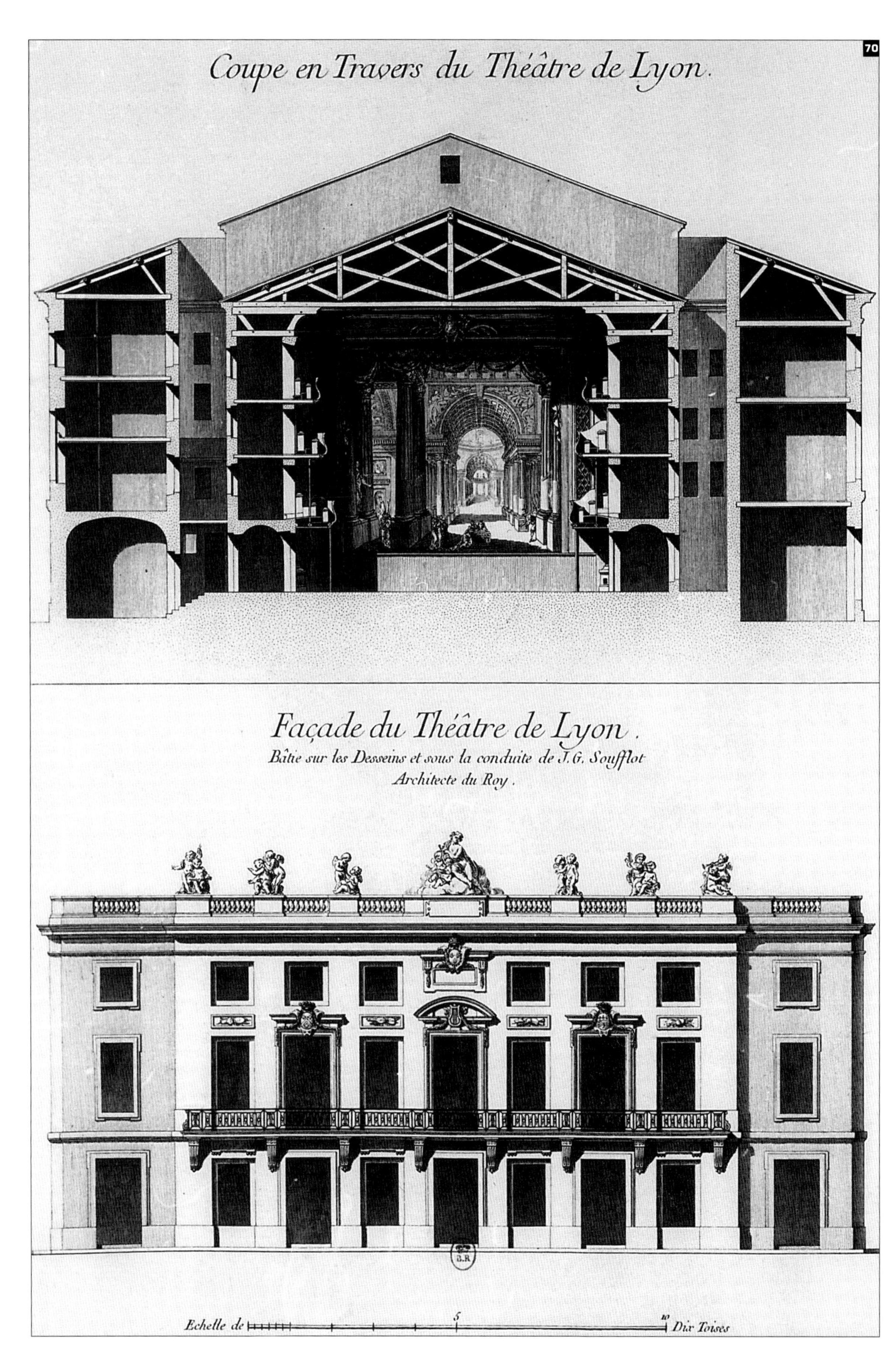
70
Coupe en Travers du Théâtre de Lyon.
Façade du Théâtre de Lyon.
Bâtie sur les Desseins et sous la conduite de J. G. Soufflot
Architecte du Roy.
Echelle de
5
10
Dix Toises

Lyon, théâtre.

70 à 72 - Relevé gravé par Sellier et Neufforge.

73 - Relevé dessiné par Dumont, gravé par Poulleau.

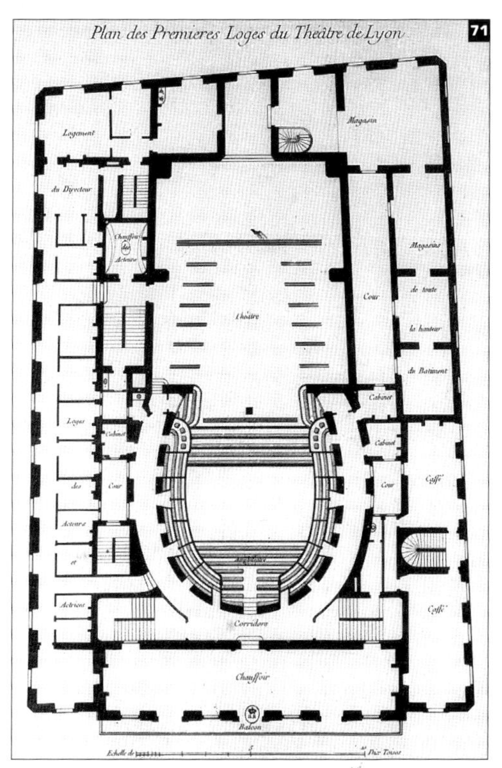

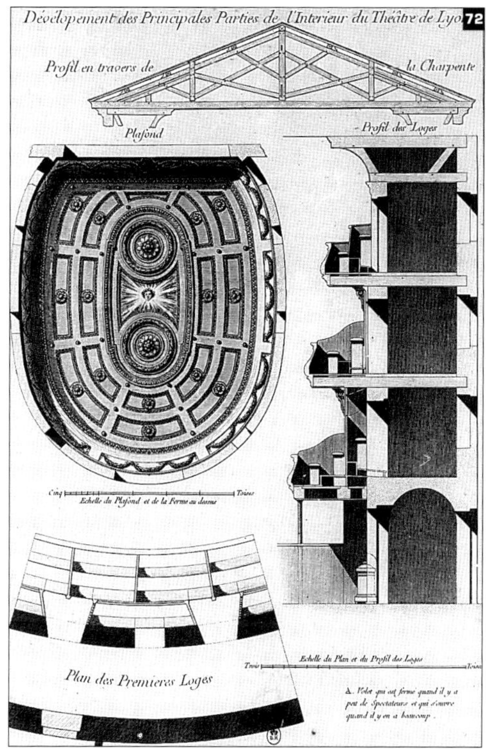

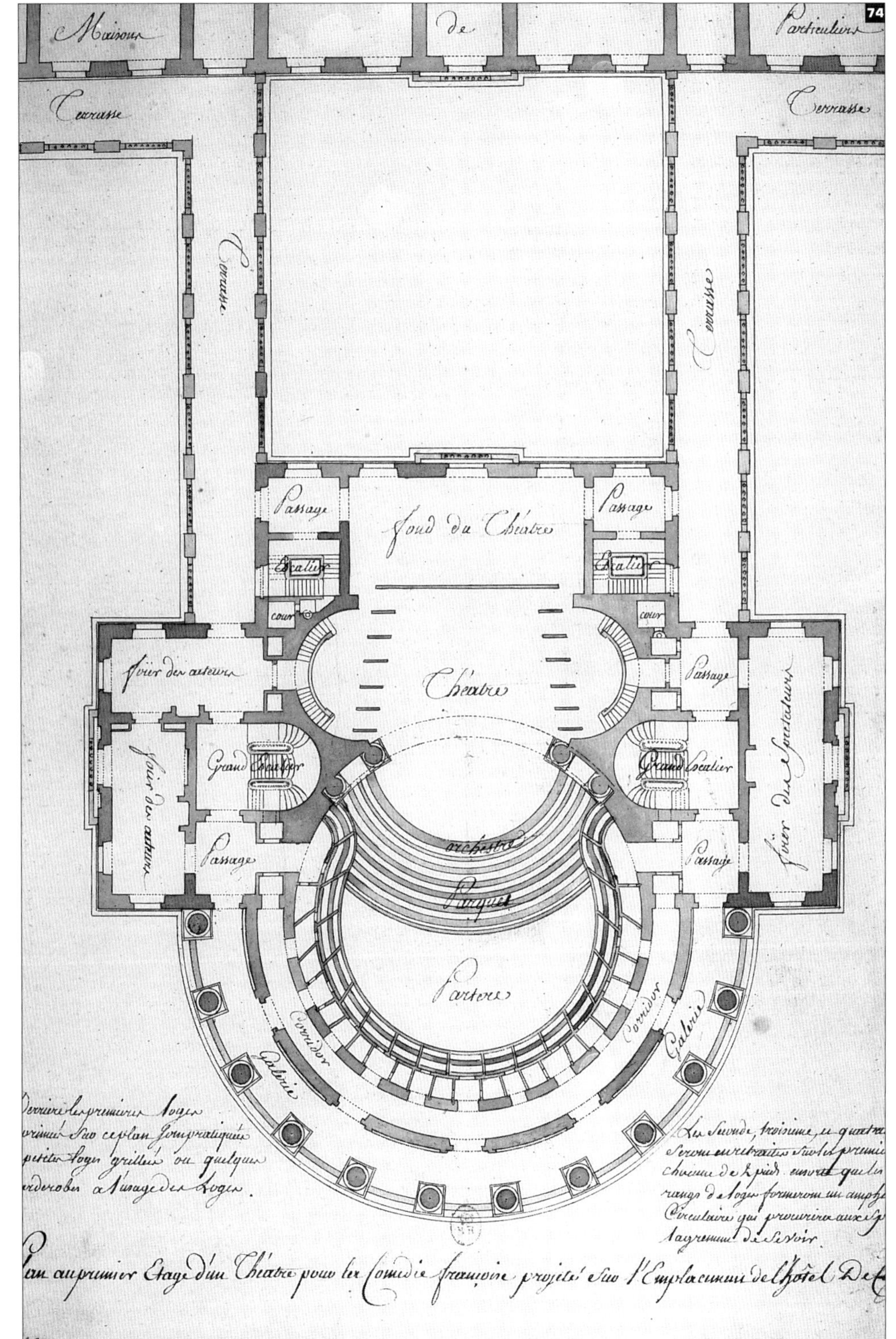

74 - Paris, théâtre à l'hôtel de Conti, plan. Inscription : *Plan au premier étage d'un Théâtre pour la Comédie françoise projeté sur l'Emplacement de l'hôtel De Conty.*

Cette colonnade tournante se retrouve dans un projet anonyme localisé au quai Conti qui pourrait être l'un des projets de Soufflot **(ill. 74 et 75)**[6]. Il présente en effet une colonnade tournante ; des boutiques peuvent être ménagées dans les arcades des corps de bâtiment limitant la grande cour. La salle n'est pas ovale, mais en une sorte de fer à cheval, oblong comme l'ovale. Deux dispositions se réfèrent implicitement soit au théâtre de Lyon, soit aux instructions du directeur : les balcons sont en retraite les uns par rapport aux autres pour former une sorte d'amphithéâtre ; le fond des loges est isolé pour former soit des garde-robes soit de petites loges.

Le volume de la rotonde, trait fort du projet, est peut-être inspiré du théâtre romain de Marcellus ou de la restitution du théâtre d'Herculanum que Petitot, le disciple de Soufflot, proposait comme décor pour la Chinea de 1749 ; mais l'élévation est à la française, dans la tradition de la Colonnade. Cependant, Pierre-Gabriel Bugniet, qui adressait à Marigny un projet de théâtre en 1761, c'est-à-dire juste au moment où le directeur méditait d'en construire un à Paris, est semble-t-il le premier des Modernes à avoir adopté ce parti dans un projet. Un article du *Mercure de France* de 1770 en témoigne[7]. On aimerait savoir quelles relations Soufflot entretenait avec cet architecte lyonnais, qui participa aux concours du grand prix de 1762 et de 1763 et fut renvoyé de l'Académie « faute de talent et d'aménité » en 1763-1764, deux ou trois ans après avoir produit son projet de théâtre. Il se pourrait bien que ce Bugniet, auteur d'un projet de prison publié en 1765, qui est l'archétype de la prison panoptique, la source de l'inspiration de Jefferson qui introduira ce parti aux États-Unis, ait été, nonobstant l'Académie, parmi les esprits les plus novateurs de son temps. L'éviction de l'Académie sent la cabale ; d'ailleurs l'article du *Mercure de France* laisse entendre que l'invention de Bugniet lui a été volée : « MM. Soufflot, Contant, Luzzy, Roussette, Boullée et plusieurs autres membres de l'Académie d'architecture [ont] connu ce projet. » Peyre et De Wailly ne sont pas cités, mais tout l'article est consacré à leur projet pour l'Odéon de 1769 où la salle faisait en effet saillie en une façade ronde. C'est également en 1769 que le chevalier de Chaumont, grand connaisseur des théâtres d'Europe et théoricien éminent de l'architecture théâtrale, écrit dans son *Exposition des principes qu'on doit suivre dans l'ordonnance des théâtres*

75 - Paris, théâtre à l'hôtel de Conti, élévation sans inscription identifiée par référence au plan.

76 - Projet de théâtre non identifié, autrefois localisé au quai Conti et attribué à J.-D. Antoine. Il pourrait être de Soufflot.

modernes : pourquoi ne pas donner à l'extérieur des théâtres « une forme caractéristique à la manière des Anciens, à peu près circulaire » ? Marigny aura pris cette idée dans le projet de Bugniet et l'aura refilée à Soufflot. On ne saurait dénombrer les projets où on retrouve celle-ci ultérieurement, sans même sortir du siècle pour aller jusqu'à la salle de Davioud au Trocadéro ou à celle de Semper à Dresde.

On aimerait connaître l'auteur du beau projet de théâtre à rotonde formée d'une colonnade au sol, qui rappelle les projets de Soufflot pour Sainte-Geneviève **(ill. 76)**. Rien ne permet de confirmer, semble-t-il, sa localisation au quai Conti[8]. Serait-ce le projet de Bugniet, qui devait être localisé à l'hôtel de Coigny entre Louvre et Tuileries à la hauteur du Carrousel ?

Curieusement, c'est là que Soufflot pour la dernière fois, en 1771, projette un théâtre. Celui-ci devait être « en croix-grecque » ; être collé à l'aile de la Grande Galerie et s'ouvrir par une arcade sur la Grande Galerie elle-même où Soufflot travaillait à loger les collections royales. Singulière association d'un musée et d'un théâtre ! Le site de l'hôtel de Conti n'était plus disponible, puisqu'en 1771 y était posée la première pierre de l'hôtel des Monnaies.

Pour en finir avec les théâtres, il faut dire un mot du *Projet d'une salle de spectacle pour un théâtre de Comédie*, publié par Cochin en 1765 : produit de la

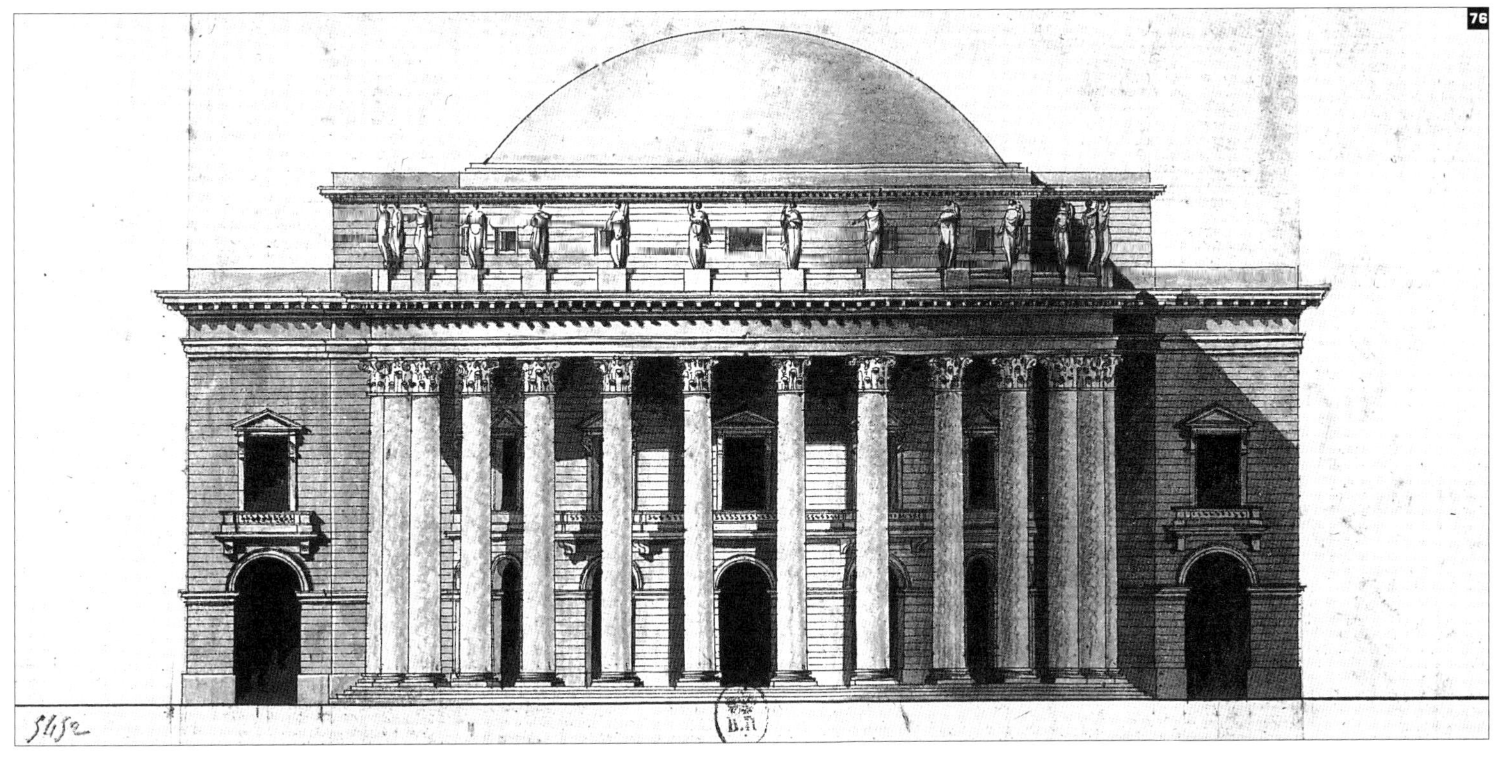

même coterie, ce théâtre présente des différences fondamentales avec son contemporain de Lyon. La salle est un ovale tronqué sur son grand côté, ce qui donne une très grande ouverture de scène, aussi Cochin a-t-il divisé celle-ci en trois parties. De son propre aveu, Cochin s'inspirait du projet d'un contemporain, celui rédigé en 1763 par Potain, dont la mission d'étude sur les théâtres italiens avait précédé celle de Marigny ; mais surtout du théâtre de Palladio, que, lui, Cochin avait bel et bien vu et qu'il ne situait pas à Vérone ! Il faut encore attribuer à Soufflot un remarquable « théâtre de jardin » **(ill. 77)**, dont la destination n'est malheureusement pas connue.

Au total, les innovations du théâtre de Lyon ont été très rapidement effacées par l'extraordinaire prolifération d'inventions et d'idées qui a caractérisé l'architecture théâtrale française dans la seconde moitié du XVIIIe siècle.

Le temps, auquel n'a pas résisté le théâtre de Lyon, a épargné deux ouvrages de Soufflot, qui ne sont pas sans affinités, avec leur façade concave et leur grande cour centrale, l'hospice de la Charité (1752) de Mâcon **(ill. 182 à 185)** et les Écoles de droit (1763) de Paris **(ill. 52 et 53)** : l'admiration qu'ils nous inspirent est de même nature. La concavité de Mâcon prise aux dépens du fond donne du retrait à une façade sur rue étroite : une fausse porte fait symétrie avec la porte latérale qui donne l'accès public à la chapelle. La porte centrale ouvre sur un vestibule qui reproduit sur tracé curviligne la symétrie des vraie et fausse portes. On pouvait difficilement faire plus monumental sur un espace aussi exigu : modénature et ferronnerie constituent un décor économique, mais parfait. On serait tenté de parler de style Louis XVI précoce, s'il n'y avait la fontaine de Grenelle, antérieure d'une vingtaine d'années, dont l'hospice reproduit la situation en rue étroite et la concavité. On ne peut que regretter qu'un décapage intempestif des façades ait fait perdre au monument une partie de sa majesté.

Dans aucune de ses œuvres plus que dans les Écoles de droit Soufflot n'apparaît avec autant d'évidence comme un digne représentant de la tradition architecturale française. La concavité de la façade sur la place est tangente à la concavité sur la cour : jeu de courbes et contre-courbes qui est emprunté au plan de l'hôtel Régence. Bossages à la française aux angles et sur le soubassement, qui reproduit les baies de Lescot au Louvre. Le faux portique de colonnes engagées au sol, qui répond au portique de Sainte-Geneviève, est plus directement à la mode des années 1760, sans pour autant être sans précédent dans la tradition française. Dans le projet, l'ordre est dorique ; il est ionique dans la réalisation : Soufflot a cru devoir sacrifier sa prédilection pour l'ordre dorique à la confrontation avec l'ordre corinthien de l'église, qui appelle un vis-à-vis plus riche. Rappelons que Soufflot avait évidemment prévu une construction symétrique des Écoles de l'autre côté de la rue,

construction qui ne sera réalisée qu'au XIXe siècle, alors que la rue prendra le nom de l'architecte.

Du fait de sa fonction au Contrôle général du département de Paris, Soufflot se trouve chargé du Louvre qu'il faut achever, dégager et rendre à une fonction d'utilité publique. Vaste programme et réalisation très limitée. Pourtant Soufflot est soutenu par les directeurs de Bâtiments successifs, eux-mêmes aiguillonnés par l'opinion qui s'indigne de l'état dans lequel est laissé le Louvre depuis l'abandon du chantier par Louis XIV. L'échec de Soufflot est dû à la pénurie financière, aux palinodies des directeurs et à l'inertie des occupants qui bénéficient, par faveur royale, d'un local dans le Louvre. Dans le capharnaüm du Louvre s'est perdu l'un des plus beaux projets de Soufflot, son projet de bibliothèque royale **(ill. 78 à 80)**. L'aile de la Colonnade aurait contenu un escalier d'accès monumental, rappelant l'escalier des Ambassadeurs de Versailles que l'on venait de détruire.

C'est dans l'architecture provisoire des fêtes, dans les monuments qui ne sont dessinés que pour être gravés, qu'apparaissent les premières tentatives pour corriger les pratiques défectueuses de l'architecture française. Soufflot a produit deux monuments dans ce genre, peut-être quatre s'il faut y compter la « porte du Rhône » et le projet relatif à une visite du roi à Lyon en 1760, qui sont perdus : ces deux monuments sont l'arc en l'honneur de Louis XV de 1745 **(ill. 91)** et celui en l'honneur de Benoît XIV de 1750 **(ill. 89 et 90)**. Ces deux arcs présentent entre eux des analogies : composition ternaire très fortement marquée, colonnes doriques, arcade centrale à renommées dans les écoinçons, baies latérales rectangulaires, réduites. Si l'on compare l'arc dessiné en l'honneur de Louis XV à l'occasion de la victoire de Fontenoy avec celui construit par la ville de Paris en 1745 pour la même occasion, encore rococo **(ill. 86)**, et avec les décors de Le Lorrain pour la Chinea de 1745 **(ill. 81 et 82)**, et de Dumont comme morceau de réception à l'Accademia di San Luca, en 1746 **(ill. 84)**, qui comptent parmi les projets les plus novateurs des pensionnaires romains, les compositions de Soufflot s'inscrivent assurément parmi les secondes.

En revanche est plus proche de la première que des secondes la fontaine à la Navicella **(ill. 6)** : on ignore malheureusement sa date et son attribution à Soufflot n'est pas vérifiable. La Navicella est un vestige antique, monté en fontaine de manière assez rudimentaire au XVIe siècle ; le pied que Soufflot se propose de lui donner vient du répertoire de la Rome baroque. Le château d'eau dit fontaine de la Croix-du-Trahoir **(ill. 55 à 57)** reprend vingt ans plus tard la composition de façade de la sacristie de Notre-Dame **(ill. 103 à 105)**, à la réserve des congélations, attribut du genre, au lieu des bossages à la française. La fontaine projetée à côté de l'hôtel Saint-Florentin **(ill. 85)** et le singulier projet de fontaine de la collection Polakovits **(ill. 87 et 88)** ne sont peut-être pas de Soufflot.

77 - Projet de théâtre de jardin. Inscription : *teate avec les machine de sine par mons. Soufflot.*

60
78
Coupe En travers de l'Escalier
de La Bibliothecque du Roy
Au Louvre. Soufflot
MINISTÈRE DES TRAVAUX PUBLICS
BÂTIMENS ET MONUMENS PUBLICS
Echelle de 1 2 3 4 5 6 Toises

Paris, le Louvre, bibliothèque du roi, projet de 1768.

78 et 80 - L'escalier.

79 - Les salles de lecture.

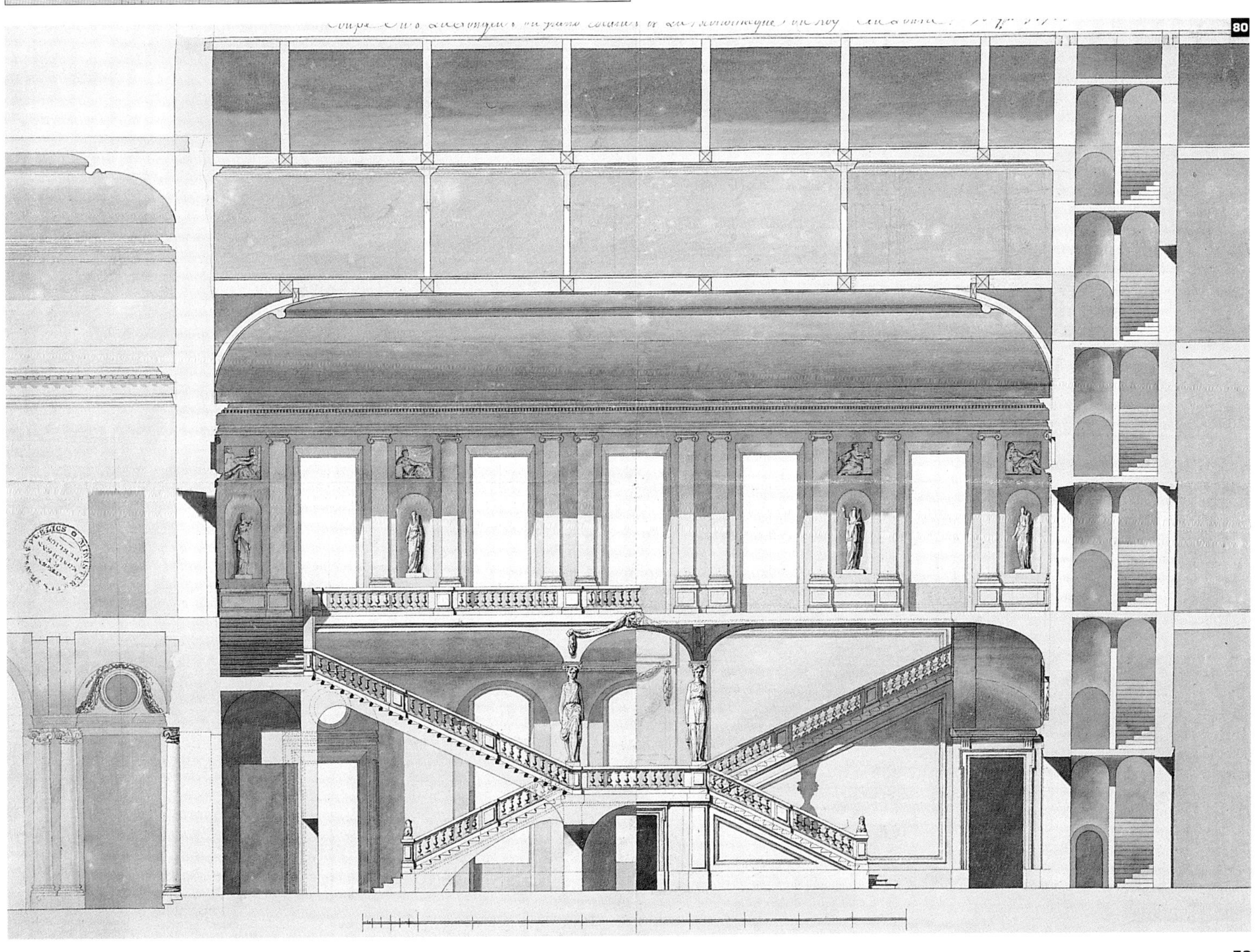

81

82

83
Elevation en Perspective d'une Chapelle Sepulcrale.

84
TRIUM
PAR HONOS
ARTIUM.

85

81 - Louis-Joseph Le Lorrain, décor de la Chinea de 1745.

82 - Louis-Joseph Le Lorrain, décor de la Chinea de 1747.

83 - Nicolas-Henri Jardin, chapelle sépulcrale, 1747.

84 - G. P. M. Dumont, temple des Arts, morceau de réception à l'Accademia di San Luca.

85 - Paris, fontaine près de la place Louis-XV.
Dessin de W. Chambers représentant l'hôtel Saint-Florentin.
À droite, fontaine attribuée à Soufflot.

86 - Porte Saint-Martin transformée en arc de triomphe à l'occasion du retour du roi en 1745. Dessin signé De Swart, portant une attribution de la décoration à J. F. Blondel. Or cette décoration a été gravée avec l'inscription *érigé sur ordre de Messieurs les Prévôts des Marchands et Échevins de la ville de Paris. Inventé, exécuté et peint par les Srs Tramblin et L'Abbé.* L'auteur de la décoration n'est pas Blondel mais Charles-Antoine Tremblin.

87 et 88 - Projet de fontaine de la collection Polakovits, attribué à Soufflot par une inscription tardive *Soufflot fecit.*

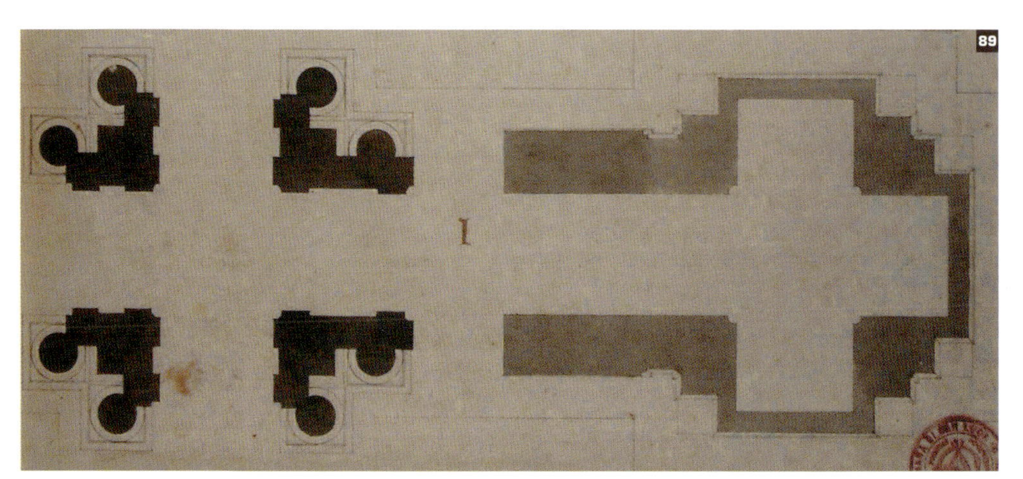
89

90
BENEDICTO XIV PONT·OPT·MAX·
BP
XIV
BP
XIV
BP
XIV

89 et 90 - Rome, projet d'arc en l'honneur du pape Benoît XIV, signé et daté *Jacobus Germanus Soufflot Regis Christiani architectus inv. et del. Roma 1750.* Dans le document original, le plan est sur la même page que l'élévation.

91 - Lyon, projet d'un arc en l'honneur de Louis XV, offert au duc de Villeroy, gouverneur du Lyonnais, par Soufflot « architecte à Lyon », probablement pour Lyon. Ce projet daté de 1745 est relatif à la victoire de Fontenoy. Un cartouche contient l'inscription : *A Louis le bien aimé. Le grouppe a la droitte de l'arc de triomphe représente ce Monarque conduit par mars a la guerre dont le génie les précède le flambeau à la main ; le bas relief au dessus exprime les veux du peuple au départ de S. M. et de Mgr Le Dauphin, a la gauche on voit le Roy terrassant un hydre a 4 tetes, la Victoire le couronne ; le bas relief represente la bataille de fontenoy. On a placé sur L'archivolte L'Escaux et la Dendré et sur les frontons les villes conquises pendant la campagne de 1745. Les deux renommées publient les actions du Roy ; La Gloire se rend à la France que l'on vois à ses genouils dans le grouppe qui couronne L'Edifice.*

91

L'architecture religieuse

Le chapitre de l'architecture religieuse est naturellement le plus important de l'œuvre d'un artiste qui consacra le temps de son premier séjour romain à l'étude des églises.

On aimerait pouvoir y comprendre l'église de Coulanges-la-Vineuse – le village de la mère de Soufflot – reconstruite de 1737 à 1742 par Servandoni[9], pour lequel Soufflot travaillait en effet, mais en Italie, d'où il n'est revenu qu'en 1738. Le style de cette église, sévèrement soumis à la tradition de la Contre-Réforme, serait donc bien de l'architecte qui, à la façade de Saint-Sulpice, annonçait le retour à un « meilleur goût ». On aurait aimé aussi pouvoir confirmer l'attribution à Soufflot du chœur de l'église d'Irancy, le village natal ; mais le peu que l'on sait de cet ouvrage l'infirmerait plutôt. Nous ne savons rien du projet tardif de Soufflot pour l'église parisienne Saint-Sauveur.

Le chapitre commence donc avec les deux chapelles de l'hôtel-Dieu de Lyon **(ill. 62 à 65)**. Il y a, nous semble-t-il, quelque chose de romain dans la position de la chapelle publique, jamais exécutée, qui aurait été à 45° par rapport à l'axe de l'hôtel-Dieu comme à celui du pont, et dans le mince passage qui en aurait cerné le vaisseau. La chapelle du pavillon central, à l'italienne, c'est-à-dire développée sur la hauteur de deux étages et sur laquelle les salles des malades

92

93

94

Auxerre, chapelle des Visitandines.

92 - Façade.

93 et 94 - Pile de la croisée.

95 - Voûtement de la croisée.

s'ouvrent, est un dispositif traditionnel de l'architecture hospitalière : Soufflot en avait l'illustration dans le vieil hôtel-Dieu. Cependant, l'ampleur du vaisseau, la façon dont une fois encore Soufflot a su maîtriser la démesure, fait de la chapelle sur le quai une importante réalisation de l'architecture française du XVIIIe siècle. Les grandes-arcades, comprises en des pilastres corinthiens, réunissent les débouchés des étages. Cependant, il faut être au sol de la chapelle pour ne pas sentir la disproportion de la coupole par rapport à ces arcades, pourtant somptueusement dressées. La médiocrité de la pénétration des fenêtres dans les naissances de la coupole reste en revanche frappante. Ces défauts ne sont peut-être pas attribuables à Soufflot qui avait prévu un dôme plus bas que celui que ses disciples exécutèrent, au grand mécontentement du maître. L'exhaussement du dôme a pu avoir des conséquences sur le développement de la coupole. Si l'on connaît le profil que Soufflot voulait donner au dôme **(ill. 58)**, on ignore celui qu'il avait prévu pour la coupole. En tout cas la restitution récente du profil primitif du dôme n'a pas corrigé les défauts de la coupole.

La chapelle de l'hospice de Mâcon **(ill. 185)** présente aussi des défauts. Le vaisseau ovale, qui rappelle celui de Delamonce à la chapelle de l'Oratoire d'Avignon, flotte dans un espace trop vaste pour lui,

95

curieusement irrégulier, dont Soufflot n'a pas su traiter les « restes » que l'on peut difficilement qualifier de bas-côtés. L'irrégularité de cet espace tient-elle à l'histoire du fonds ? Mais l'art d'un grand architecte n'est-il pas de retourner à l'avantage de son parti les contraintes du terrain ? L'accès des malades aux tribunes qui leur sont réservées est très défectueux. Les arcades du premier et du second niveau sont couvertes, non du plein-cintre de l'art classique mais d'une anse-de-panier que la courbe du plan déforme. La coupole, d'un type régional que l'on retrouve à Lyon et d'une technique pauvre, sans stéréotomie, a des lunettes dont la pénétration aiguë, « pincée » pourrait-on dire, a peut-être été voulue telle pour évoquer une étoile. Nous sommes tenté de penser que la mise au point du projet de la chapelle et son exécution ont été abandonnées par Soufflot à l'architecte du chantier.

La façade de l'église de Châteauvillain **(ill. 96)**, ignorée des biographes de Soufflot, nous paraît être une œuvre authentique : dans cette œuvre de la dernière décennie de la carrière, on retrouve la préférence pour le dorique romain au sol, le jeu des ressauts, le redoublement des colonnes, le répertoire ornemental des projets pour les places de Reims **(ill. 44 à 46)** et de Paris **(ill. 47 et 48)**. Réflexion de même nature pour la chapelle des Visitandines d'Auxerre **(ill. 92 à 95)**. On a cru devoir rejeter son attribution ancienne à Soufflot parce que la consécration remontait à 1715 : c'était négliger les témoins d'un important remaniement tardif. Le décor de colonnes du vaisseau et peut-être celui de la façade ne dépareraient pas l'œuvre du maître.

Soufflot est intervenu deux fois à la cathédrale Notre-Dame de Paris : en 1756, il en reconstruisait la sacristie et le trésor ; en 1771, il transformait la porte centrale de la façade. Le bâtiment joignant la cathé-

96 - Châteauvillain (Haute-Marne), église Notre-Dame.

97 - Plan de Paris de l'abbé de La Grive, 1754. La sacristie de la cathédrale Notre-Dame sépare la « Cour de l'Archevêché » du « Palais Archiépiscopal ».

drale et le logis des évêques, séparant les deux cours de l'évêché et contenant la sacristie et le trésor, menaçait ruine. Avant de le détruire, un relevé en a été fait. On voit comment Soufflot a sensiblement amélioré la distribution des étages, contrainte par le fait qu'il fallait conserver le passage menant d'une cour à l'autre à travers le bâtiment. Soufflot avait mis la grande sacristie de plain-pied avec la cathédrale, en abaissant son plancher : l'étage inférieur en était réduit, mais la sacristie gagnait en hauteur, en majesté et en commodité. À l'inverse, le sol du trésor avait été relevé pour donner plus de hauteur au passage : on allait de la sacristie au trésor par une sorte de perron intérieur. Le décor était particulièrement soigné : sculptures des façades **(ill. 103)** ; vantaux de la porte donnant dans la sacristie à partir de la cathédrale **(ill. 100)** ; grille du perron et du trésor **(ill. 102)**. Parmi les collaborateurs, on trouvait deux auteurs connus, qui avaient fait le voyage d'Italie. À Michel-Ange Slodtz, ami de Soufflot, revient la sculpture de la façade sur la première cour. On ne sait pourquoi le dessin de cette façade approuvé par Louis XV **(ill. 106 à 110)** a été modifié à l'exécution **(ill. 103)** : une statue de la Piété royale y a remplacé la statue de la Foi. L'intervention de Philippe Caffieri, fondeur ciseleur, était modeste (entrée de serrure pour les armoires, etc.)[10]. Deux autres artistes méritent d'être cités, car ils ont plusieurs fois travaillé sous les ordres de Soufflot, ce sont les sculpteurs Pierre Fixon et Honoré Guibert. De Fixon, on sait seulement que, depuis 1748, il était membre de l'Académie parisienne de Saint-Luc. Guibert est signalé en 1752 comme sculpteur du duc de Parme, nomination qu'il devait probablement à l'amitié Soufflot-Petitot ; en 1760, il est sculpteur ordinaire des Bâtiments du roi. Il a épousé une sœur du peintre Joseph Vernet, grand ami de Soufflot.

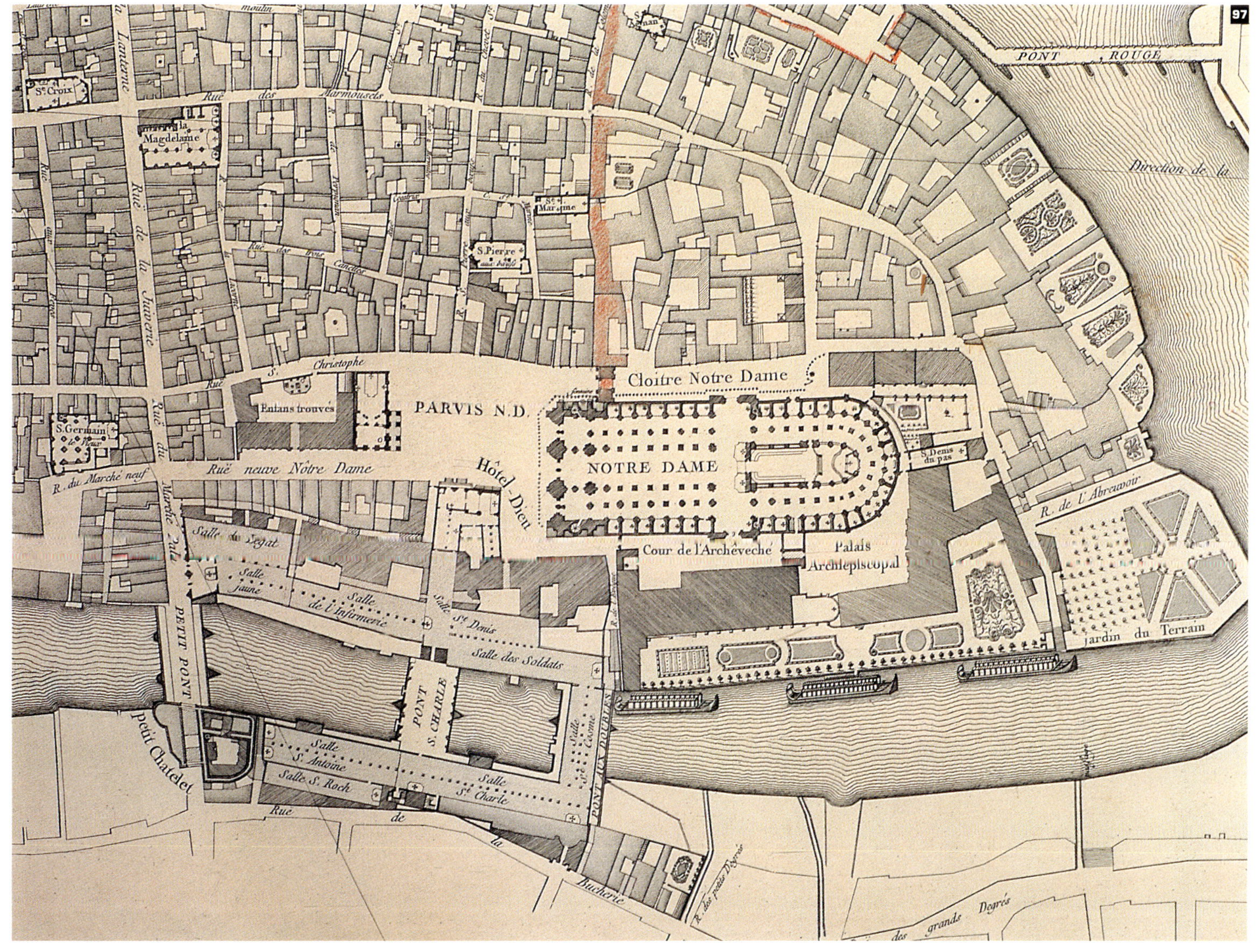

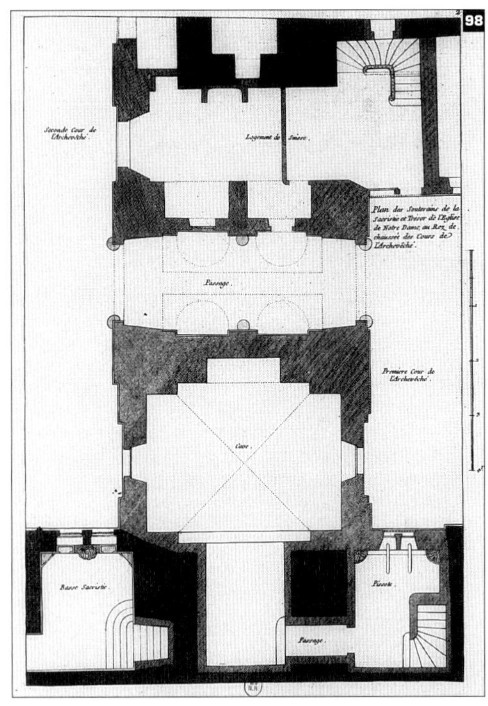
98
Seconde Cour de l'Archevêché.
Logement de Suisse.
Plan des Souterains de la Sacristie et Trésor de l'Eglise de Notre Dame, au Rez de chaussée des Cours de l'Archevêché.
Passage.
Premiere Cour de l'Archevêché.
Cave.
Basse Sacristie.
Passage.

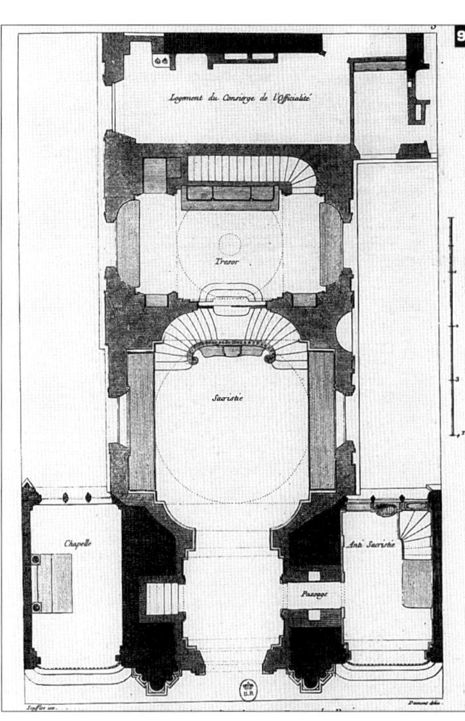
99
Logement du Concierge de l'Officialité.
Tresor.
Sacristie.
Chapelle.
Anti Sacristie.
Passage.

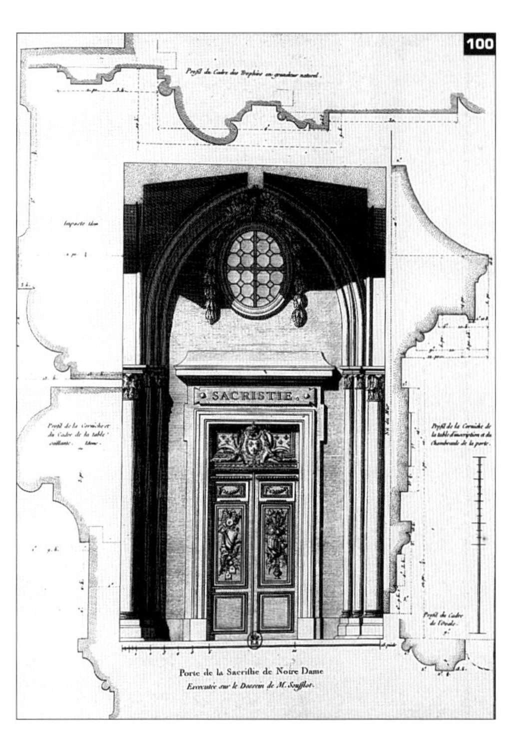
100
SACRISTIE.
Profil de la Corniche de la table d'inscription et du Chambranle de la porte.
Profil du Cadre de l'Ovale.
Porte de la Sacristie de Notre Dame
Executée sur le Dessein de M. Soufflot.

101
Toises
Soufflot inv. et Dumont delin.
Charpentier sculp.
Coupe sur la profondeur de la Sacristie et Tresor de l'Eglise de Notre Dame de Paris.

Paris, cathédrale Notre-Dame, projet de la sacristie dessiné par Soufflot et Dumont, gravé par Charpentier.

98 - Plan du soubassement.

99 - Plan du rez-de-chaussée surélevé.

100 - Porte entre la cathédrale et la sacristie.

101 - Coupe longitudinale.

102 - Coupe transversale passant par la sacristie.

103 - Façade antérieure sur la première cour.

104 - Façade postérieure sur la seconde cour.

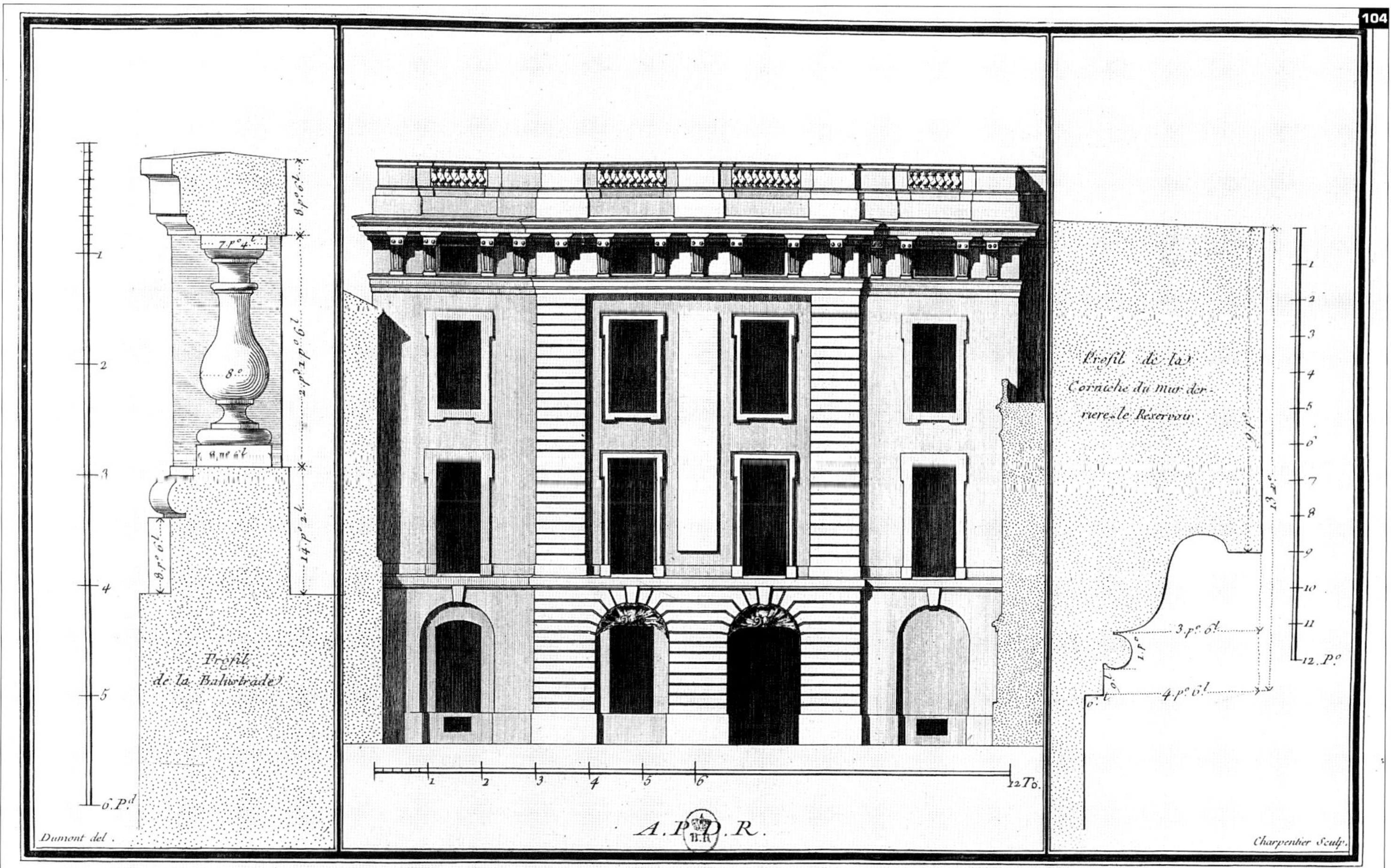

105

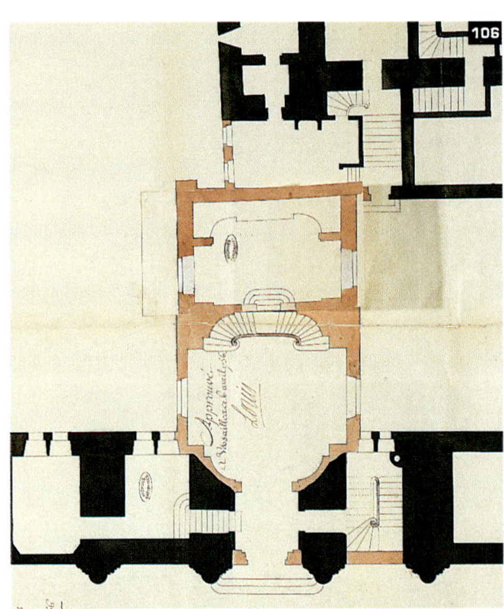
106

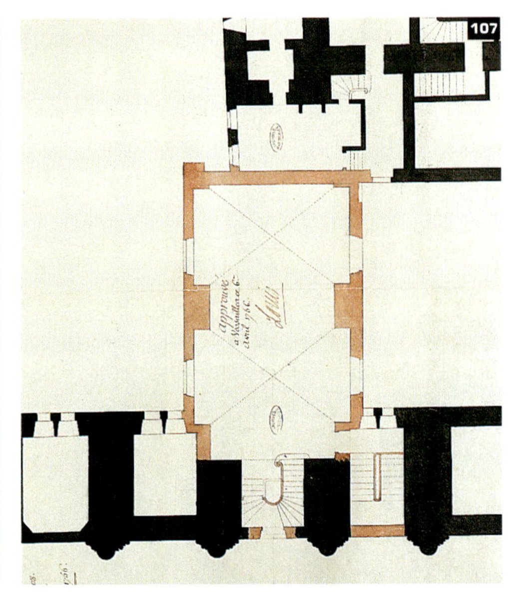
107

108
Paris
10 Avril 1756.
Approuvé
ARCHIVES NATIONALES

109
Approuvé
ARCHIVES NATIONALES

Paris, cathédrale Notre-Dame.

105 - Façade postérieure de la sacristie dans la cour du palais archiépiscopal, tableau anonyme, vers 1771.

106 à 110 - Sacristie *Projet approuvé à Versailles le 6 avril 1756 [signé] Louis.*

Paris, palais du Luxembourg, projet d'aménagement du palais pour recevoir le comte de Provence, 1776.
111 - Plan du premier étage signé Soufflot.
112 - Élévation sur jardin.
113 - Élévation sur rue.
114 - Élévation sur cour de la colonnade fermant la cour.

Le 1er juillet 1771 était posée la première pierre de la porte centrale de la cathédrale, amputée de son pilier médian, d'une partie de ses piédroits et de son tympan pour faciliter le passage des processions. Un tympan en bois remplissait l'échancrure ainsi pratiquée dans le tympan en pierre. Fixon sculpta les vantaux représentant la Vierge et le Christ portant sa croix. Que dire de cet acte de vandalisme que Viollet-le-Duc a fait semblant de réparer ? Que Soufflot n'admirait de l'architecture gothique que sa structure ; qu'il n'aurait pas hésité à mutiler de façon plus radicale encore l'entrée du palais du Luxembourg **(ill. 111 à 114)** ; qu'il abandonnait sans regret apparent le château de Madrid à la démolition[11].

Au milieu des années 1750 s'étaient ouverts à Paris, presque simultanément, deux grands chantiers d'églises, celui de Sainte-Geneviève conduit par Soufflot et celui de la Madeleine, conduit par Contant d'Ivry, deux maîtres dont l'ambition commune et les intérêts concurrents étaient de renouveler l'architecture des églises en y substituant aux grandes-arcades à piliers massifs des colonnades sous entablement. Les plans de ces deux ouvrages sont reproduits en pendants sur une planche comparant à la même échelle, selon une formule chère au XVIIIe siècle illustrée par Dumont pour les théâtres **(ill. 42)**, les principales églises de la chrétienté, planche publiée en 1764 par Julien-David Le Roy dans son *Histoire de la disposition et des formes différentes que les Chrétiens ont données à leurs temples depuis le règne de Constantin le Grand jusqu'à nos jours* **(ill. 41)**. Cette importante étude, qui s'imposait pour faire le point sur l'évolution récente de la typologie et sur la remise en cause de la routine héritée de la Contre-Réforme, est contemporaine du projet de Chalgrin pour l'église Saint-Philippe du Roule, où vient s'achever dans une forme pauvre, mieux adaptée aux difficultés du moment, le grand concours d'idées. Sur cette planche, on observe que Sainte-Geneviève s'inscrit parmi les plus grandes églises, mais loin derrière la basilique Saint-Pierre de Rome, et parmi les rares exemples de plan en croix-grecque. Bien qu'on ait prétendu que Soufflot s'était inspiré de l'église Saint-Marc, qu'il aurait vue lors du voyage de 1750, que l'on a fait abusivement passer par Venise[12], il est évident que le plan de Soufflot n'était pas plus grec que le plan que Michel-Ange avait prévu pour Saint-Pierre. Aussi ce plan, peu fréquent dans la tradition de l'église romaine, fit-il l'objet de critiques, que rapporte Laugier, qui, dans ses *Observations sur l'architecture* (1765), consacre de longs développements, d'ailleurs élogieux, à l'église Sainte-Geneviève. Les premières critiques sont venues des futurs utilisateurs eux-mêmes, les génovéfains, qui ont exigé l'allongement de la nef d'une travée. Au vrai, on ne sait pas pourquoi Soufflot a fait le choix de ce plan centré, à moins que l'espace dont il disposait le lui ait imposé.

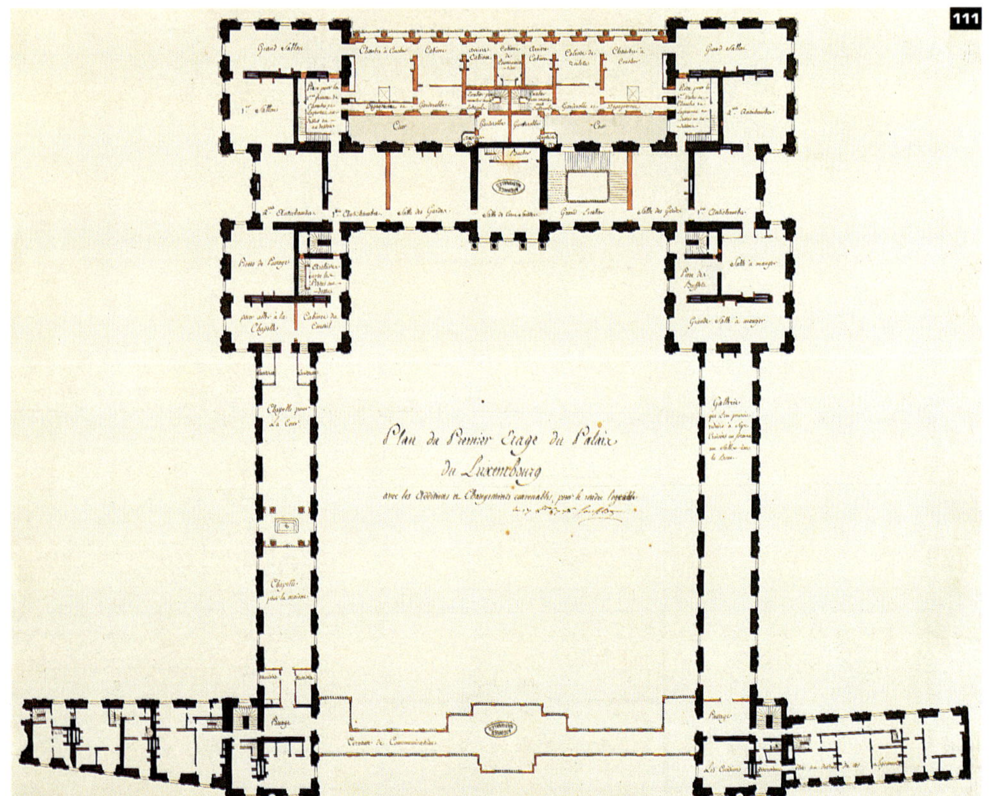

Plus grec, au moins au sens que l'on donnait à ce mot dans les années 1760, était le premier projet pour la crypte **(ill. 167)** avec ses colonnes proches de celles de Paestum et son décor fait d'une grecque. Ces grecqueries se sont effacées par la suite et les colonnes de la crypte ont pris l'allure d'un robuste toscan. En définitive, Soufflot, grand amateur de l'ordre dorique, aurait pu tout aussi bien n'avoir jamais vu celui de la Grèce. D'ailleurs, à la différence des Anglais, les Français ne l'ont imité qu'exceptionnellement et relativement tardivement. Il sert de décor au *Lycurgue blessé dans une sédition*, un dessin de Cochin de 1760 ; mais il n'a pas été mis en œuvre, semble-t-il, avant qu'Antoine ne construise entre 1778 et 1781 le portail du couvent de la Charité.

On peut proposer les antécédents les plus divers, et les plus diversement convaincants, aux colonnes intérieures de Sainte-Geneviève, depuis l'église romaine S. Maria in Campitelli jusqu'aux églises de l'est de la France, à colonnes sous arc, ou, à l'extrême est, le temple de Sedan, exemple bien oublié, mais précoce de la colonnade sous entablement, peut-être dû à Salomon de Brosse comme le temple de Charenton, autre précédent. Cependant, comme l'a montré M. Petzet, le parti adopté par Soufflot s'inspire plus directement d'un projet pour Sainte-Geneviève dessiné par Claude Perrault[13]. Les contemporains ont parfaitement reconnu la filiation qui vient de ce projet, de la Colonnade du Louvre, de l'œuvre de Perrault en général, en passant par la chapelle du château de Versailles, donnée explicitement comme modèle à Contant d'Ivry pour son église de Condé-sur-l'Escaut. Celle-ci est antérieure de quelques années au premier projet de Soufflot pour Sainte-Geneviève. Mais, dans cette église sans transept, où la colonnade ne fait pas

112

113

114

115

116

115 à 117 - Paris, église Sainte-Geneviève (actuellement Panthéon).

117

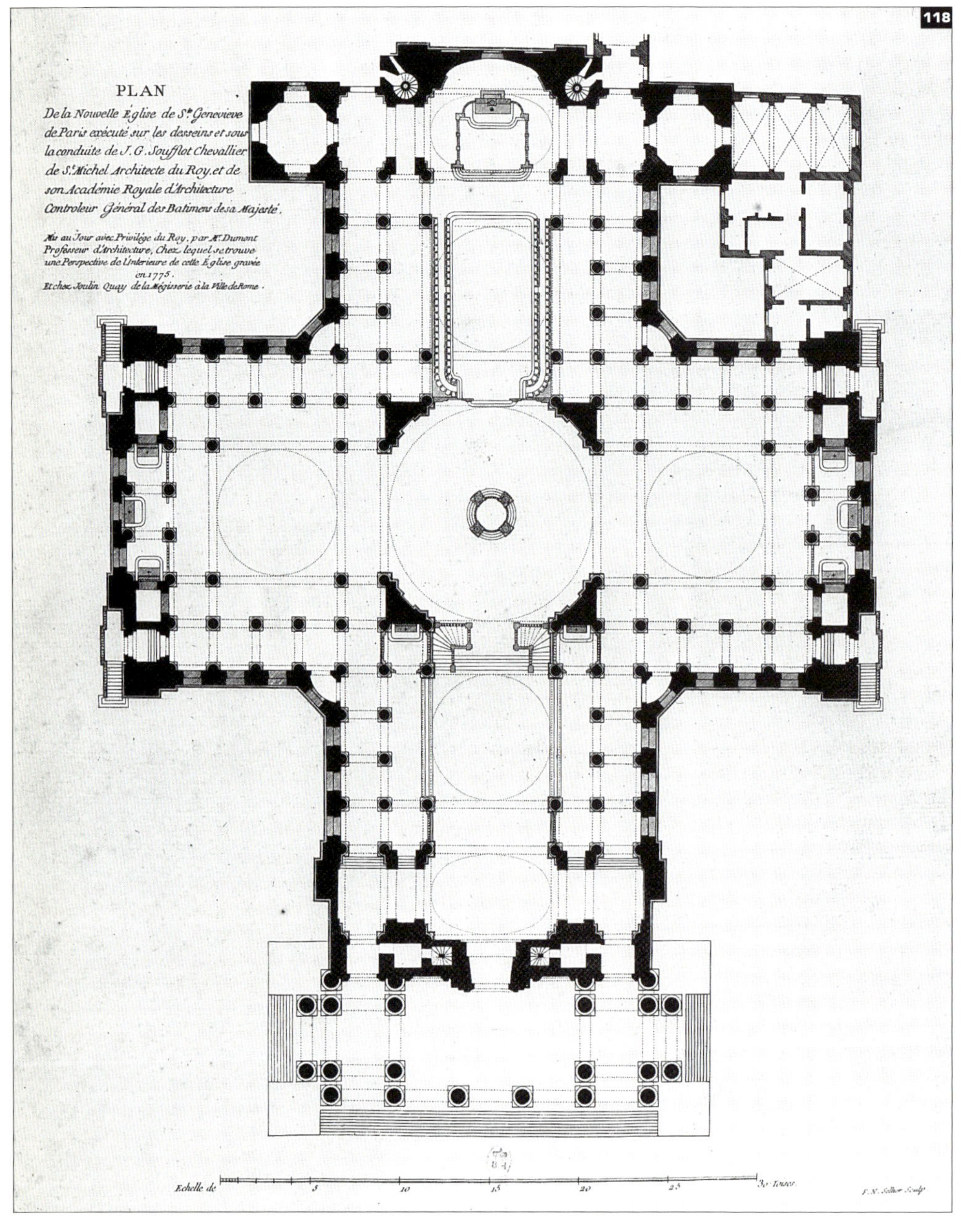
118
PLAN
De la Nouvelle Église de Ste Genevieve
de Paris exécuté sur les desseins et sous
la conduite de J. G. Soufflot Chevallier
de St Michel Architecte du Roy et de
son Académie Royale d'Architecture
Controleur Général des Batimens de sa Majesté.
Mis au Jour avec Privilége du Roy, par Mr Dumont
Professeur d'Architecture, Chez lequel se trouve
une Perspective de l'Interieure de cette Église gravée
en 1775.
Et chez Joulin Quay de la Mégisserie à la Ville de Rome.
Echelle de
5
10
15
20
25
30 Toises.
F. N. Sellier Sculp.

119

Paris, église Sainte-Geneviève.

118 - Plan, 1775 ou 1776, gravure de Sellier. Inscription : *Plan [...] mis au jour par Mr Dumont [...] chez lequel se trouve une perspective de l'intérieur de cette église gravée en 1775.*

119 et 120 - Vues à la croisée.

120

121

122

Paris, église Sainte-Geneviève.

121 - La tour-lanterne.

122 - La crypte.

123 - Bas-côté.

Paris, église Sainte-Geneviève.

124 et 125 - Projet de 1757, variante. Inscription : *Coupe sur la diagonale du dôme de Ste Geneviève, gravé en 1757 avec les développements de sa construction.*

126 - Projet de 1756, gravé par Charpentier.

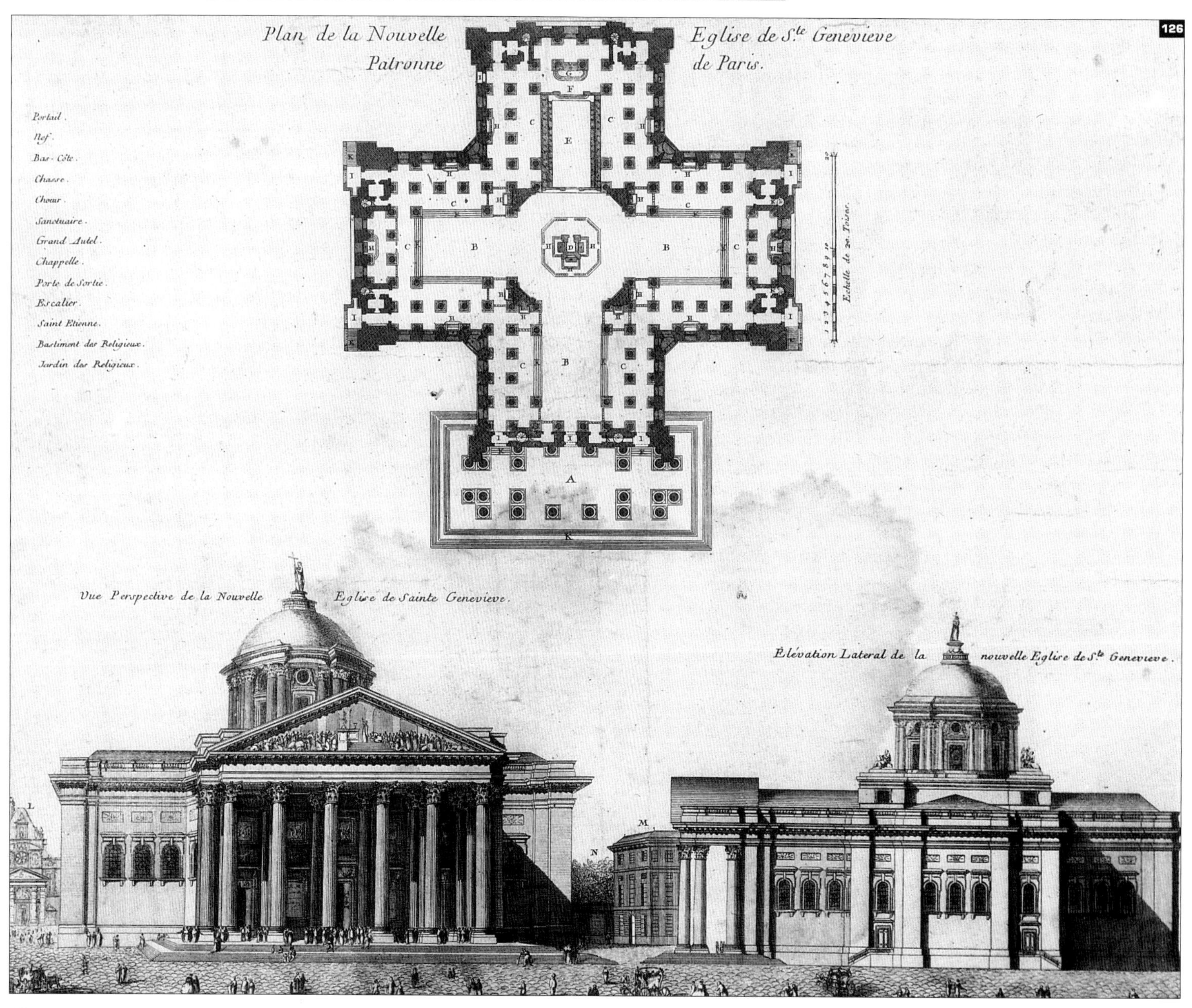

Paris, église Sainte-Geneviève.

127 et 128 - Projet de 1757, gravé par Charpentier.

Au fronton, sainte Geneviève distribuant du pain aux pauvres ; cantonnant la tour-lanterne, les Évangélistes ; au sommet, la Foi.

Inscription : ... *approuvé par Sa Majesté le 2 May 1757.*

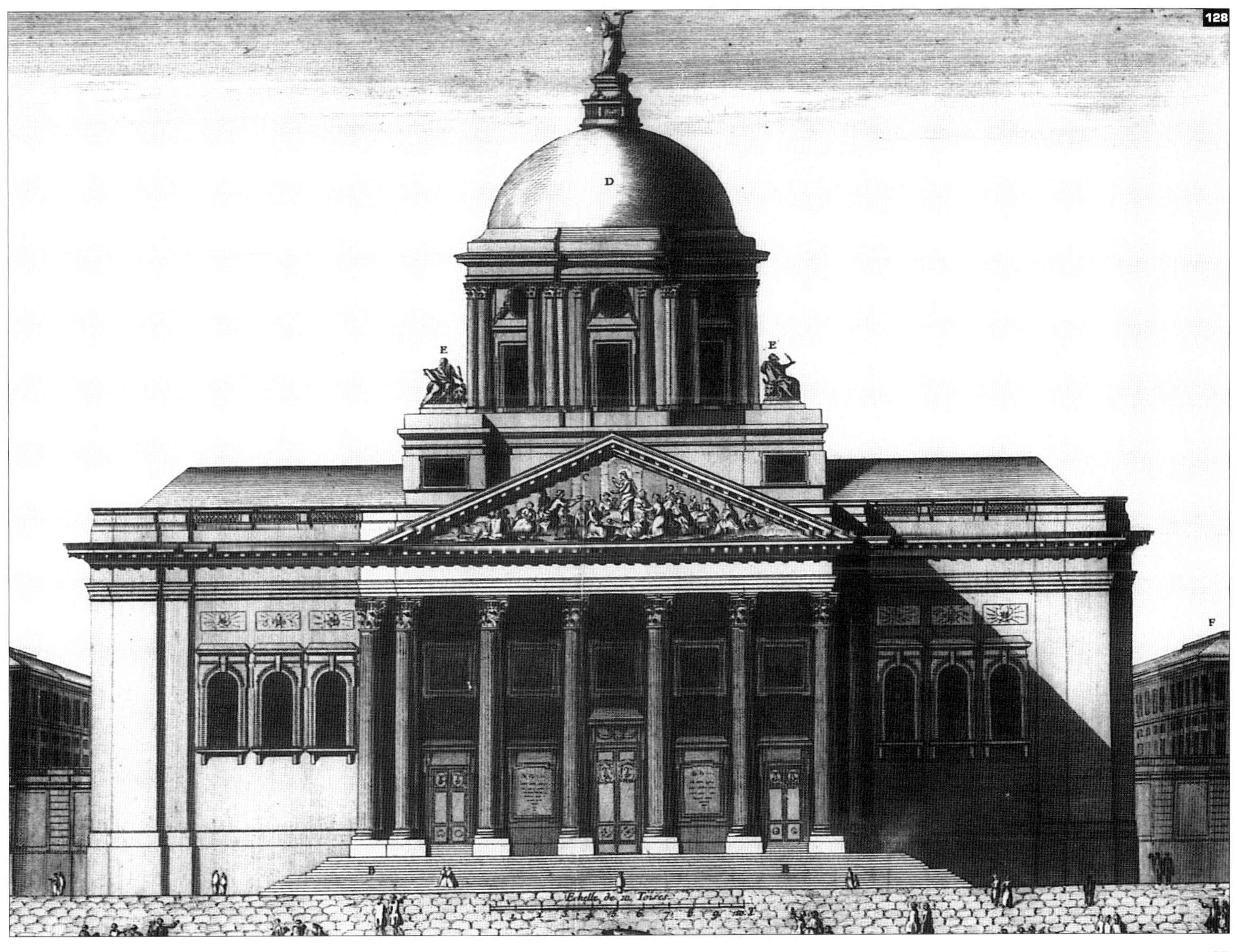

129

130

Paris, église Sainte-Geneviève.

129 à 131 - Projet non daté et non identifié. Il s'agit probablement d'une première idée antérieure au projet approuvé en 1757. Cependant, on y remarque les tours flanquant le chœur qui ne sont attestées que vers 1760. On observe aussi des différences de détail entre les trois dessins, qui sont des variantes du même projet.

131

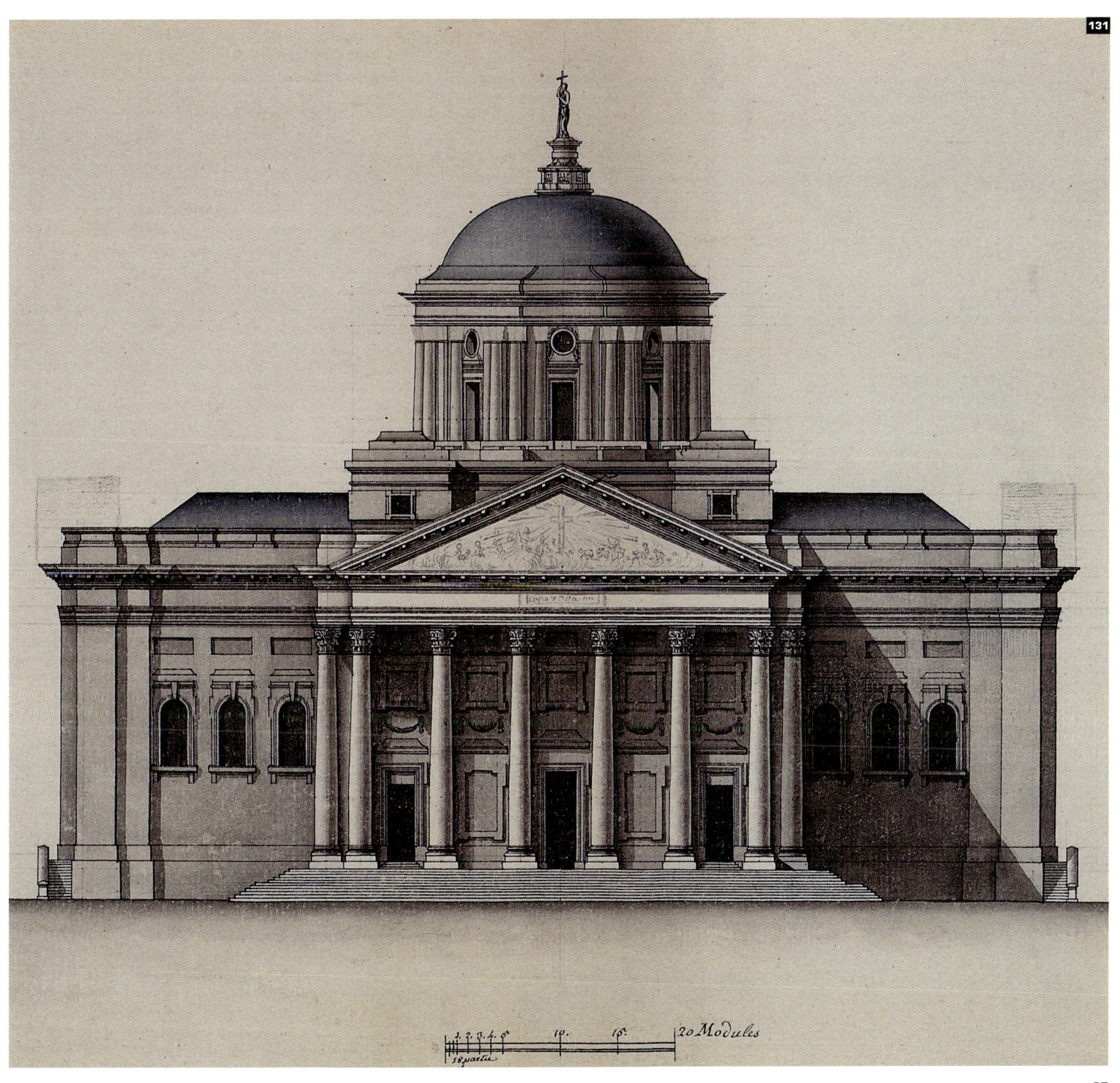

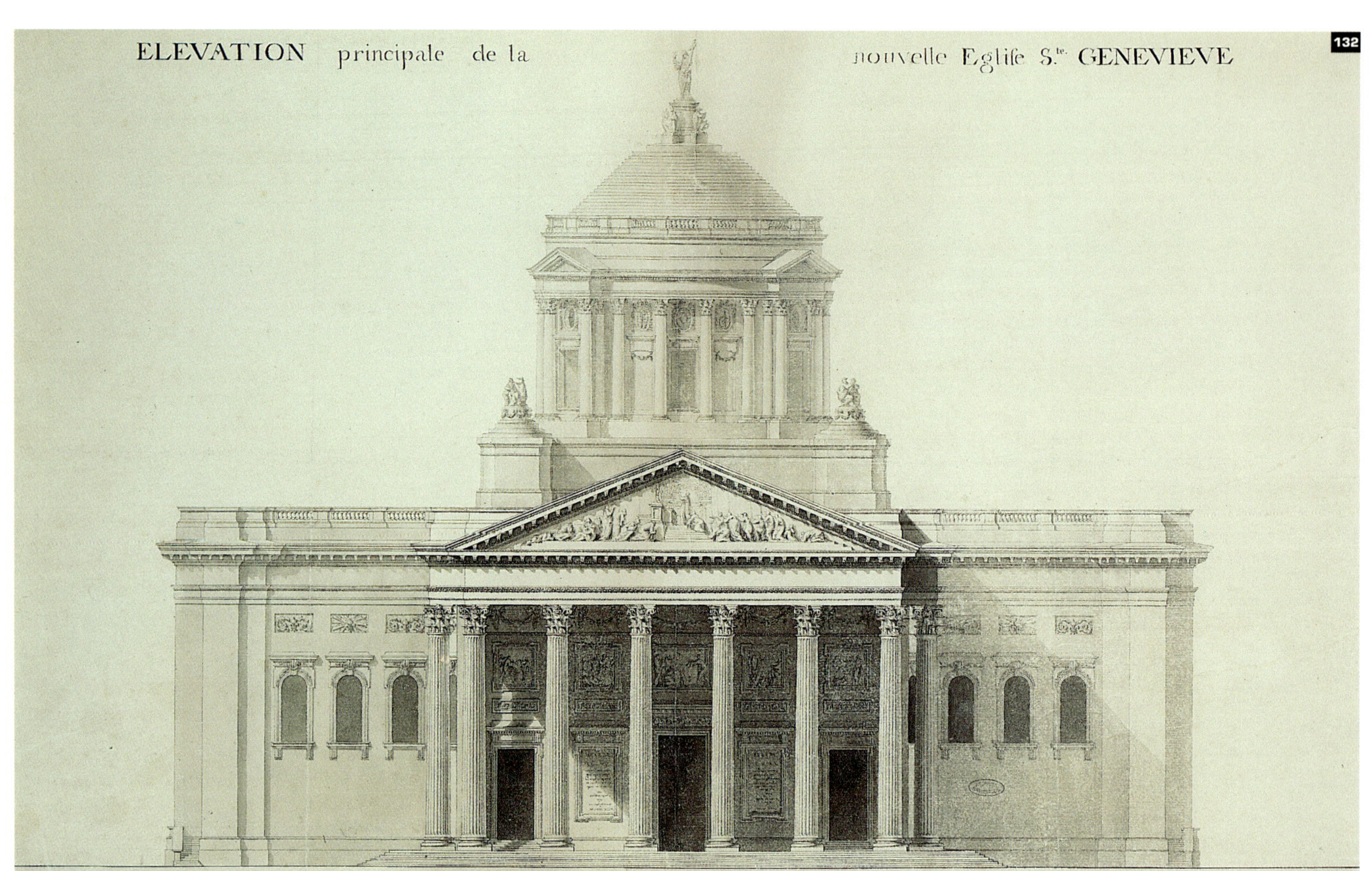
132
ELEVATION principale de la nouvelle Eglise S.te GENEVIEVE

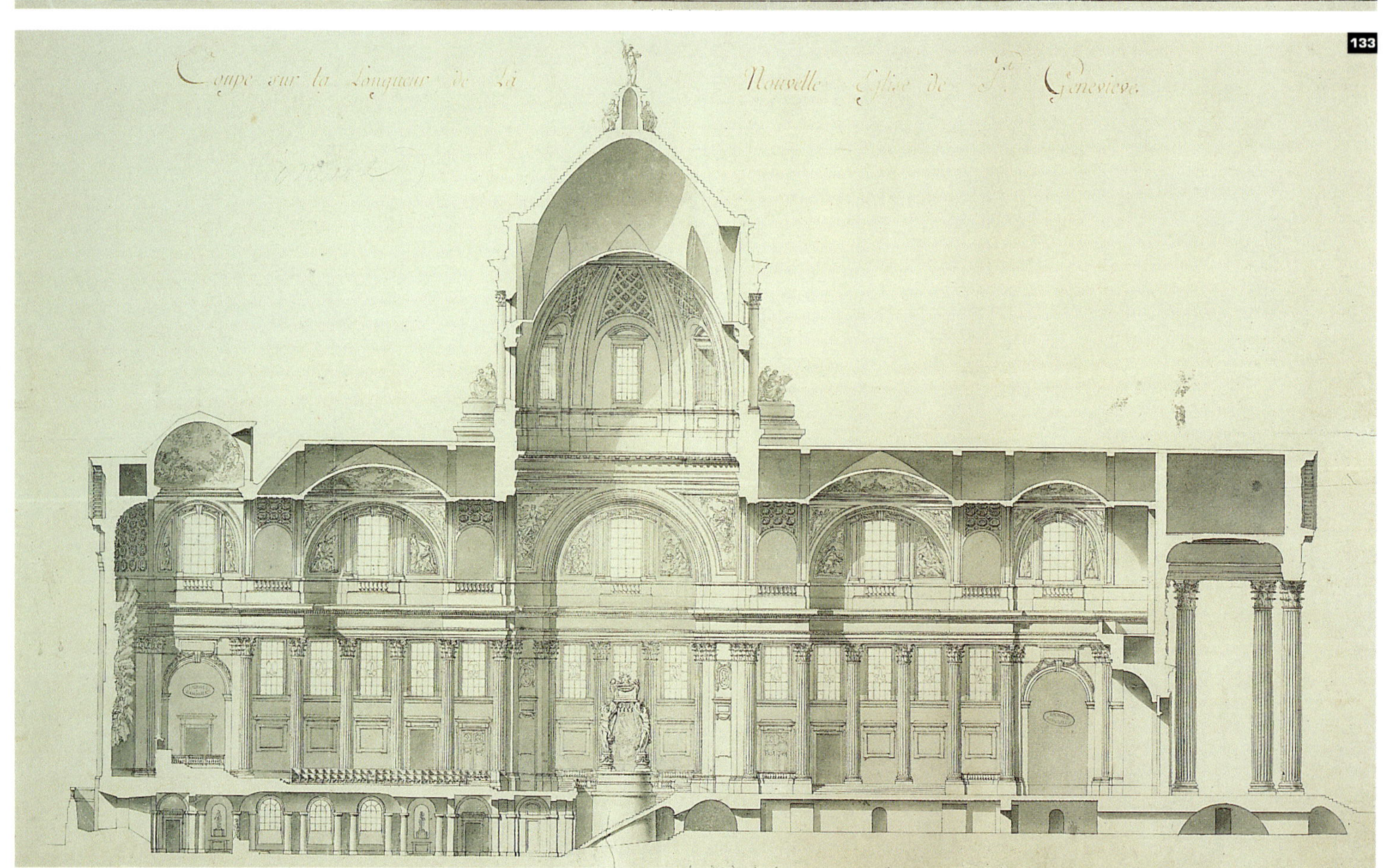
133

Paris, église Sainte-Geneviève.

132 et 133 - Projet de 1764.

134 - Projet, vers 1770. Coupe passant par une diagonale de la croisée.

135 - Tableau de Pierre-Antoine De Machy représentant la pose de la première pierre, le 6 septembre 1764.

134

135

Paris, église Sainte-Geneviève.

136 - Maquette exécutée entre 1783 et 1787 par Rondelet.

137 - Chaînage en fer des voûtes plates et du fronton du portique *d'après les desseins et sous la conduite de feu Mr Soufflot [...] mis au jour en 1781 par Mr Dumont.*

138 - *Principale grue servant à la construction de l'église Sainte-Geneviève.*

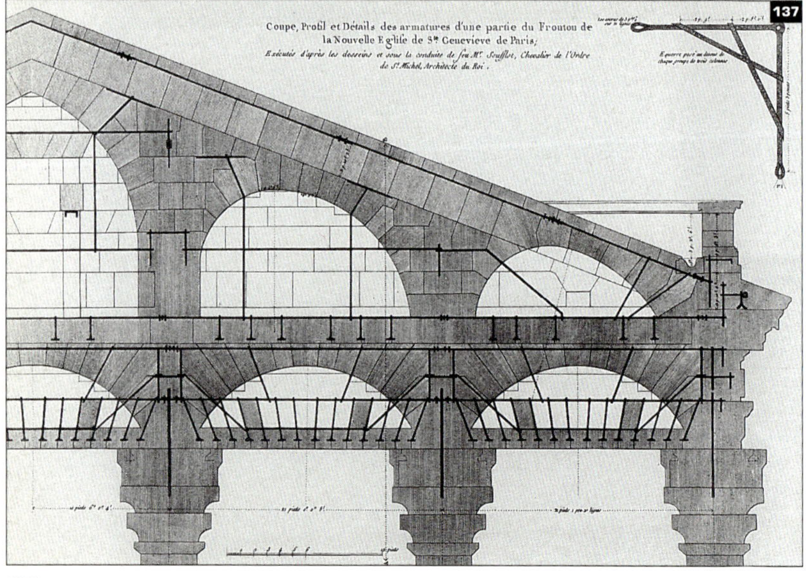

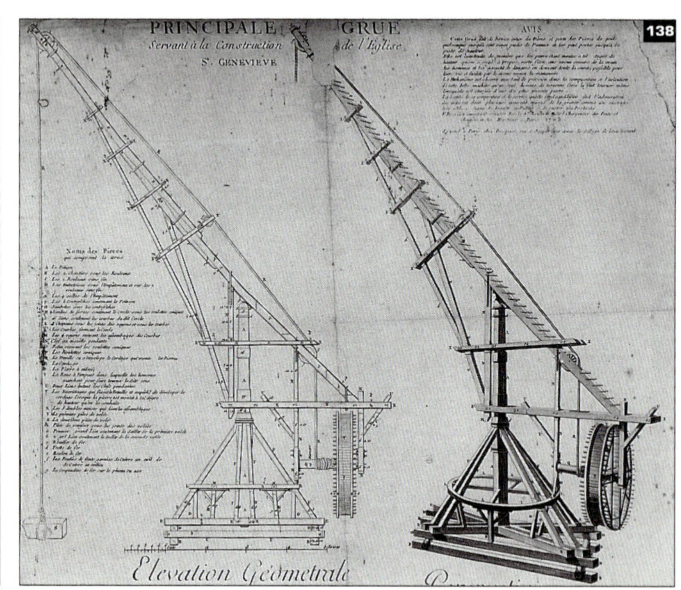

Paris, église Sainte-Geneviève.

139 - Coupe sur une diagonale de la croisée, dessin de Brébion *d'après les dernières intentions de Mons. Soufflot* illustrant le mémoire rédigé par Brébion à l'intention du directeur des Bâtiments pour faire le point sur les intentions de Soufflot, qui vient de mourir en 1780.

140 - Dessin de G. de Saint-Aubin montrant l'arrière de l'église Sainte-Geneviève en construction avec les tours-clochers.

Paris, église Sainte-Geneviève.

141 - Élévation, gravure de Sellier datée 1776.

142 - Élévation, gravure de Sellier datée 1777.
Par rapport à la précédente, la principale modification porte sur le profil de la tour-lanterne.

143 - Élévation, gravure de Taraval. D'après la légende, elle a été mise au jour par Dumont au mois de juillet 1777.
La colonnade de la tour-lanterne est désormais circulaire.

retour dans l'abside, les difficultés que Soufflot a dû résoudre à Sainte-Geneviève ne sont pas présentes : outre le fait que l'entablement de Condé fait ressaut à l'aplomb des supports, comme dans une église du XVIIe siècle !

La façon dont Soufflot a implanté ses colonnes sur le plan est sans précédent, réserve faite peut-être pour le St Stephen Walbrook de Wren, que Soufflot a pu connaître par la gravure, mais qui ne pose pas les mêmes problèmes puisque l'église anglaise est lambrissée alors que l'église française est voûtée. De plus, les colonnes de Soufflot sont fondées sur des bas-côtés dont le sol est plus élevé que celui des grands vaisseaux. Laugier observe que cette disposition a été prévue pour que l'on puisse adosser les stalles des génovéfains sans cacher les bases des colonnes, mais qu'elle est dangereuse pour le public qui se masserait dans les bas-côtés et pourrait tomber[14].

Qu'il s'agisse du projet de Perrault, de la chapelle de Versailles, ou de l'église de Condé, le couvrement est une voûte en berceau à lunettes, solution qui pourrait se justifier par l'exemple de la basilique de Vitruve à Fano telle que Perrault l'a restituée en négligeant magistralement les problèmes posés par la stabilité. À Sainte-Geneviève, Soufflot a fait alterner de courtes travées de berceaux à lunettes avec des voûtes en pendentifs. La subtile implantation des colonnes au sol vient en quelque sorte s'exprimer dans le volume contrasté des voûtes. Les poussées ainsi rassemblées sur des points sont reçues par des arcs-boutants cachés derrière le mur d'attique des façades, derrière lequel se dissimulent aussi des fenêtres-hautes qui débouchent directement sous les voûtes. Le génie du bâtisseur et de l'inventeur de formes atteint ici un sommet. « La disposition des voûtes est si bien combinée que l'effort des unes est dirigé en sorte qu'il sert à détruire l'effort des autres », écrit Brébion, collaborateur de Soufflot et le premier de ses continuateurs, dans un mémoire adressé à D'Angiviller juste après la mort de Soufflot, pour décrire le projet tel qu'il a été conçu par le maître et tel qu'il faut l'achever[15]. C'est par ce texte que l'on apprend que l'intention de Soufflot était « de réunir [...] la légèreté de la construction des édifices gothiques avec la pureté et la magnificence de l'architecture grecque » : on ne pouvait mieux dire, bien que rien ne soit, au sens strict, ni gothique ni grec.

143

B.R
5
10
15
20
25
30
35
40 Toises.
Façade de la Nouvelle Eglise de Sainte Genevieve de Paris, avec le Dôme à Colonnade circulaire
Mise au jour par Mr. Dumont, au mois de Juillet 1777. avec privilège du Roi.
Gravé par G. Taraval.

144 - Paris, église Sainte-Geneviève, vue de la croisée.

145 et 146 - Candélabres de l'église Saint-Gervais-Saint-Protais, provenant peut-être de Sainte-Geneviève.

Nous ne connaissons pas d'autre exemple d'un pastiche aussi superbement sublimé !

La croisée, parce qu'elle devait recevoir la châsse de sainte Geneviève et être couverte par une tour-lanterne, est la partie la plus importante de l'ouvrage. Comme dans les grandes églises de pèlerinage, la châsse a plus d'importance que le maître-autel, reporté au fond du chœur. Primitivement, Soufflot avait prévu un accès à la crypte par des escaliers enserrant la châsse et contraignant l'accès à celle-ci ; mais il s'était rapidement convaincu que cette disposition était, elle, inutilement dangereuse, et que l'accès à la crypte, où ne devaient se terrer que les tombes des génovéfains, pouvait tout aussi bien se trouver à l'entrée de la nef.

La structure de la croisée, formée de quatre piles au noyau triangulaire cantonné de colonnes, rassemblées par quatre arcs sur lesquels étaient fondés les pendentifs de la tour-lanterne, avait été conçue pour que les colonnades s'y retournent sans solution de continuité. Dans une polémique célèbre, Patte a affirmé que cette structure n'était pas capable de supporter la charge d'une tour-lanterne. Des fissures apparues dans les piles lui auraient donné raison si tous les spécialistes n'avaient démontré que celles-ci ne provenaient que d'un appareillage où la solidité avait été sacrifiée à l'apparence : « On a cru bien faire en creusant les lits de pierre à trois ou quatre pouces des parements, explique Rondelet, qui a pris la relève après la mort de Brébion ; il en est résulté que le milieu, plus susceptible de tassements que les bords, s'est dérobé sous le fardeau et que la partie portante, réduite à moins d'un dixième, s'est écrasée[16]. » Le procédé décrit était pourtant connu de l'architecture française depuis la Renaissance : depuis qu'on ne voulait plus que les joints pleins de mortier apparaissent en parement. Cela consistait à tailler la pierre de manière que les joints en parement soient vifs, le mortier restant confiné en profondeur derrière un parement d'une dizaine de centimètres. Cependant, le remède auquel Rondelet doit finalement se résigner, après la mort de Soufflot, fut de surépaissir les piles en y noyant les colonnes, remplacées par de simples pilastres. Échec majeur pour un parti dont il n'était pas vraiment démontré qu'il était déraisonnable. Au milieu du siècle, Vanvitelli avait renforcé les piles de la croisée de Saint-Pierre, qui menaçaient ruine, sans pour autant modifier l'œuvre de ses prédécesseurs. L'exemple n'a pas été suivi à Paris.

Le dessin de la tour-lanterne est la partie du projet que Soufflot a le plus souvent modifiée : il n'est pas de variante dont on ne puisse dire qu'elle emprunte beaucoup et pourtant n'imite rien. La colonnade du tambour peut venir du projet de Bramante pour Saint-Pierre ou de la réalisation de Wren à Saint-Paul. Les trois coupoles, la première à jour zénithal pour montrer la peinture qui couvre la seconde, la troisième ayant son extrados en couverture, reproduit le principe du projet de François Mansart pour le mausolée des Bourbons à Saint-Denis et de la réalisation de

Jules Hardouin-Mansart aux Invalides, à la différence toutefois que la troisième structure est une coupole et non un dôme. Dans son projet de 1764, Soufflot entendait couronner la tour-lanterne par un cône à gradins, qui évoquait le mausolée d'Halicarnasse, les restitutions que Caylus en demandait à des proches de Soufflot, comme Bellicard, et aussi peut-être la réalisation de Hawksmoor à St George, Bloomsbury Way.

Si l'extérieur de Sainte-Geneviève convainc moins que l'intérieur, cela n'est dû qu'à la déplorable obturation des fenêtres menée pendant la Révolution sous prétexte de mettre à l'ombre les grands hommes. Mais le portique lui-même, qui n'a été altéré que par la réfection de la sculpture de son tympan, a lui-même subi la critique. Ses dimensions, sans précédent, ont fait oublier aux contemporains qu'il n'était pas le premier exemple parisien de l'imitation du portique du Panthéon romain (église de la Sorbonne, église de l'Assomption). La technique des plates-bandes et des voûtes se réfère directement à l'exemple de la Colonnade du Louvre et au portique qu'Alfieri venait de construire à Saint-Pierre de Genève ; elle emprunte au porche de Saint-Sulpice le redoublement des colonnes en profondeur. En dépit de Quatremère de Quincy, responsable de l'obturation des fenêtres, le choix du corinthien ne devait rien aux découvertes des Anglais à Palmyre et à Baalbek, mais tout aux théories de Perrault sur cet ordre. Quatremère nous paraît bien mal inspiré lorsqu'il reproche à Soufflot d'avoir sacrifié à la mode du temps en imitant ces monuments antiques « du plus grand luxe auquel soit parvenu le corinthien[17] ».

L'entreprise de Soufflot a suscité quelques contre-projets et d'innombrables variations. Les uns et les autres seraient tous à citer dans une monographie de Sainte-Geneviève, telle l'exemplaire monographie écrite par M. Petzet, mais seraient moins à leur place dans une monographie sur l'architecte lui-même. Pouvait-on faire mieux que Soufflot ? C'est ce qu'a prétendu un jeune architecte, élève de l'Académie, dont la présomption a été punie par une exclusion de l'école académique. C'est qu'il y allait fort, l'apprenti ! « On dirait, écrit-il de Soufflot, que plus on a donné de liberté à cet architecte, moins il a donné d'essor à son imagination[18]. » Desbœufs trouve le moyen de reprocher à Soufflot à la fois de s'être inspiré d'une gravure de Piranèse (probablement le *Vestibolo d'antico Tempio*), ce qui n'est pas impossible bien que Soufflot paraisse ignorer Piranèse (pas de Piranèse dans ses collections), et de n'avoir pas été fidèle à son modèle.

Le monument qu'est Sainte-Geneviève ne doit pas cacher l'art qui s'est manifesté dans le second-œuvre et le mobilier des églises de Soufflot. Ici la tradition est bien celle du Bernin dont Soufflot dessinait les œuvres dans Saint-Pierre **(ill. 5)**. On ne sait à qui revient vraiment, à Servandoni ou à Soufflot, le dessin du baldaquin de Saint-Bruno-des-Chartreux de Lyon. Les baldaquins, qui se multiplient dans les églises françaises du XVIIIe siècle et dans les concours de l'Académie, ne sont pas ralliement au baroque, mais allégeance à l'orthodoxie romaine. En revanche, Soufflot est bien le seul auteur du petit spectacle berninien inventé pour la chapelle de l'archevêque dans son palais de Lyon, spectacle qui n'est plus connu que par le témoignage du *Voyage en Italie* de l'abbé Barthélemy[19]. À propos d'un bas-relief représentant l'ange qui délivre saint Pierre : Soufflot « a ménagé à côté une petite fenêtre d'où l'ange emprunte une lumière qui semble lui appartenir et qu'il communique à saint Pierre et à la sentinelle. Cela n'est-il pas heureux ? ». Le modèle est de toute évidence le saint Pierre et l'ange sculptés par Dominico Guidi dans une de ces niches à éclairage zénithal conçues par Bernin à S. Maria della Vittoria[20].

Seul auteur également des grandes gloires des autels des projets pour Sainte-Geneviève ; en particulier celle du projet de 1764 **(ill. 132 et 133)**, où elle est éclairée par un abat-jour percé dans la coupolette, effet que J. Rykwert compare justement à celui du Transparent de Tolède. Plus directement, on pourrait citer la chapelle du Calvaire construite à Saint-Roch dès 1754 par Boullée.

Nous sommes très mal informé sur la participation de Soufflot au dessin du mobilier d'église. La garniture d'autel maintenant à l'église Saint-Gervais **(ill. 145 et 146)** est réputée venir de Sainte-Geneviève, ce qui, au demeurant, est loin d'être assuré. On y retrouve certains traits qui sont communs au répertoire ornemental de Soufflot et à celui de son collaborateur Philippe Caffieri[21]. Soufflot a-t-il participé à la rédaction de cette garniture d'autel ? Et à celle de la garniture d'autel « dans le goût grec » que Caffieri avait réalisée dès 1760 pour Notre-Dame et qui n'est connue que par la copie fidèle que l'artiste en a fait pour la cathédrale de Bayeux ?

L'architecture privée

Sans doute nous concédera-t-on difficilement que l'architecture privée de Soufflot, telle que nous la connaissons, c'est-à-dire incomplète, est médiocre, parce qu'il est dit qu'un architecte qui a réussi dans un genre ne peut qu'être excellent en tous. Cependant, nous croyons retrouver dans son architecture privée les faiblesses identifiées dans son urbanisme.

S'agissant des premières constructions réalisées à Lyon, pour autant que l'on peut encore en parler malgré les destructions, les remaniements, les attributions incertaines, l'impression est celle d'une soumission, totale et somme toute opportune, aux exigences quelque peu parcimonieuses des notables lyonnais. La maison Tolozan **(ill. 147)**, un immeuble à loyer construit vers 1740 pour le négociant Antoine Tolozan par Ferdinand Delamonce, illustre parfaitement les conditions particulières de la construction lyonnaise que l'on peut retrouver dans les immeubles de Soufflot en analysant, de ceux-ci, les vestiges dénaturés et quelques représentations peu lisibles, encore moins reproductibles. L'ampleur de la façade mesure l'ampleur de la spéculation qui a produit ce bâtiment découpé en tranches par de faux pilastres. L'égalité des étages autorise le remplissage optimal. Les plus modestes maisons de Paris ont adopté au XVIIIe siècle la hiérarchisation des étages qui crée le demi-étage de l'entresol et permet le développement d'un étage-noble, seul habituellement doté d'un balcon. À Lyon, la notion d'entresol n'est pas totalement effacée, car la porte-cochère s'élève sur la hauteur du rez-de-chaussée et du premier étage : ce qui pourrait faire du second étage, du fait de la dimension de son grand balcon central et de ses balconnets, un étage-noble. Cependant, tous les étages-carrés ont leur balcon, au moins sur la ou les travées centrales, suivant une remarquable régression, cinq, trois, un. Pas ou peu de modénature et de sculpture ; des fenêtres uniment couvertes en arc segmentaire. Dans les beaux hôtels parisiens, la mode est alors à la diversification du dessin des baies suivant les étages et les avant-corps. À Lyon, le seul vrai luxe est la ferronnerie, artisanat prospère dans la ville. Mais, à vrai dire, ces caractéristiques sont peut-être communes aux villes « marchandes » : des comparaisons s'imposeraient avec Nantes ou Bordeaux.

Les cinq travées centrales de la maison Tolozan donnent une assez bonne idée de la façon dont se

147 - Lyon, Delamonce, maison Tolozan, n° 19, place Tolozan.

148 - Lyon, palais archiépiscopal, portail de droite au fond de la cour.

présentait la façade de la maison Allier, construite en 1738 par Soufflot, rue du Puits-Gaillot, sottement détruite, connue par de mauvaises photographies. Les immeubles de la place Louis-Chazette **(ill. 162)**, construits entre 1742 et 1745, présentent une hiérarchisation des étages plus marquée. La maison Roux **(ill. 8)**, plus soignée mais aussi plus tardive (1765), ne s'affranchit pas totalement du type. Son attribution à Soufflot n'est pas totalement sûre ; mais ses ornements appartiennent bien au répertoire de l'artiste.

Du fait de son portail sur rue, de ses communs, de son logis sur cour, dégagé sur l'arrière par un petit jardin, la maison Lacroix-Laval **(ill. 159 à 161)** pourrait prétendre à la qualification d'hôtel (1738). Cependant, l'égalité des étages du logis, tant dans le corps principal que dans les ailes, rappelle celle des immeubles et laisse supposer une occupation locative. Devant cette austère bâtisse sans scansion, le perron aux courbes complexes et les communs traités comme un praticable de théâtre font un surprenant contraste. Le perron est dans l'esprit de celui de la loge du Change **(ill. 66 et 67)**, ce qui conforte une attribution à Soufflot que l'on aurait pu contester. Les communs le disputent en singularité avec la piazza S. Ignazio qu'on venait d'achever quand Soufflot arrivait à Rome[22]. Le portail sur rue est en revanche très français, ce qui s'expliquerait peut-être par une réalisation plus tardive : on y retrouve l'arcade inscrite dans un renfoncement rectangulaire sur lequel s'arrête la mouluration des impostes, qui est un poncif de l'architecture à la française depuis que François Blondel l'a utilisée à la porte Saint-Denis.

Autre souvenir romain dans la cour de l'archevêché de Lyon aménagé pour le cardinal de Tencin **(ill. 148)** : les deux portails, qui mettent habilement en symétrie l'entrée vers la cathédrale et celle vers le logis, rappellent les extrémités de la colonnade du Bernin à Saint-Pierre[23]. Mais que le traitement de la cour est médiocre, voire maladroit ! Comment ce prélat fastueux et son ambitieux architecte ont-ils pu s'accommoder d'une telle construction ? À moins qu'il nous manque d'importants éléments pour porter un jugement sur l'intervention. Mais l'impression reste la même à Oullins, la maison de campagne du cardinal, et dans les maisons de campagne des notables lyonnais, où l'on identifie difficilement la part qu'il faut attribuer à une intervention de Soufflot. D'ailleurs l'enjeu est mince : il n'apparaît pas dans ces constructions de parti architectural bien affirmé, exception faite pour le nymphée de la Rivette à Caluire **(ill. 9)**, qui rappelle les belles fabriques des villas romaines. Mais ce nymphée est-il bien de Soufflot ?

Sans doute, plus souvent qu'il ne l'aurait voulu, Soufflot s'est trouvé convié à des remaniements sans lustre. Ce fut le cas apparemment pour les hôtels de la rue Saint-Thomas-du-Louvre, mis à la disposition de Marigny par le roi. Mais la maison Marigny du faubourg du Roule **(ill. 23 à 25)** – dans l'état de notre documentation, seule demeure entièrement construite par Soufflot – relève-t-elle sensiblement la qualité moyenne de l'ensemble ? Méritait-elle sa célébrité ? William Chambers, l'architecte anglais ami de Soufflot, l'a comprise dans son recueil des productions parisiennes les plus significatives des années 1760[24]. Elle a été gravée deux fois. Du fait de sa serlienne, Luc-Vincent Thierry a pu écrire, dans son *Guide des amateurs et des étrangers voyageurs à Paris* (1787), que cette maison avait introduit à Paris « le genre vénitien ». Les fenêtres des travées latérales sont empruntées au palais Farnèse de Rome[25]. Le tropisme italien est si évident qu'on en a oublié l'emprunt le plus important : l'arrière-corps central avec son porche ouvert et sa loggia, ses colonnes, sa serlienne, viennent probablement de la maison que Le Brun s'était fait construire pour lui-même à Montmorency et qui a été publiée dans l'*Architecture françoise* de Mariette. Toutefois les proportions y sont très différentes ; si bien que la maison Marigny trouve bien sa place dans l'ensemble des maisons construites à Paris dans les années 1760 par les anciens pensionnaires romains : elles se distinguent par leur originalité, c'est-à-dire leur parti pris de rupture avec ce que l'on avait fait jusqu'alors à Paris et en Île-de-France. On songe par exemple à la maison « serlienne » construite par Peyre pour Mme de Neubourg en 1762.

Au palais du Luxembourg, Soufflot se propose de remplacer la tour-porche et l'aile qui ferme la cour côté rue par une colonnade, qui aurait été à la fois à la mode contemporaine et au mode de Soufflot. C'est dans son projet pour l'hôtel de Condé de 1763 que Peyre a proposé de fermer la cour d'une grande demeure aristocratique par une colonnade qui en condamne l'accès mais pas la vue. Ce qui aurait été une innovation majeure par rapport à la tradition des cours bien closes des hôtels Régence. Mais Soufflot aime ces colonnades libres, surtout lorsqu'elles peuvent être doriques comme celles de la place Louis-XV **(ill. 48)**. Soufflot en replace une dans le jardin du Luxembourg **(ill. 114)** ; peut-être est-il aussi l'auteur de celle qui sert de noyau dans un extravagant projet de fontaine **(ill. 88)**.

C'est à Menars, chez Marigny, que Soufflot a produit son plus important ensemble dans l'art des jardins **(ill. 13 à 22)**, ensemble célèbre, mais qui, à notre avis, pèche par une certaine sécheresse, une économie de modénature, qui est sans doute la mode du néoclassicisme naissant, si savamment illustré par l'École de chirurgie, mais qui n'est pas à sa place dans un jardin.

147

148

149 - Modèle de tapisserie, peinture de Maurice Jacques d'après une idée de Soufflot, 1758.

L'art des jardins pourrait être plus aimable, et l'est en effet dans le Petit Trianon de Gabriel et de Mique par exemple. Qu'on compare le temple d'Apollon de Menars, un peu pataud, dorique comme si Soufflot ne savait que cet ordre, avec le temple de l'Amour de Trianon ! Marigny ne ménage pas ses compliments à Soufflot, mais finalement il lui préfère De Wailly au généreux talent. Il est vrai que cette préférence n'était peut-être qu'une suite de l'affaire de la nomination de De Wailly à l'Académie, dans laquelle Soufflot n'avait pas pris parti comme Marigny l'aurait souhaité ; ou une conséquence du refus de Soufflot de « chinoiser » le jardin de Menars. Nous avons cité son admonestation au directeur invité à rester dans les limites d'un « bon goût » qu'il s'est lui-même employé à promouvoir. Mais nous n'excluons pas que Marigny ait senti que le talent de Soufflot n'était pas plus à l'aise à Menars que sur la place royale. Il est tout de même étonnant que Marigny ait pu faire à Soufflot des réflexions de ce type : à propos d'un projet pour le jardin, « j'ai quelques objections à vous faire. [...] Du côté de la rivière, vous aurez une ouverture de porte entre deux arcades. Croyez-vous cet effet supportable dans un point milieu ? D'ailleurs votre dessin est trompeur[26] ! ».

Il y avait aussi, semble-t-il, dans la maison du faubourg du Roule un pavillon chinois. Était-il de Soufflot ? Les fabriques chinoises commandées par Bertin pour son domaine de Chatou étaient de Lequeu, probablement délégué dans cet office par Soufflot, protégé de Bertin. Mais de qui est le nymphée de Chatou, l'une des plus belles fabriques du jardin français ? L'audacieuse portée de la voûte, le toscan rudimentaire des colonnes plaident en faveur d'une attribution à Soufflot ; le superbe appareil polychrome, englobant des scories, produits de l'industrie des forges de Bertin, pourrait être de Soufflot si le nymphée de la Rivette est bien de lui. Dans la seconde moitié du XVIIIe siècle, la polychromie des matériaux, héritée du XVIe siècle, tend à sortir des jardins pour se réapproprier la maçonnerie des maisons de campagne.

À notre connaissance, il ne reste rien du décor intérieur et du mobilier civil de Soufflot. Le beau lambris de la maison du Puits-Gaillot a été démonté au moment de la destruction de la maison : il est perdu, mais probablement pas pour tout le monde ! Les collaborateurs, sculpteurs, ciseleurs, ornemanistes, sont peut-être les seuls auteurs des ouvrages conservés par le dessin et la gravure. On retrouve Guibert et Caffieri dans l'équipe qui transforme les hôtels de la rue Saint-Thomas-du-Louvre ; celle-ci compte en outre des ébénistes célèbres, Joubert, Oeben, Cressent. Du désastre n'a pu être sauvé que deux modestes dessins de siège **(ill. 180)** dont Soufflot avait dirigé la fabrication. Aux Gobelins, il aurait eu l'idée des tentures dessinées par Maurice Jacques et le peintre Boucher **(ill. 149)**.

Quoi qu'il en soit, la participation de Soufflot à la composition du décor intérieur est parfaitement attestée par les instructions que lui adresse Marigny à propos de sa maison du Roule : « Quant à la décoration, je m'en rapporte entièrement à vous ; je vous la demande d'aussi bon goût que la façade que vous m'avez donnée[27] » (12 juin 1768).

L'ornementique

Il faut donner au répertoire ornemental et à son organisation – à l'ornementique, pourrait-on dire en utilisant le mot inventé par André Chastel à propos de l'école de Fontainebleau – une place prépondérante dans la définition des styles, à condition de reconnaître toutefois que ceux-ci ne sont pour l'architecture qu'épiphénomènes.

« Je ne veux point de la chicorée moderne, je ne veux point de l'austère ancien, *mezzo l'uno mezzo l'altro.* » Cette formule souvent citée, par laquelle Marigny, dans une lettre à Soufflot du 18 mars 1760, définissait le meilleur goût pour lequel il militait, ne s'appliquait pas, comme on l'a longtemps cru, au projet pour la maison du Roule ; mais, comme S. Eriksen l'a montré, au cadre du portrait du directeur que Roslin peignait en 1761. Ce cadre, si précocement Louis XVI, que l'on ne connaît plus que par un croquis de Gabriel de Saint-Aubin, avait été non seulement sculpté mais aussi dessiné par Guibert[28]. Soufflot n'aurait fait que transmettre les instructions du directeur. Quant au mobilier représenté sur le portrait, sans auteur identifié, son lourd dessin est assez caractéristique de ce qu'on qualifiait alors de retour au style Louis XIV.

Heureusement, « quelques efforts que la Nation française ait faits depuis plusieurs années pour accoutumer sa raison à se plier aux écarts de leur imagination [celle des Italiens], elle n'a pu y parvenir entièrement », écrit Cochin dans ce texte-manifeste, publié dans le *Mercure de France* de 1754, justement intitulé « Supplications aux orfèvres ». Ce qui montre bien que cette réaction, qui n'était que refus de l'innovation et démontrait que le voyage italien avait bien été, pour une part, repérage des sources italiennes du rococo, s'adressait au premier chef aux ornemanistes. Dès 1744, dans ses discours de Lyon, Soufflot avait dénoncé « l'amour [des Français] pour la nouveauté » ; il avait condamné « ces bizarres nouveautés que la mode autorise aujourd'hui et détruira demain ». Parmi les premiers, Soufflot avait observé la déplorable diffusion du « rien n'est beau s'il n'est de travers », qu'autrefois « on osait à peine hasarder dans les boisages », et que l'on s'autorisait aujourd'hui jusque dans la composition des édifices qui étaient traités « comme des meubles pour lesquels on peut se donner plus de licence ». Assurément, Soufflot s'est bien de lui-même désigné pour diriger le futur directeur à travers les récifs de la péninsule.

L'analyse du répertoire contemporain de ces déclarations montre un Soufflot moins radical, plus proche d'un Delamonce, qui avait travaillé en Bavière, ou d'un Servandoni, maître ou modèle pour le baldaquin des chartreux. La gloire et les chérubins couplés qu'il a mis dans ses cadres rococo des tableaux de Saint-Bruno **(ill. 36 et 37)**, Soufflot les a vus dans l'œuvre du Bernin à Saint-Pierre pour l'une ; pour les autres, dans les stalles de Notre-Dame exécutées dans les dernières années de règne de Louis XIV par les meilleurs sculpteurs ornemanistes du roi d'après des dessins de Jules Hardouin-Mansart et de Robert de Cotte. Gloires et couples de chérubins reparaissent dans des œuvres plus tardives : aux autels et aux candélabres de Saint-Gervais **(ill. 145 et 146)**, aux candélabres de Notre-Dame, sans que l'on puisse y voir des motifs qui seraient propres à Soufflot.

Les lambris du chœur de Saint-Bruno **(ill. 152)**, de l'archevêché, de la maison rue du Puits-Gaillot, sont proches des modèles dessinés par Pierre Lepautre, le dernier des ornemanistes du grand règne : aussi, cambrer les couronnements, remplacer les angles des cadres moulurés par une volute feuillagée, ce n'est pas nécessairement sacrifier à la mode de la rocaille.

D'ailleurs, ces coquetteries, tolérées dans les décors intérieurs, sont interdites sur les façades, comme en témoigne celle de l'hôtel-Dieu. Louis Hautecœur avait émis l'hypothèse que le décor de cette façade, illustrant si tôt le retour à la grande manière, pouvait n'avoir été dessiné qu'après le second voyage d'Italie ; mais il n'en est rien, car la composition était gravée dès 1748. Le répertoire ornemental de Soufflot y est déjà presque tout entier. Le médaillon rond ou ovale, parfois le jour, coiffé de guirlandes agrafées par une tête de lion, est la marque du répertoire français, inventée au Louvre de Lescot, homologuée par celui de Perrault. Gabriel, représentant officiel de la manière française, en estampille ses œuvres, à la place Louis-XV et au Petit Trianon ; Soufflot, à la façade de la sacristie de Notre-Dame **(ill. 110)**.

Le linge en feston est un motif plus rare et moins bien connoté, puisqu'on ne le retrouve guère que dans des édifices de la première moitié du XVIIe siècle, que l'on peut qualifier de maniéristes ou de baroques (église Saint-Louis-des-Jésuites, église de la Visitation, église de l'Oratoire, église de la Sorbonne, hôtel de Soissons, hôtel de Châlon-Luxembourg, hôtel de Sully, château de Coulommiers, château de Maisons). Gabriel lui-même en fait usage à la place Louis-XV. Ce linge dérive du feston de feuillages, qui appartient au répertoire européen dans son ensemble. Soufflot le met à la façade de la sacristie de Notre-Dame. À Sainte-Geneviève, il festonne toutes les façades : utilisé ainsi en ornement courant au sommet des murs, il provient probablement du tombeau antique de Cecilia Metella.

La grecque de la façade de l'hôtel-Dieu appartient à l'abondante famille des guillochis ou ornements courants enlacés, mais elle n'est pas plus grecque que cela. On en trouve des exemples au temple de Mars Vengeur à Rome, sur le frontispice du Livre IV de Serlio, aux Tuileries de Philibert De l'Orme. Le guillochis à la grecque est répertorié dans le *Cours d'architecture* de D'Aviler (1691). Cependant, à l'hôtel-Dieu, cet ornement, dont la vocation est de régner comme une frise, est traité en barrettes coincées dans les entrecolonnements. Du fait qu'on retrouve de ces barrettes dans quelques ouvrages des années 1760, comme l'hôtel de Chavannes, considéré comme un des premiers exemples de la mode grecque (1758), œuvre de Moreau-Desproux, un pensionnaire, proche de Soufflot, on les attribuerait à cette mode, si on ne les trouvait aussi à la porte Saint-Denis, grande référence du style Louis XIV, et d'ailleurs au Petit Trianon de Gabriel, qui, pour être des années 1760, n'est pas habituellement classé parmi les productions de la mode grecque.

Le garde-corps à entrelacs est un substitut des balustres, recommandé par Philibert De l'Orme et adopté par François Mansart. Les putti du théâtre de Lyon sont de la même famille que ceux du Grand Trianon. Quant aux triglyphes, qu'inspire à Soufflot son goût pour le dorique et qu'il fait curieusement courir sur les plates-bandes de la maison Marigny **(ill. 25)**, ils ont des précédents dans l'architecture française de la première moitié du XVIIe siècle[29].

Nous ne sommes pas dupe de pareils rapprochements, qui ne peuvent être avancés comme preuve d'une filiation, mais qui démontrent que le répertoire ornemental de Soufflot se passe assez bien de la référence antique et peut être considéré globalement comme appartenant à la tradition française.

Resterait à isoler ce qui revient réellement au talent de Soufflot, secondé dans son agence par des virtuoses du dessin, comme Lequeu, et contrôlé par des clients avisés. Soufflot propose à Marigny de remplir le fronton de la Colonnade du Louvre de la scène suivante : « Le Roy seroit à peu près dans le milieu, Minerve s'en approcheroit tenant le médaillon de Louis XIV, qu'elle luy montreroit en luy présentant la France qui tiendroit un dessin du Louvre non achevé et paroîtroit supplier S. M. de faire terminer ce bel édifice, etc. » Marigny lui renvoie sa copie et lui demande « une composition simple sans quoi tout y serait confus ». Combien de fois le dernier mot est-il resté à l'amateur ?

6 - La technique

Dans le domaine technique, les ouvrages et les études de Soufflot relèvent un savoir-faire d'ingénieur et la curiosité d'un contemporain des encyclopédistes.

Soufflot présente à l'Académie royale son étude des maisons lyonnaises en bord de Saône, dont le rez-de-chaussée en saillie par rapport aux fondations et aux caves surplombe le fleuve, ce qui permet de donner plus de place tant aux logements qu'au cours d'eau, étude qui lui a servi pour régulariser la rive du Rhône sur laquelle s'appuie l'urbanisation du quartier Saint-Clair[30].

Soufflot invente ou perfectionne des machines : grue **(ill. 138)**, machine à tester la force des matériaux, chaire à prêcher à moteur pour la cathédrale, métier de basse lisse pour les artisans des Gobelins. Modeste invention que ce métier : dans la basse lisse, moins chère que la haute lisse, l'artisan ne peut pas bien suivre l'évolution de son travail, l'ouvrage étant horizontal ; le métier de Soufflot pouvant être relevé en cours de tissage, l'artisan peut à son gré examiner les états successifs de son travail.

Soufflot s'intéresse aux matériaux. Il visite les carrières de pierre de Saint-Leu et de Conflans[31]. Il rassemble une collection d'échantillons de marbres européens[32]. Il se fait communiquer des informations sur l'emploi des matériaux inusités dans la construction et les met peut-être à l'épreuve lui-même. Emploi de la lave d'Auvergne en dalles pour faire des terrasses comme celles que l'on fait à Naples avec la lave du Vésuve, ou en pavés pour faire des murs : ces pavés pèsent un peu moins de la moitié du poids des briques[33]. Emploi de « tuiles de fer » en Suède et à Saint-Pétersbourg[34]. Mise à l'essai de plaques de cuivre en couverture dans des constructions des environs de Lyon[35]. Emploi de briques faites en partie de charbon de terre, qui sont trois fois moins lourdes que la brique ordinaire et qui, liées au plâtre, peuvent faire des voûtes légères[36]. Emploi de voûtes connues sous le nom de voûtes à la Roussillon faites de briques ordinaires à plat, liées au plâtre[37]. Emploi du ciment réinventé par Loriot à partir du ciment romain dans les trois coupoles de Sainte-Geneviève[38]. Emploi du vernis Loriot et Crevel pour protéger de la rouille les fers pris dans le plâtre[39]. Emploi des charpentes de planches à la Salute de Venise[40] : il semble que le temple d'Apollon de Menars était couvert d'une charpente à petits-bois à la manière de De l'Orme **(ill. 21)**.

Le chantier de Sainte-Geneviève a obligé Soufflot à pousser très loin sa réflexion sur la construction des voûtes et des plates-bandes en pierre de taille. Réflexion sur le poids de la pierre, notamment du tuffeau, cette pierre légère utilisée à la Toussaint d'Angers, une des « Autorités » : des calculs récents ont fait apparaître que ce matériau était encore plus léger que Soufflot ne le croyait[41]. Réflexions sur la résistance de la pierre à la charge[42]. Observations sur la poussée des voûtes[43]. Mise en œuvre d'une génératrice en « arc gothique » à l'extrados de la troisième coupole de Sainte-Geneviève, la « pointe » de l'arc étant « effacée par la lanterne », c'est-à-dire le lanternon[44]. Présentation d'un « nouveau trait de coupe de pierre, permettant de faire des voûtes sphériques sans poussée ni fer[45]. »

Cependant l'emploi du fer, avec tous les avantages et inconvénients qu'il présente, reste la grande ressource dans les voûtes et plates-bandes du portail et de la tour-lanterne de Sainte-Geneviève. Soufflot se serait sûrement recommandé de l'usage qui en avait été fait au Moyen Âge s'il avait disposé des informations que nous avons aujourd'hui sur ce sujet. Sa référence reste encore ici la Colonnade du Louvre, abondamment ferraillée par Perrault : exemple qui aurait dû dissuader Soufflot de recourir au fer puisque les plates-bandes de la Colonnade étaient ruinées par la rouille au milieu du XVIIe siècle, au point que Gabriel et Soufflot ont été obligés de les refaire. Mais Gabriel lui-même place des tirants métalliques dans la colonnade de la place Louis-XV, comme Servandoni à Saint-Sulpice.

La part qui revient à la technique dans l'art de Soufflot ne doit être ni mésestimée, ni surévaluée. Les compétences de Soufflot sont celles de l'architecte d'avant le divorce de l'architecture et du génie civil. Boffrand construit des pompes et des machines à vapeur ; Legeay invente une machine « pour remplacer l'usage qu'on fait du lock », une machine à « désemparer » les bateaux, un magasin à poudres et même une « chaise roulante sans chevaux » ; Boullée, un « pignon à clef faisant mouvoir des conduits à crémaillères lesquels soulèvent les gâches », c'est-à-dire un mécanisme permettant de commander à distance l'ouverture simultanée de toutes les portes d'un théâtre. D'une façon générale, la curiosité universelle du XVIIIe siècle conduit à la réhabilitation des techniques anciennes, qui, profitant de l'amphibologie du mot découverte, s'inscrit tant au chapitre de l'archéologie qu'à celui de l'innovation. Nous avons cité le cas du ciment Loriot et de la charpente en planches ; nous pourrions en citer bien d'autres[46].

Cependant, Soufflot disparaît à un moment où l'image de l'architecture se transforme. Il a bien lui-même étendu le champ de l'architecture vers le Moyen Âge, mais n'a finalement que peu participé à l'archéologie du monde gréco-romain, qui va inspirer l'architecture néoclassique. Dessinateur peu fécond, il est tout à fait étranger à l'extraordinaire développement de l'architecture sur le papier, qui conduit un architecte comme Boullée à aspirer à la libération de l'art des contraintes de la construction, qui ont tant pesé sur le chantier de Sainte-Geneviève. Pas d'illustration plus probante à cet égard que le projet de Métropole dessiné par Boullée en 1781 au lendemain de la mort de Soufflot. La dernière page de l'architecture à la française, illustrée par plusieurs siècles d'architectes deviseurs et constructeurs, est tournée.

---

1 - Rapprochement suggéré par Michel Gallet.

2 - Rabreau (Daniel), « Des sciences figurées à la mise en scène du monument urbain. Notes sur le dessin " théâtral " et la création architecturale en France après 1750 », in *Piranèse et les Français*, colloque, p. 443-475.

3 - Archives nationales, O1 1683.

4 - Monval, p. 175.

5 - Archives nationales, O1 1252, correspondance de 1763.

6 - Sur la question de la reconstitution de ce projet et de son attribution, voir notre catalogue de l'œuvre de Soufflot.

7 - Avril 1770, p. 197-199.

8 - Voir notre catalogue de l'œuvre de Soufflot.

9 - Hautecœur (Louis), *La Bourgogne. L'architecture*, t. II, 1929.

10 - Guiffrey (Jules), *Les Caffieri*, Paris, 1878, chap. III.

11 - Monval, p. 131 et suiv.

12 - Voir *supra*, chap. II, note 46.

13 - Bibliothèque Sainte-Geneviève, Rés. W. 376. Sur ce sujet, le plus récent développement de M. Petzet se trouve dans son *Claude Perrault und die Architektur des Sonnenkönigs*, Munich, 2000, p. 448.

14 - Laugier, *Observations*, p. 120.

15 - Archives nationales, O1 169. Cité par Petzet, p. 147-152.

16 - Rondelet, *passim*.

17 - Quatremère de Quincy (Antoine-Chrysostome), *Rapport sur les travaux entrepris, continués ou achevés au Panthéon français*, Paris, an II [1793], p. 65.

18 - Desbœufs (Laurent), *Mémoire contenant des observations sur la nouvelle église de Sainte-Geneviève...*, Paris, 1765.

19 - Publié seulement en 1801. Lettre du 19 avril 1755.

20 - Rapprochement suggéré par G. Chomer et M.-F. Pérez.

21 - Guiffrey (Jules), *Les Caffieri*, Paris, 1878, chap. III. Eriksen, p. 279.

22 - Rapprochement suggéré par Sylvie Pilloix.

23 - Rapprochement suggéré par Michel Gallet.

24 - Harris (John), « Sir William Chambers and his album », in *Architectural History. The Journal of the Society of Architectural Historians of Great Britain*, 1963, p. 54-90. *Colloque Soufflot*, p. 240-251, « Dessins français à la Royal Library de Londres », communication de Robin D. Middleton.

25 - Rapprochement suggéré par Michel Gallet.

26 - Cité par Monique Mosser. Voir notre catalogue.

28 - Eriksen (Svend), « Marigny and the Goût grec », *The Burlington Magazine*, t. CIV (1962), n° 708, p. 96-101.

29 - N° 13, rue Payenne à Paris, par exemple.

30 - *P.-V. Acad.*, 20 juillet 1778.

31 - *P.-V. Acad.*, 16 avril 1774.

32 - *P.-V. Acad.*, 10 avril 1780.

33 - *P.-V. Acad.*, 5 septembre 1768, 8 février 1768.

34 - *P.-V. Acad.*, 19 mars 1759.

35 - *P.-V. Acad.*, 11 mars 1765.

36 - *P.-V. Acad.*, 27 avril 1781, 3 août 1778.

37 - *P.-V. Acad.*, 21 juillet 1777.

38 - Archives nationales, O1 169. Mémoire de Brébion, cité par Petzet, p. 147-152.

39 - *P.-V. Acad.*, 10 juillet 1775.

40 - *P.-V. Acad.*, 20 février 1775.

41 - Planchenault (René), in *Mémoires de la Société d'agriculture, sciences et arts d'Anjou*, 7e série, 1944.

42 - *P.-V. Acad.*, 19 décembre 1774.

43 - *P.-V. Acad.*, 22 juillet 1776.

44 - Mémoire de Brébion, cité par Petzet, p. 150.

45 - *P.-V. Acad.*, 2 septembre 1771.

46 - Voir notre article, « Innovation technique et archéologie des techniques dans l'architecture néoclassique », *Les Cahiers de la recherche architecturale*, n° 18, 1985, p. 44-49.

Paris, église Sainte-Geneviève.

150 - Croisée.

151 - Fronton.

Fortune et fortune critique

Dans la réussite de Soufflot, les protections ont joué, nous l'avons vu, un rôle considérable, mais pas constamment bénéfique – encore que c'est bien à la pesante fonction de contrôleur que Soufflot dut la commande de Sainte-Geneviève. La fortune offrit à l'enfant prodigue la pension du palais Mancini, désigna le jeune débutant au choix des Lyonnais, lui permit de construire – dans un contexte de stagnation des grandes entreprises parisiennes – des monuments « patents », publics et publiés, et poussa sa renommée jusqu'à Paris, où on l'attendait pour damer le pion au Premier architecte. Bien que Gabriel ait été, en dépit des servitudes de sa charge ou grâce à celle-ci, sinon le premier architecte français de son temps, en tout cas l'un des plus abondants, il fut le seul grand contemporain qu'on ne crédita pas du retour au meilleur goût pour la raison qu'il ne cessa jamais d'illustrer la continuité. Pour combattre la mode mais aussi, par le fait même, s'y soumettre, il fallait des réformateurs bien identifiés : Soufflot était de ceux-là.

Et pourtant, est-il parcours plus rectiligne que celui qui commença par l'hommage d'un néophyte à François Mansart, le père de l'architecture française, rendu en la chapelle de Fresnes, et s'acheva dans la foulée de Perrault, l'auteur de cette Colonnade qui, d'après Patte, pour une fois d'accord avec Soufflot, était le « triomphe de l'architecture française[1] » ?

Un malentendu a conduit à confondre la réforme soutenue par Soufflot avec le retour à l'antique. Il reste en effet à démontrer que Soufflot s'est intéressé à l'antique autrement que comme à un chapitre du classicisme traditionnel. Le voyage à Paestum fut pour une bonne part à l'origine de ce malentendu, entretenu par les ambiguïtés de la mode grecque. D'une certaine façon, l'atticisme de la Renaissance s'inscrivait aussi dans la tradition : Blondel l'atteste en parlant de Lescot[2]. On peut être sûr que Soufflot approuvait le rappel à l'ordre de Marigny aux jeunes pensionnaires qui, à l'Académie, oubliaient qu'ils auraient à servir une société qui ne s'accommoderait pas de vivre à l'antique. Soufflot est un moderne. Il n'est pas plus antiquisant que ne l'était Salomon de Brosse au temple de Charenton ou Lemercier au portique de la Sorbonne.

De cette modernité, le rédacteur du *Mercure de France* est le plus singulier témoin puisqu'il qualifiait Soufflot de « Bernin de notre temps[3] » : cela voulait dire que Soufflot était le plus grand architecte de son siècle comme Bernin l'avait été du sien. Mais la louange n'aurait pas été comprise si le modèle berninien n'avait pas finalement été assimilé par l'école française. Soufflot, admirateur des églises romaines, a participé à cette assimilation. Il n'était pas le seul : son confrère et rival Charles de Wailly s'est plus inspiré du baroque que de l'antique.

Les deux principales œuvres de Soufflot furent à leur tour sources d'inspiration. Fuga à Naples, avec l'Albergo dei Poveri, et Chambers à Londres, avec Somerset House, ont montré qu'ils connaissaient l'hôtel-Dieu de Lyon : par la diffusion de la gravure pour le premier, grâce à un passage par Lyon pour le second. Il est en revanche plus difficile de faire le point sur l'influence de Sainte-Geneviève, dont Laugier, qui la disait « unique en Europe », prêchait qu'elle « fera date dans l'histoire de l'architecture[4] ». On a vu dans Sainte-Geneviève le modèle des capitoles américains et de toutes sortes d'églises à dôme, ce qui lui a valu son brevet de néoclassicisme. L'influence n'est pas niable à condition de remettre ce modèle dans la filiation qui part de Saint-Pierre de Rome et s'enrichit par maints détours, en particulier celui de Londres.

La critique néoclassique des contemporains français s'exprime dans la *Description de Paris* (1806) de l'architecte Jacques-Guillaume Legrand et du peintre Charles-Paul Landon : « La nouveauté, la grâce, la légèreté réunirent tous les suffrages et firent crier que l'on avait surpassé dans cette composition tout ce que les Grecs et les Romains avaient produit de plus élégant et de plus magnifique[5]. » Les auteurs rappellent comment l'ouvrage fut reçu par l'opinion, mais ils ne prennent pas à leur compte cet éloge. Soufflot « a voulu imiter le Panthéon en plus grand et en mieux, mais c'est moins bien. Les colonnes sont groupées d'une manière confuse et produisent des ressauts et des profils multiples qui tiennent au style de l'école, au lieu de présenter cette noble simplicité de l'antique […]. Combien cette copie dégénérée est loin des beautés du modèle ! […] Soufflot n'avait pas assez approfondi l'étude de l'antique […]. Disons pour le justifier que l'art n'était pas alors aussi avancé dans cette étude ; on avait encore cette fausse idée que l'on devait perfectionner avec goût ces rigides proportions et ajouter de la grâce à ces formes sévères[6] ». À propos d'un autre monument, les auteurs désignent Peyre, Leroy, Clérisseau comme les chefs de la nouvelle école, celle que nous appelons néoclassique. « On peut regretter que cette révolution [celle menée par ces chefs] ne se soit pas opérée cent ans plus tôt parce que le grand nombre de monuments érigés sous les règnes de Louis XIV et de Louis XV ne porteraient pas cette

empreinte mesquine et maniérée qui dépare les principaux édifices de ce temps[7]. » L'œuvre de Soufflot n'est pas explicitement visée. Mais elle l'est dans les *Annales du Musée* (1803) où Landon fait l'éloge de l'École de chirurgie qui rompait avec « l'usage reçu en France, dont les Contant, les Gabriel, les Soufflot venaient de donner de si récents et si dispendieux exemples dans l'École militaire, dans la Madeleine et dans la nouvelle église Sainte-Geneviève ». On peut ne pas adopter les préférences de l'auteur, mais on ne peut nier la pertinence du rapprochement qui met Gabriel et Soufflot dans le même compartiment de l'Histoire.

Cela n'empêcha pas Soufflot d'entrer au Panthéon – c'est-à-dire d'abord dans la crypte où il est enterré et où, juste après sa mort, on avait voulu lui ériger un monument[8] – mais aussi dans l'Élysée des hommes illustres. Les portraits posthumes se multiplièrent : buste de Louis-Parfait Merlieux en 1831, buste de Jean-Pierre Dantan en 1845, commandé pour le musée de l'Histoire de France que Louis-Philippe créait dans le château de Versailles – et comme il y fallait aussi une effigie peinte, on fit un Soufflot d'un inconnu peint par Carle Van Loo.

À l'apogée de ce mouvement se trouve la monographie de Jean Mondain dit Monval, monument d'érudition auquel les travaux du colloque et de l'exposition Soufflot de 1980, comme notre propre travail, doivent beaucoup. Nous aurions pu suivre Monval dans sa conclusion quand il voyait en Soufflot un « digne continuateur de la tradition française de la grande époque ». Et pourtant, ce sont ses conclusions dans leur ensemble qu'il faut rejeter. Monval ne fait pas sa démonstration par l'analyse des formes et la citation des jugements contemporains mais par un appel patriotique au génie national que Soufflot, « doué de toutes les qualités françaises d'ordre et de méthode, de netteté, de clarté, de mesure, de goût », aurait incarné. On ne peut oublier que la monographie a été écrite pendant la Grande Guerre. Le panégyrique de Monval a ceci de paradoxal qu'il retranche la seule œuvre qui a mérité à Soufflot la renommée universelle, l'église Sainte-Geneviève. Soufflot n'est resté français que « tant qu'il ne força pas son talent [...]. Mais lorsque entraîné par le courant d'idées philosophiques et internationales [entendez apatrides] comme la plupart de ses contemporains, il voulut tenter le plus grand effort architectural du siècle [...] alors le Panthéon se dressa comme un saisissant symbole, le frontispice gigantesque de l'Encyclopédie ; ses disciples révolutionnaires exagéreront et dénatureront sa pensée, ils érigèrent un monument grandiose et majestueux mais froid, mais mort, un temple de la philosophie ». Monval avait sans doute fini par oublier que le Panthéon était d'abord une église dédiée à la patronne de Paris.

En vérité, l'église Sainte-Geneviève dérange : les historiens de l'architecture ne savent pas où la situer dans les catégories qu'ils ont eux-mêmes inventées. L'un des plus notables de ceux-ci, H.-R. Hitchcock, écrit : cet édifice, « s'il n'est pas véritablement baroque, il n'appartient pas non plus au classicisme romantique [...], il doit être plutôt considéré comme relevant d'un style de transition[9] ». L'œuvre de Soufflot n'est pas ambiguë. N'est-ce pas plutôt celle des historiens qui est spécieuse ?

---

1 - Morval, p. 4.

2 - Blondel (Jacques-François), *Cours d'architecture*, t. IV, pl. XLII.

3 - Janvier 1757.

4 - *Observations*, p. 180.

5 - T. I (1806), p. 109.

6 - P. 116.

7 - P. 135.

8 - Projet de monument à Soufflot par le sculpteur Nicolas Delaistre (musée du Louvre, RF 1985). La réalisation d'un tel monument en l'église Sainte-Geneviève a été différée par ordre de D'Angiviller le 31 mai 1785. Le projet de Delaistre (mort en 1832) date probablement de la transformation de Sainte-Geneviève en Panthéon.

9 - Hitchcock (Henry-Russell), *Architecture : Nineteenth and Twentieth Centuries*, 1958, trad. fr., Bruxelles, Pierre Mardaga, p. 14.

Annexes

Catalogue

I. Lyon

Lyon. Église Saint-Bruno-des-Chartreux[1] (ill. 4, 36, 37, 152)

L'église a été transformée par Ferdinand Delamonce, qui prend sa retraite en 1738. Soufflot aurait envoyé de Rome en 1733 un projet de « dôme », c'est-à-dire de tour-lanterne. Le fait paraît fondé puisque Soufflot en aurait parlé comme de l'un de ses meilleurs ouvrages[2]. Cela supposerait que Soufflot ait eu connaissance du lieu avant d'aller à Rome et peut-être participé au chantier. Il n'apparaît dans les comptes qu'en février 1742. Il est alors chargé de la décoration intérieure et du mobilier. Il est cependant difficile de préciser ce qui lui revient dans la réalisation du baldaquin pour lequel Servandoni a envoyé de Paris un dessin en 1738.

Le 7 février 1742 est signée une convention avec les marbriers suisses Henry et Marc Doret : ceux-ci doivent « exécuter en marbre les piédestaux du baldaquin [...] suivant les projets et desseins qui ont été tracéz par M. Soufflot [...]. Plus ce qui doit régner de chaque côté d'un piédestal et [à ?] l'autre conformément au dessein du sieur La monce [...]. Plus les deux autels joints ensemble avec l'accompagnement gradin et tabernacle conformément au modèle du sieur Salvandoni [...] avec les réserves que l'exécution en sera observée suivant les profils cherchés et contours soit pour la grâce, soit pour la forme des tombeaux et des grandes consoles de côtez le tout par M. Soufflot ». Le prix-fait des lambris du chœur, « suivant les dessins de M. Soufflot », date du 26 janvier 1744 ; celui des cadres des tableaux de Trémolières est signé le 7 février 1746 par le sculpteur lyonnais « Vandereck » (Van der Leyden ou Van der Hayden), qui travaille « à la manière que Monsieur Soufflot [...] lui a expliquée » ; le prix-fait des « deux groupes d'anges du baldaquin fait [...] sur les dessins de M. Soufflot » est signé le 10 septembre 1746 par Jean-Baptiste Boudard. La rédaction laisse supposer que c'est le baldaquin et non les anges qui sont du dessin de Soufflot. Les anges seront faits « en carton [en carton-pâte] ; ils auront six pieds et seront portés sur des nuages ». Ceux qui sont en place ne datent que de 1806.

Lyon. Couvent des Génovéfains[3]

En 1748-1749, la Congrégation de France ou chanoines réguliers de Sainte-Geneviève, fait appel à Soufflot pour rebâtir leur maison de Lyon (6, place Saint-Irénée). Soufflot se fait seconder par Toussaint Loyer. L'édifice est presque entièrement détruit en 1793 ; il est reconstruit en 1811-1813 par Louis-Cécile Flachéron. Rien ne permet de reconstituer l'intervention de Soufflot.

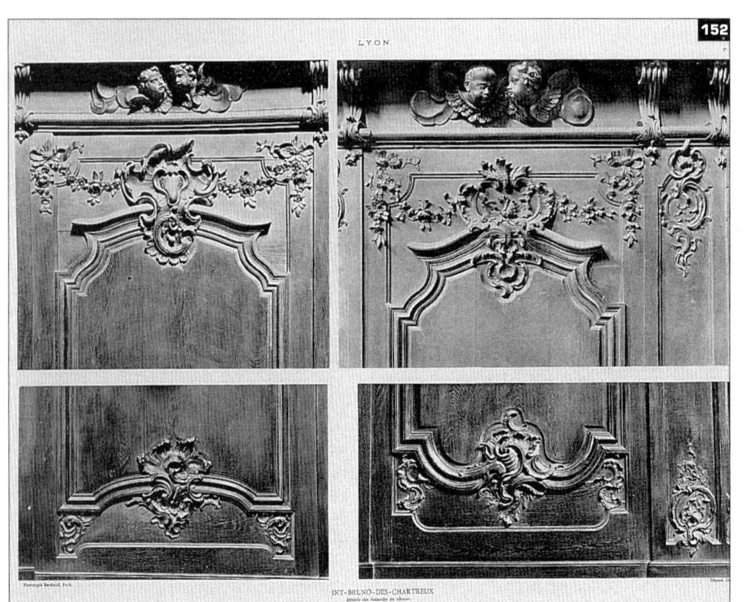

Lyon. Hôtel-Dieu[4] (ill. 7, 58 à 65)

L'hôtel-Dieu de Lyon, reconstruit au XVIIe siècle sur l'emplacement d'un hôpital du XVIe siècle, comprend quatre ailes en croix-grecque contenant les salles des malades, rayonnant vers un gros pavillon central abritant la chapelle et couvert d'un dôme, dôme que l'on appellera le « Petit Dôme » lorsque Soufflot aura construit le sien. On reconnaît le parti de l'Ospedale Maggiore de Milan, maintes fois imité, en particulier par le Lyonnais Philibert De l'Orme.

L'agrandissement de l'hôtel-Dieu, rendu nécessaire par la volonté de créer des départements spécialisés et de proscrire l'usage de mettre plusieurs malades dans le même lit, ne pouvait se faire qu'au bord du Rhône, en masquant l'hôpital du XVIIe siècle. L'emplacement imposait la construction d'un grand bâtiment tout en façade le long du fleuve jusqu'au pont formant l'entrée principale de la ville. La réputation de l'œuvre de Soufflot doit beaucoup à cette situation prestigieuse, digne d'un palais. Les acquisitions de maisons et de terrains entre l'aile sud de l'hôpital et le pont commencent en 1716. Les archives de l'hôtel-Dieu ont conservé un long mémoire décrivant les besoins ; on le date d'après 1731. À ce mémoire était joint un projet. Peut-être était-ce le « plan général de toutes les constructions à exécuter au bord du fleuve », dû à Ferdinand Delamonce, en 1733, plan mentionné mais perdu. Après avoir commencé à construire le quai, Delamonce, trop vieux, prend sa retraite en 1738, fort opportunément pour laisser la place à Soufflot revenu de Rome.

Les archives de l'hôtel-Dieu conservent un projet que l'on a attribué sans preuve à un « sieur Bon », identifié avec l'architecte Étienne Le Bon (ill. 153 à 156) [5]. Ce sieur Bon n'apparaît que tardivement dans les études consacrées à l'hôtel-Dieu. Nous ne l'avons pas trouvé avant la publication de A. Croze, de 1924[6]. « Les régents font exécuter par un sieur Bon de Paris un projet concurrent de celui de Soufflot. » Assurément, ce sieur Bon doit bien être identifié avec Étienne Le Bon, Grand Prix de 1725, pensionnaire à Rome de 1728 à 1731 : il revient en France à temps pour prétendre à la succession de Delamonce. Mais le projet conservé, qui ne présente aucune inscription permettant d'identifier son

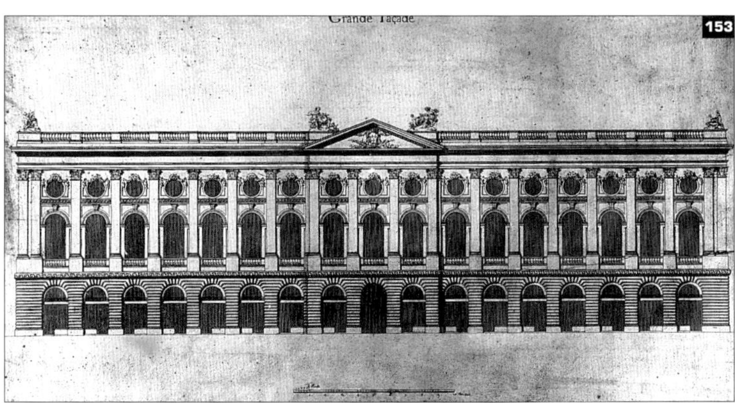

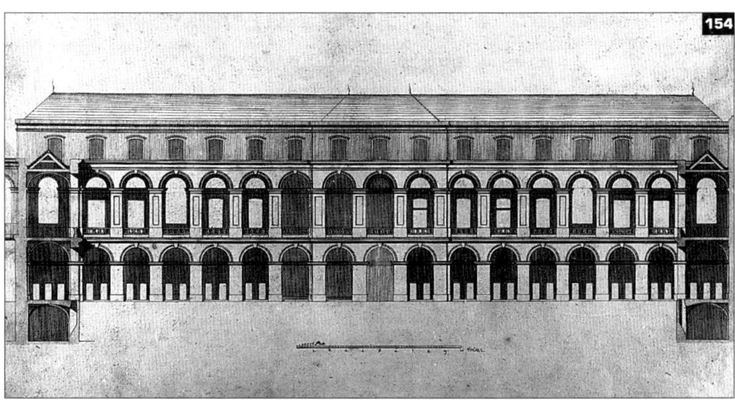

152 - Lyon, église Saint-Bruno-des-Chartreux, lambris du chœur. Publiés dans R. Le Nail, *Lyon. Architecture*, pl. 23, 24.

153 à 156 - Lyon, hôtel-Dieu, projet dit du Sieur Bon : façade antérieure, façade sur cour, plan du rez-de-chaussée, plan au premier étage.

auteur, ni même sa destination, n'a été reconnu comme le projet de « Bon » que par une note d'un amateur datant d'une dizaine d'années. Sa distribution est muette.
Au rez-de-chaussée et à l'entresol on distingue des boutiques ; au premier étage, deux salles de malades à chaque extrémité et, dans la partie centrale, des chambres individuelles (logements pour les régents ? pour des malades privilégiés ?), sur l'arrière, des cours.
Ce pourrait être en effet un projet pour l'hôtel-Dieu, implanté sur les terrains nouvellement acquis au bord du fleuve et seulement sur ceux-ci, si bien que l'hôpital du XVIIe siècle n'aurait pas été masqué. De qui est ce projet ? On ne peut exclure ni Le Brun, ni Delamonce, ni Soufflot. Pourquoi ne serait-ce pas le projet fait en 1733 par Delamonce, réputé perdu ? Plaident en faveur de Soufflot d'évidents emprunts à ce projet dans le projet définitif, mais on ne peut affirmer qu'ils ne sont pas seulement dus à la permanence des contraintes matérielles (boutiques, cours sur l'arrière, nombre d'étages) et à l'effet de mode (premier niveau à arcades et bossages continus, frise de grecques, oculi coiffés d'une tête de lion).

Soufflot pourrait avoir été imposé aux recteurs par le duc de Villeroy, gouverneur de la province. Soufflot arrive à Lyon à la fin de 1738. Entre le 9 avril 1739 et le 11 janvier 1741, il reçoit des acomptes pour ses plans et sa direction des travaux. La première pierre est posée le 3 janvier 1741. Par un contrat passé avec les recteurs le 28 juin 1741, Soufflot s'engage pour huit ans à assurer la direction des travaux. Le 2 mai 1747, Soufflot présente son projet à l'Académie de Lyon. En février 1755, appelé par Marigny, Soufflot quitte Lyon pour Paris, malgré les protestations des recteurs. Il revient à Lyon rapidement en 1756 pour l'inauguration du théâtre. Le 17 mai 1757, un contrat est signé entre les recteurs et Loyer et Munet, collaborateurs habituels de Soufflot, désignés par celui-ci pour prendre la direction des travaux. Ceux-ci prendront l'initiative de modifier le profil du dôme, ce que Soufflot condamnera vainement (ill. 58). En 1761 était achevé le gros-œuvre du pavillon à dôme, contenant la chapelle, et l'aile à gauche du pavillon. Les prix-faits pour la sculpture sont signés en 1762 et 1763 avec Allegrain, Mouchy, Chabry, Perrache, Jayet et Fesard. En 1764 est mis en place l'autel de la chapelle. En 1772, l'architecte Rigod de Terrebasse présente un projet pour le bâtiment en retour sur la rue de la Barre prolongeant le pont, derrière celui de Soufflot. Ce projet, connu par une gravure de Bidault, n'a pas été exécuté ; il n'est pas cité par les historiens de l'hôtel-Dieu et nous ignorons dans quelles circonstances on a pu faire appel à un autre architecte que Soufflot, pourtant encore vivant.

La partie à droite du pavillon, masquant l'hôpital du XVIIe siècle, n'est construite qu'en 1821-1824 et l'extrémité de la partie gauche, au débouché du pont, en 1837, mais sans la chapelle que Soufflot avait prévue. En 1885-1893 sont élevées les parties en retour sur la rue de la Barre, à l'emplacement du projet de Rigod de Terrebasse, suivant un projet très différent de celui de Soufflot, lui ajoutant notamment un troisième « dôme », trop important. En 1944, un incendie détruit le dôme de Soufflot, qui est reconstruit avec le profil que Soufflot avait prévu.

Le projet de Soufflot, pour l'essentiel réalisé, est connu par trois estampes : celle de Jacques-François Blondel, offerte en 1749 à l'Académie de Lyon ; celle de Sellier, après 1773 (ill. 60) ; celle de Poulleau, limitée au pavillon (ill. 58). Cette dernière a été gravée d'après un dessin d'Autréchy, avec la légende : *Le trait ponctué du dôme indique le changement que le bureau d'administration de 1758 laissât faire au dessin de l'Architecte, sans lui en donner connaissance, sans qu'il fût consulté par celui qui conduisait l'ouvrage en son absence.* La gravure montre en effet le dôme prévu par Soufflot et le profil de celui, plus élevé, qui a été construit.
Le pavillon comprend un vestibule, qui a toute la hauteur du rez-de-chaussée et de l'entresol des ailes, et la chapelle, sur laquelle s'ouvrent les deux étages de salles des malades et que coiffent un attique, une coupole et un dôme. Coupole et dôme sont traversés par un conduit central dont la fonction était d'assurer l'évacuation des miasmes provenant des salles. La chapelle est décorée de trophées sculptés représentant le blé et le raisin, c'est-à-dire le pain et le vin du saint-sacrifice. Un autel conservé dans l'hôtel-Dieu est présenté comme celui de Soufflot, ce qui nous paraît douteux. Les ailes entre le pavillon et les avant-corps latéraux comprennent un rez-de-chaussée en boutiques et un entresol pour les boutiques, ainsi que les deux étages des salles. Ces ailes sont prolongées par des corps en retrait comprenant des dépendances. Au débouché du pont, Soufflot avait prévu une chapelle. Construits en équerre derrière le grand ensemble sur le quai, des corps transversaux délimitent des cours.

Lyon. Loge du Change[7] (ill. 66 à 68)

Soufflot s'est contenté d'agrandir et de dégager une loge du change construite en 1634 et connue par le plan de Lyon à vol d'oiseau exécuté par Simon Maupin. La loge ne présentait qu'un rez-de-chaussée à quatre arcades en façade et deux en retour de chaque côté. Elle était adossée sur l'arrière à de vieilles maisons. Les travaux, exécutés de 1747 à 1750, ont été menés par Jean-Baptiste Roche sous la conduite de Soufflot. La façade a été portée de quatre à cinq travées, en reprenant au rez-de-chaussée le dessin à pilastres doriques des arcades primitives. Avec la nouvelle travée a été refaite toute l'extrémité nord (quatrième arcade et arcades latérales). Un premier étage a été construit à la place de l'attique primitif. La loge a été dégagée sur l'arrière, où a été bâtie une salle à l'italienne s'élevant sur la hauteur du rez-de-chaussée et du premier étage. La loge a fait l'objet d'une maquette, exécutée en 1747 ou 1748[8]. La façade a été gravée par Bellicard en 1752 (et non en 1748 ; Bellicard est en Italie jusqu'en 1752), avec des figures dessinées et gravées par Cochin[9].

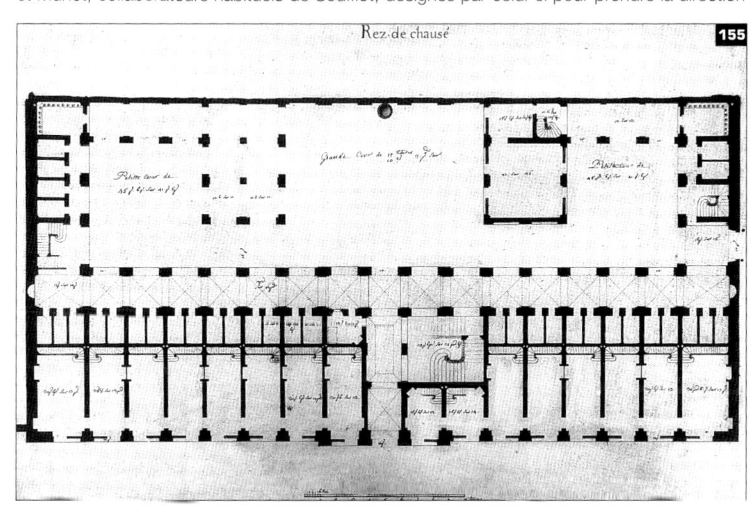

155

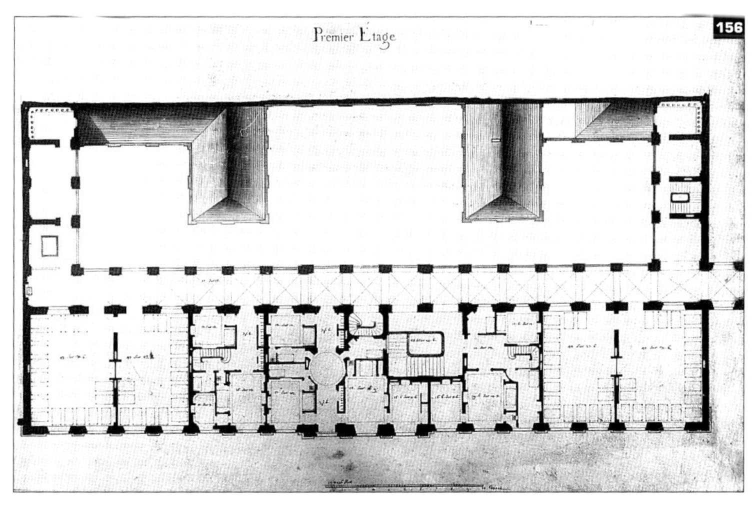

156

1 - *Exposition Soufflot,* notices 201-206 par Marie-Félicie Perez. *Soufflot à Lyon,* p. 355-359.
2 - D'après Leclerc, « il se plaisait à dire que cet ouvrage était celui qui justifiait le mieux la réputation qu'il avait eu le bonheur d'acquérir ».
3 - Monval, p. 92-93. *Exposition Soufflot,* p. 88.
4 - *Soufflot à Lyon,* p. 43-76, « L'hôtel-Dieu de Lyon », communication de Daniel Ternois.
5 - Archives de l'hôtel-Dieu, n° 109.
6 - *Histoire du grand hôtel-Dieu de Lyon,* p. 113.
7 - *Soufflot à Lyon,* p. 77-85, « La loge du Change », communication de Daniel Ternois.
8 - Conservée au Musée historique de Lyon.
9 - Jombert (Charles-Antoine), *Catalogue de l'œuvre de Ch. Nic. Cochin fils...,* Paris, impr. Prault, 1770, n° 206.

D'après la vente Soufflot, les figures seraient de Soufflot lui-même. Les rondes-bosses d'angle exécutées par Perrache fils et Chabry fils, qui représentaient les quatre continents, ont disparu. Les perrons latéraux ont été remplacés en 1831 par un emmarchement central. La salle a été refaite.

Lyon. Théâtre[10] (ill. 69 à 73, 157)

Dès 1739 il fut question de reconstruire le théâtre de Lyon sur les jardins de l'hôtel de ville. Il n'est pas prouvé que Soufflot était déjà à cette date concerné par ce programme, mais il l'avait probablement à l'esprit quand, au cours du voyage en Italie de 1750, il s'intéressait aux théâtres. Le 21 décembre 1753, Soufflot présente son projet à l'Académie de Lyon. En octobre 1754 est posée la première pierre. Appelé à Paris par Marigny en février 1755, Soufflot confie le chantier à deux collaborateurs, Morand et Munet. Le 30 août 1756 a lieu l'inauguration en présence de Soufflot, venu spécialement de Paris pour la circonstance. Ce théâtre, détruit en 1826, est connu par un ensemble d'estampes dues à Sellier, Neufforge, Dumont et Poulleau. Après la mort de Soufflot, Morand avait apporté deux modifications importantes, qui auraient eu, au moins un temps, l'approbation de Soufflot : création de loges d'avant-scène et ajout d'un quatrième balcon. Les sculptures étaient dues à Antoine Michel Perrache.

La collection Ralph Holland à Newcastle-upon-Tyne conserve un dessin[11] qui est une variante pour la façade. Elle ressemble beaucoup à celle qui a été gravée. Elle en diffère en particulier par le fait que le grand balcon a un garde-corps à balustres en pierre au lieu d'un garde-corps en ferronnerie : or, la coupe gravée montre bien un garde-corps à balustres. Dans le catalogue des dessins français de la bibliothèque de Berlin, un dessin de façade est identifié, sans raison apparente, avec une variante pour le théâtre de Lyon[12].

Lyon. Arc en l'honneur de Louis XV (ill. 91)

Connu par un dessin *présenté à Monseigneur le Duc de Villeroy*, inventé et dessiné par J.-G. Soufflot *archte à Lyon*, daté *1745*[13]. La légende *A Louis le bien aimé* commente l'iconographie liée à la campagne de 1745 et à la victoire de Fontenoy. Ce projet n'était probablement pas finalisé, mais, le dessin étant dédicacé à Villeroy, gouverneur de la province, et présenté à l'Académie lyonnaise le 12 janvier 1746, on peut fixer à Lyon le lieu théorique de l'exécution.

Lyon. Projet relatif à une visite du roi à Lyon[14]

En mars 1760, Soufflot reçoit de la municipalité des paiements pour les travaux du théâtre, exécutés en 1756 et 1757, et pour divers autres travaux, sans doute contemporains, notamment pour les « différents plans, dessins et décorations », qu'il avait été chargé de faire « relativement au voyage du roi en cette ville ». Cette mention n'a été relevée par aucun des biographes de Soufflot.

157

Lyon. Porte du Rhône[15]

Projet offert en 1738 au duc de Villeroy, gouverneur du Lyonnais, aujourd'hui perdu.

Lyon. Académie d'équitation

En mars 1760, Soufflot reçoit de la municipalité paiement pour « les plans de manège et bâtiments de l'Académie ». En avril 1772, Achard reçoit 720 livres pour avoir dressé « le plan de reconstruction de l'Académie d'équitation » qu'il a déposé aux archives de la ville « pour utiliser au besoin ces plans que les circonstances avaient empêché de mettre à exécution[16] ». Il s'agit très probablement du plan au sol conservé à la bibliothèque municipale, portant la mention *pr Soufflot, Achard*[17]. C'est une modeste composition, qui devait être localisée rue d'Auvergne, comprenant le logement de l'écuyer et un petit manège couvert (6 toises de large). Le projet avait probablement été conçu dans les années 1756 et 1757 comme l'ensemble des travaux qui sont payés à Soufflot en 1760 ; le plan déposé en 1772 doit être une copie de la main d'Achard.

Lyon. Quartier Saint-Clair[18]

Le quartier Saint-Clair, compris sur la rive droite du Rhône entre l'hôtel de ville et le bastion Saint-Clair (démoli en 1770-1772 ; emplacement du tunnel de la Croix-Rousse), est né entre 1742 et 1770 d'un lotissement spéculatif conduit par une compagnie que Soufflot avait créée. Les maisons de la place Louis-Chazette (voir notice), parmi les premières construites, témoignent peut-être de l'intention de développer un projet d'urbanisme. Fin 1745 ou début 1746, Soufflot est consulté par le consulat sur la possibilité de ménager un port au bord du Rhône. Pour préparer ce projet, Soufflot entreprend une étude des maisons bâties sur pilotis au bord de la Saône. Le port ne sera pas réalisé, mais la rive sera régularisée. Au total, Soufflot n'apparaît dans cette affaire que comme spéculateur dans un lotissement, au même titre que nombre d'architectes : Melchior Munet, Jean-Antoine Morand, Toussaint Loyer, Antoine Rater, etc.

Lyon. Quartier des Brotteaux[19]

Ce quartier de la rive gauche du Rhône, face au quartier Saint-Clair (voir notice) auquel il est lié par un pont, a été créé par Jean-Antoine Morand, disciple de Soufflot, à partir de 1764 : le lotissement est un quadrillage avec une place au débouché du pont. Il semble que Soufflot n'apparaisse dans cette affaire que comme un des principaux actionnaires, accessoirement comme conseillé de Morand, notamment pour la construction du pont.

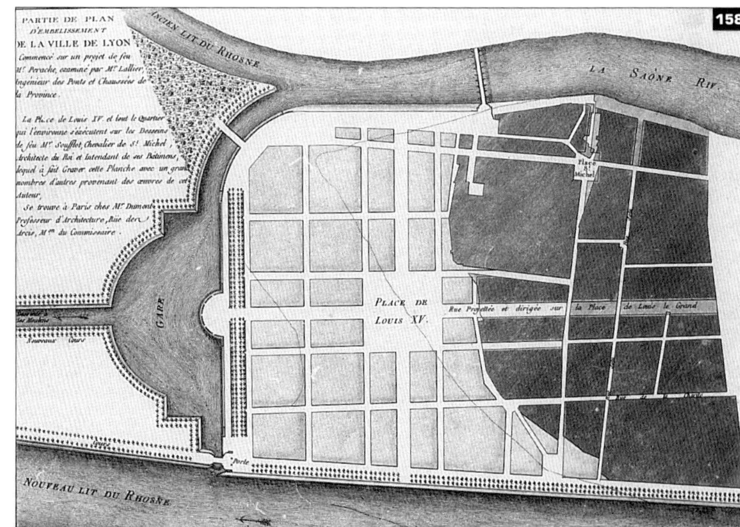

158

157 - Lyon, théâtre, relevé dessiné par Dumont, gravé par Poulleau.

158 - Lyon, quartier Perrache, gravure de Dumont. Inscription : *… La place Louis XV et tout le quartier qui l'environne s'exécutent sur les desseins de feu Mr Soufflot…*

159 à 161 - Lyon, hôtel Lacroix-Laval, n° 30, rue de la Charité.

Lyon. Quartier Perrache[20] (ill. 158)

Ce quartier, au confluent du Rhône et de la Saône, au sud de la place Louis-le-Grand (actuelle place Bellecour), porte le nom de l'ingénieur Antoine Perrache dont le plan d'aménagement de ce nouveau quartier est présenté au consulat le 1er mai 1766. Perrache a prévu une place centrale circulaire d'où rayonnent des rues.
Le plan de Perrache est refusé. Le projet de Soufflot est accepté le 4 janvier 1770 : il comporte un lotissement en quadrillage non régulier, une place centrale carrée, place Louis-XV, reliée par une avenue à la place Louis-le-Grand.

Lyon. Palais archiépiscopal[21] (ill. 148)

Le palais a été aménagé par Soufflot pour Pierre Guérin de Tencin, archevêque de Lyon de 1741 jusqu'à son décès en 1758. En novembre 1741, Tencin s'accorde avec les chanoines de la cathédrale au sujet des reconstructions projetées à l'archevêché sur les plans de Soufflot. En 1747, Soufflot présente à l'Académie de Lyon ses travaux à l'archevêché. Soufflot a aménagé la cour d'honneur, l'escalier qui conduit au logis de l'archevêque et les appartements de celui-ci. Au fond de la cour, on observe aujourd'hui une aile basse entre deux portails : celui de gauche conduit à un passage qui donne accès à la cathédrale ; celui de droite, à l'escalier. Le dessin et la disposition biaise de ces portails sont remarquables. Mais l'aile elle-même est si médiocre et si mal raccordée avec les portails qu'on a peine à croire qu'elle sort du même dessin que les portails. Les archives départementales conservent un projet pour l'achèvement de la cour[22]

sur lequel l'aile apparaît comme construite, avec ses cinq travées, mais sans que l'on sache quelle en est l'élévation. Ce projet qui est anonyme et non daté, mais qui provient peut-être de l'agence de Soufflot, propose une élévation de l'aile et du portail sur la rue, simple, mais très différente de l'aile de fond de cour telle qu'elle est aujourd'hui.

L'escalier a un garde-corps en ferronnerie dû au serrurier Henri Lafont, datant de 1749. Il ne reste rien du grand salon créé par Soufflot pour recevoir les tableaux de J.-F. de Troy acquis par Tencin en Italie : ce salon a été refait tardivement par Toussaint Loyer. À propos d'un bas-relief de la chapelle représentant la délivrance de saint Pierre par l'ange, l'abbé Jean-Jacques Barthélemy[23] écrit : Soufflot « a ménagé à côté une petite fenêtre d'où l'ange emprunte une lumière qui semble lui appartenir et qu'il communique à saint Pierre et à la sentinelle. Cela n'est-il pas heureux ? ». Dans des pièces secondaires, il reste des lambris dont le dessin est peut-être de Soufflot.

Lyon. Hôtel Lacroix-Laval[24] (ill. 159 à 161)

L'hôtel – 30, rue de la Charité (actuel musée des Arts décoratifs) – a été construit sur un terrain acquis en 1738 par Jean Lacroix, seigneur de Laval, conseiller à la cour des Monnaies, frère de l'abbé Lacroix, protecteur et ami de Soufflot. L'attribution de la construction n'est fondée que sur l'éloge de l'abbé (mort en 1781) prononcé à l'Académie de Lyon en 1785 : d'après cet éloge, Soufflot aurait travaillé pour Jean Lacroix. Mais est-ce pour l'hôtel lyonnais ? pour le château de Marcy-l'Étoile ? pour les deux établissements ? L'hôtel existe encore. Le portail ouvre directement sur la cour. À main gauche, on trouve un logis en U qui prend jour à l'arrière sur un petit jardin. Ce logis est formé d'un rez-de-chaussée surélevé, de deux étages-carrés et d'un demi-étage-carré. L'égalité des trois grands étages, qui donne à cet hôtel l'aspect d'un immeuble à loyer, confirme la tradition qui veut que Jean Lacroix n'ait habité qu'un étage et ait mis les autres en location. Cette disposition même, l'absence quasi totale de toute modénature, le plan chantourné du perron, les communs (à main droite dans la cour), traités comme un décor de théâtre, rappellent certains aspects du style lyonnais de Soufflot, avec des austérités de caserne et des effets « baroques », qui paraissent surajoutés. Les balconnets en ferronnerie seraient rapportés : pourtant les baies paraissent bien conçues pour les recevoir.

Lyon. Maison Allier

En 1738, Claude Allier, marchand, reçoit l'autorisation de reconstruire une maison rue du Puits-Gaillot (n° 27 au moment de la destruction). D'après un rapport d'expert de 1758, Claude Allier de Hauteroche, écuyer, est propriétaire d'une grande maison à trois étages, « faisant deux angles », angle des rues du Puits-Gaillot et Griffon, angle des rues Griffon et Désirée. Cette maison est sûrement identifiable à la « maison depuis peu élevée

10 - Monval, p. 110-120. *Soufflot à Lyon,* p. 99-109, « Le théâtre », communication de Gilles Chomer.
11 - Holland (Ralph), « Three French Architectural Drawings », *The Burlington Magazine,* 1961, p. 264-265.
12 - Berckenhagen (Ekhart), *Die französischen Zeichnungen der Kunstbibliothek Berlin,* Berlin, 1970, p. 259-260.
13 - Paris, musée des Arts décoratifs, inv. 237.
14 - Archives municipales, BB 327.
15 - *Exposition Soufflot,* n° 17.
16 - Archives municipales, BB 327 et 340.
17 - Bibliothèque municipale, fonds Coste, n° 660.
18 - *Soufflot à Lyon,* p. 21-26, « L'entreprise du quartier Saint-Clair », communication d'Alain Charre et Catherine Servillat. Les auteurs de cet article n'ont pas utilisé le « Mémoire par le sieur Munet », conservé à la bibliothèque d'Art et d'Archéologie à Paris (8° D 695). En l'absence de relevé, cet article ne peut être considéré comme une étude définitive de ce quartier, qui reste à faire. De plus, les conclusions sur l'originalité de l'entreprise nous paraissent contestables.
19 - *Colloque Soufflot,* p. 115-119, « Soufflot et l'urbanisme lyonnais », communication d'Alain Charre.
20 - *Colloque Soufflot,* p. 115-119, « Soufflot et l'urbanisme lyonnais », communication d'Alain Charre.
21 - *Le Palais archiépiscopal de Lyon […] et le château d'Oullins…,* cat. exp., Lyon, Oullins, 1980.
22 - Archives départementales du Rhône, 10 g 1620 : plan, deux élévations.
23 - *Voyage d'Italie,* Paris, 1801, lettre du 19 août 1755.
24 - *Exposition Soufflot,* n° 39.

sur les desseins de Monsieur Soufflot dans la rue du Puits-Gaillot », citée dans un « Mémoire pour la réforme de la severonde ou forget en usage à Lyon », lu à l'Académie de Lyon par l'architecte Delorme, le 13 avril 1744. La severonde est à la fois « la partie saillante du toit par laquelle s'écoulent les eaux de pluie » et le larmier qui est le seul couronnement des façades « aux maisons des particuliers ». La maison de la rue du Puits-Gaillot a « un modèle de severonde de bon goût ». La maison a dû être construite entre 1738 et 1744.

Cette maison a été démolie en 1975. Les lambris d'un salon auraient été « déposés dans un musée lyonnais » (celui des Arts décoratifs ? Le conservateur de ce musée ne connaît pas ces lambris ; il est probable qu'ils ont été discrètement vendus). Elle a été étudiée, avant destruction, par Catherine Servillat[25]. D'après la description et les photographies de celle-ci, le corps sur la rue du Puits-Gaillot présentait quatre étages sur rez-de-chaussée et un étage de comble. La description de 1758 signale trois étages seulement, soit que le premier étage-carré, qui avait l'aspect d'un entresol, n'ait pas été compté, soit que le dernier étage-carré ait été une surélévation. La façade présentait cinq travées. Les fenêtres de « l'entresol » présentaient des balconnets de ferronnerie ; la baie centrale de l'étage-noble et de l'étage au-dessus, un balcon à garde-corps en ferronnerie. Les clefs des baies étaient décorées d'un motif rocaille, d'une tête de femme au portail, d'une tête d'homme à la baie centrale de l'étage-noble. Un salon à lambris de hauteur « verni en couleur vert d'eau clair », de plan rectangulaire, à angles adoucis, à deux fenêtres sur la rue, présentait un décor rocaille.

Lyon. Immeubles place Louis-Chazette[26] (ill. 162)

Les immeubles 3-4, 5, 6-7 de la place Louis-Chazette procèdent de l'accord signé en 1742, enregistré le 4 septembre 1744, entre les sieurs Breton, Desraisses, Millanois et Soufflot pour la création du quartier Saint-Clair (voir notice). Le 22 juin 1745, Breton et Desraisses font cesser l'indivision qui existait entre eux sur les terrains et sur « trois maisons qu'ils y ont construites ». Millanois reçoit deux maisons (nos 3-4 et 5 actuels) et Soufflot, la troisième, dont il est dit expressément qu'il l'a fait construire (nos 6-7 actuels). Les trois maisons ayant des façades semblables, il n'est pas douteux qu'elles ont été toutes les trois élevées par Soufflot entre le 4 septembre et le 22 juin 1745. Peut-être témoignent-elles d'une intention d'imposer une ordonnance à l'ensemble du lotissement.

Lyon. Maison Denis

Le 12 février 1740, Blaise Denis obtient l'autorisation de voirie pour faire construire sa maison par Soufflot[27].

Lyon. Maison Parent[28]

Cette maison (angle des rues Chavanne et Longue) construite entre 1750 et 1758 pour Melchior Parent, drapier, serait, d'après Léon Charvet, une œuvre de Soufflot. L'attribution n'est apparemment fondée que sur le fait que Parent était des fondateurs de l'école de dessin, à laquelle Soufflot s'intéressait. L'analyse de la façade ne permet ni d'infirmer ni de confirmer l'attribution.

Lyon. Maison connue sous le nom de Perrachon[29] (ill. 164)

Soufflot, en charge de l'entretien des possessions hospitalières depuis 1749, reçoit en 1751 commande de la reconstruction d'une maison qui avait été acquise par l'hôtel-Dieu en 1668 d'une dame Perrachon, qui lui a laissé son nom (22, rue du Bât-d'Argent, et rue Mulet). Le plan de cette maison a été conservé dans les archives de l'hôtel-Dieu[30]. En 1752, la maison, qui n'est pas encore totalement terminée, reçoit ses premiers locataires. Les plus vastes appartements sont loués plus de 1 000 livres. La frise sculptée de l'entrée est due à Michel Perrache, collaborateur habituel de Soufflot.

162

163

162 - Lyon, immeuble, place Louis-Chazette.

163 - Lyon, maison Parent, n° 8, rue Chavanne.

164 - Lyon, maison connue sous le nom de Perrachon, n° 22, rue du Bât-d'Argent et rue Mulet. Relevé du XIXe siècle.

Lyon. Maison Millanois

Les archives municipales de Bordeaux conservent un dessin de Victor Louis portant l'inscription *Porte d'allé de M. Millanois à Lion*, publié en 1980[31] et daté à cette occasion vers 1760-1765. La porte n'existe plus. L'attribution à Soufflot ne repose que sur l'association de Soufflot et d'un certain Millanois dans les spéculations immobilières du quartier Saint-Clair des années 1740. La porte présente quelques traits que l'on peut identifier comme caractéristiques du style de Soufflot des années 1760, mais ils ne lui sont pas propres.

Lyon. Maison Roux[32] (ill. 8)

Le 2 décembre 1765, Soufflot vend à l'architecte Léonard Roux un terrain au port du quartier Saint-Clair, dont les fondations sont en partie construites (13, quai Lassagne). Roux s'est peut-être contenté d'achever la maison selon le projet de Soufflot, mais on ne peut exclure qu'il l'ait refait.

Lyon. Hôtel Sabot de Pizey

Hôtel (détruit, rue Victor-Hugo) attribué à Soufflot par L. Charvet, sans autre précision. Cité ni dans *Exposition Soufflot* ni dans *Soufflot à Lyon*.

Lyon. Maison place des Jésuites[33]

Le 7 avril 1748, Soufflot est payé pour le dessin d'une maison appartenant à l'hôtel-Dieu, place des Jésuites.

Lyon. Maison du Cerf Blanc[34]

Le 7 avril 1748, Soufflot s'engage auprès de l'hôtel-Dieu pour les plans et la conduite de la construction de la maison du Cerf Blanc.

25 - « Les maisons de la rue du Puits-Gaillot », mémoire de maîtrise de l'université Lyon-II, exemplaire conservé à la bibliothèque Émile-Bertaux : les photographies qui illustrent ce travail sont lisibles mais de qualité insuffisante pour être publiées.
26 - *Exposition Soufflot*, n° 49.
27 - *Soufflot à Lyon*, p. 248 : simple mention de l'acte. La maison est adressée n° 7, rue Neuve, et n° 12, rue Mulet. L'immeuble qui est à cette adresse pourrait être la maison Denis, mais très dénaturée.
28 - *Exposition Soufflot*, n° 41.
29 - *Exposition Soufflot*, n° 40.
30 - Archives de l'hôtel-Dieu, doc. n° 137.
31 - *Victor Louis, 1731-1800*, cat. exp., Bordeaux, 1980, numéro spécial de la *Revue historique de Bordeaux et du département de la Gironde*, n° 35 du catalogue.
32 - *Exposition Soufflot*, n° 57.
33 - *Soufflot à Lyon*, p. 252 : simple mention de l'acte ; pas d'étude.
34 - *Soufflot à Lyon*, p. 252 : simple mention de l'acte ; pas d'étude.

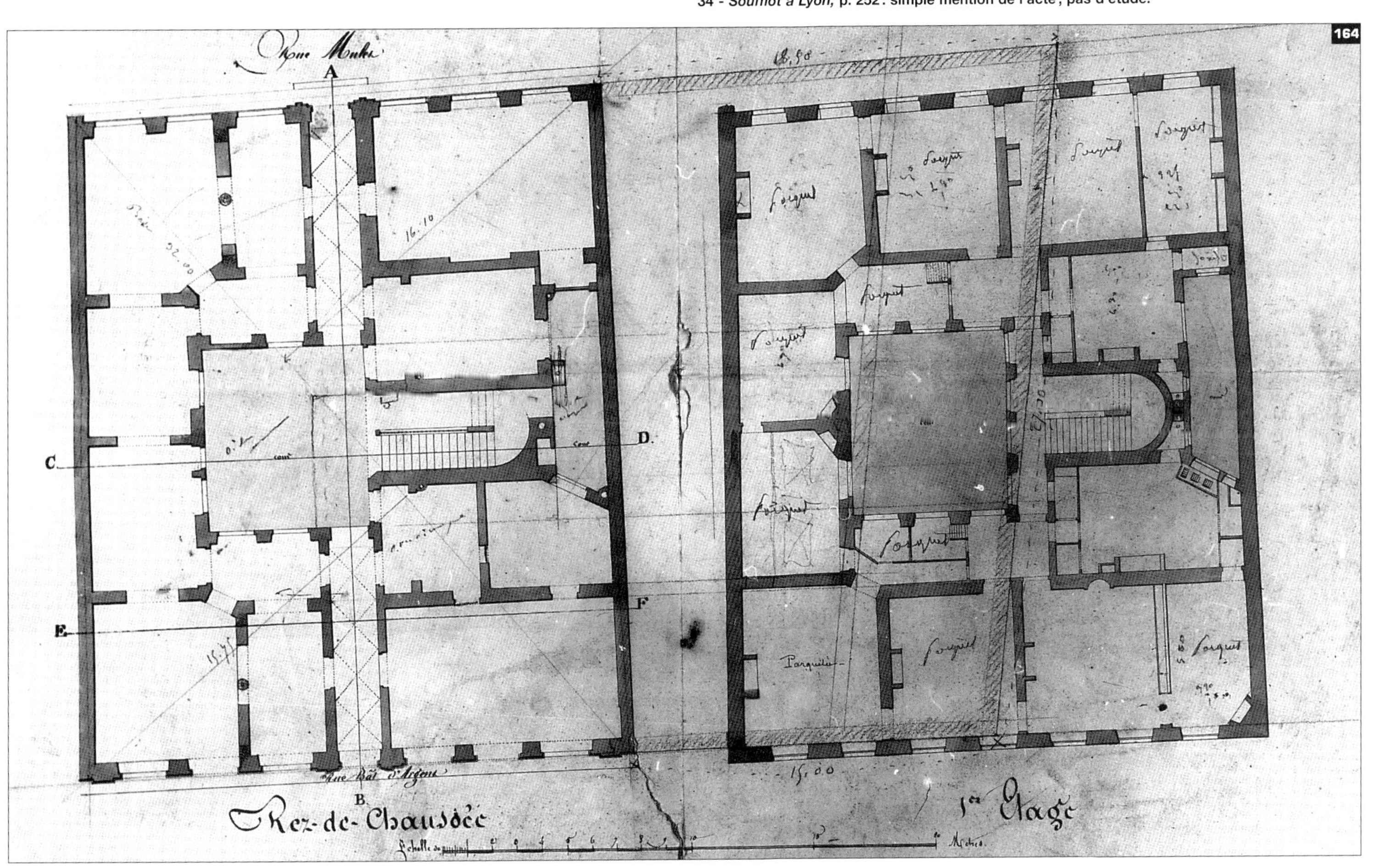

II. Paris

Paris. Cathédrale Notre-Dame[35] (ill. 97 à 110, 165 et 166)

Soufflot est intervenu plusieurs fois à la cathédrale : en 1756, pour construire une nouvelle sacristie ; en 1771, pour réaliser une chaire à prêcher et pour réaménager la porte centrale du portail antérieur. Peut-être a-t-il aussi participé à la réalisation de la garniture d'autel donnée à la cathédrale en 1760 par Philippe Caffieri.

La sacristie

Le 22 décembre 1755, à la demande des chanoines Guillot de Montjoie et de Corberon, des experts constatent le mauvais état du corps de bâtiment gothique contenant la sacristie et le trésor et séparant les deux cours de l'archevêché (ill. 97)[36]. De 1756 à 1760, Soufflot reconstruit le corps de bâtiment sur le même emplacement. Son projet est approuvé le 6 avril 1756 par Louis XV qui a offert 150 000 livres pour la reconstruction. La première pierre est posée le 12 avril 1756. L'inauguration a lieu le 18 avril 1760. Le projet original portant la signature du roi et l'approbation de la direction des Bâtiments a été conservé (ill. 106 à 110)[37] ; le projet exécuté a été gravé d'après des dessins de Dumont par Charpentier, Poulleau et Choffart (ill. 98 à 104)[38]. Ils diffèrent l'un de l'autre par quelques détails, le plus important étant la substitution de la statue de la Piété royale à celle de la Foi. Michel-Ange Slodtz a lui-même sculpté la statue de la Piété, le bas-relief à l'effigie du roi et donné le modèle pour les autres sculpteurs, Pierre Fixon et Honoré Guibert.
Les trois sculpteurs ont été payés respectivement 8 000, 9 000 et 1 096 livres ; le menuisier Besnard, 11 214 livres ; le marbrier Adam, 5 000 ; le peintre Lasnier, 3 000 et le ciseleur Philippe Caffieri, 500[39]. L'histoire du chantier est bien connue grâce au journal du chanoine Guillot de Montjoie[40]. La façade arrière de la sacristie et la seconde cour de l'archevêché figurent dans un tableau de 1771 (ill. 105)[41]. Le bâtiment lui-même n'a pas été détruit dans le sac de l'archevêché, comme on l'a écrit, puisqu'il est encore représenté en 1836[42] ; peut-être n'a-t-il été la victime que des restaurateurs qui l'ont remplacé par l'actuel bâtiment néogothique.

Le bâtiment greffé sur la troisième travée du chœur comprenait, au rez-de-chaussée surélevé, la grande sacristie ; dans un entresol, le trésor, auquel on parvenait par un degré partant de la grande sacristie ; à l'étage, les ornements liturgiques ; au dernier étage, un réservoir d'eau contre les incendies. Un passage entre les deux cours était ménagé sous le trésor.

La chaire à prêcher

En 1771 est exécutée, par les sculpteurs Pierre Fixon et Michel-Ange Slodtz, sous la direction de Soufflot, une chaire à prêcher mobile, mue par un moteur, ne servant que pendant l'avent et le carême. Dans son *Voyage pittoresque de Paris*, Dezallier d'Argenville[43] écrit que cette chaire est « remarquable par sa forme nouvelle et la machine renfermée dessous. [...] M. Soufflot en a donné les dessins ». Cette chaire a été achetée en 1796 par l'architecte Le Courtier et cédée par lui à Saint-Eustache. Elle a été détruite dans un incendie en 1844[44].

165

Les portes et tambours de porte

À la même référence, dans Dezallier[45], on lit : « Dans les deux tambours des portes de la croisée, on a suivi l'ordonnance d'architecture des chapelles de la Vierge et de Saint-Denis afin que le tout fût uniforme avec celles du coin qui seront aussi ornées en marbre, comme les deux premières. M. Soufflot en a donné les dessins, ainsi que de la porte du milieu du grand portail dont il a supprimé le pilier qui la séparait en deux, et des portes latérales qui sont éclairées par des vitraux. » Toutes ces dispositions exécutées en 1771, dont la description n'est pas claire, ont apparemment été détruites, comme la sacristie, au moment des restaurations du XIXe siècle. Cependant, on connaît les travaux effectués sur la porte centrale du portail occidental par un croquis qu'a dessiné Gabriel de Saint-Aubin dans les marges de son exemplaire de la *Description historique* de Gueffier (ill. 166)[46] et par les lithographies et daguerréotypes exécutés avant la destruction (ill. 165). De plus, les vantaux de la porte, sculptés d'un Christ et d'une Vierge par Fixon, ont été conservés sur place. Le linteau du lourd tympan n'étant plus supporté en son milieu, le pilier central ayant été supprimé pour laisser passer les processions, il fallut également reprendre les piédroits et remplacer le linteau par un arc brisé découpé dans le tympan et rempli par un tympan en bois orné (sujet non identifié). Lors du démontage de la porte de Soufflot, Viollet-le-Duc a retrouvé la plaque de fondation[47].

166

de l'Egliſe de Paris. 29

le fer différemment que ſes Confreres, & que pour conſerver à la poſtérité la mémoire de ſon nom dans ſon propre ouvrage, il aura mis dans les ornemens pluſieurs têtes d'animaux ayant des cornes, comme armes parlantes, & faiſant l'anagrame de ſon nom. Mais on demandera pourquoi *Biſcornet*, ſi habile dans ſon art, n'a pas ferré les deux Portes du milieu ? La réponſe eſt toute ſimple : on voit tous les jours de ſçavans Artiſtes mourir au milieu de leur entrepriſe, qui reſte imparfaite, faute d'ouvriers en état de l'achever : ce qui peut être arrivé par rapport à *Biſcornet* : on peut tirer une autre preuve de ceci de la différence de la ferrure des Portes collatérales, tant du côté du Cloître, que de celui de l'Archevêché, dont le travail du fer appliqué eſt des plus ſimples & ſans ornemens ; ce qui aura empêché de faire ferrer les Portes du milieu du grand Portail, dans la crainte de défigurer les autres : cette idée doit ſuffire pour déſabuſer ceux qui croyent à une pareille fable.

On prétend, que ſous le regne de Louis XII, pour entrer dans Notre-Dame, on montoit treize marches de

B iij

165 - Paris, cathédrale Notre-Dame, porte centrale du portail occidental. Daguerréotype attribuée à Hippolyte Fizeau, 1841.

166 - Paris, cathédrale Notre-Dame, porte centrale du portail occidental, dessin de Gabriel de Saint-Aubin dans la marge d'un exemplaire de la *Description historique des curiosités de l'église de Paris* ... par M. C. P. G. [Gueffier], p. 29.

167 - Paris, église Sainte-Geneviève, coupe sur la crypte. Projet non daté, probablement antérieur aux réalisations du début des années 1760.

Paris. Église Sainte-Geneviève[48] (ill. 115 à 144, 167 à 174)

Le 17 novembre 1744, Louis XV fait pèlerinage à l'abbaye Sainte-Geneviève pour remercier la sainte à laquelle il attribue la guérison de la terrible maladie qui l'avait frappé à Metz. Les génovéfains, ou chanoines de la congrégation de Sainte-Geneviève, demandent alors l'aide du roi pour la reconstruction de leur vieille église qui menace ruine et qui est trop petite pour recevoir la foule des pèlerins. La décision du roi se fait attendre jusqu'au 9 décembre 1754 : à la requête des religieux, le Conseil décide que les trois loteries qui se tiennent chaque mois à Paris seront augmentées d'un cinquième pour financer les travaux. En janvier 1755, à la demande de Marigny, Louis XV désigne Soufflot comme architecte de la nouvelle église. Il sera assisté par Bellicard comme inspecteur et par Puisieux, fils de l'architecte de la vieille église, comme sous-inspecteur.

Projet de 1757-1758

Le projet de Soufflot est approuvé par le roi le 2 mars 1757. On commence l'année même la fouille. Celle-ci révèle un sous-sol truffé de cavités d'origines diverses, qu'il faudra d'abord combler par soixante-neuf « jambes » de maçonnerie, dont certaines auront 86 pieds. En 1763, on achève de voûter la crypte.

Le projet approuvé en 1757 est connu par deux séries d'estampes, à peu près semblables, l'une gravée par Bellicard, l'autre, très supérieure en qualité, par Charpentier (ill. 126 et 127)[49]. L'église est une croix grecque, à quatre bras égaux, la nef étant précédée d'un portique d'ordre corinthien colossal couronné d'un fronton. À la croisée est prévue une tour-lanterne à deux coupoles : la première est éclairée par des fenêtres rectangulaires qui débouchent à l'intérieur en oculi ovales sous lunette ; la seconde, à extrados en couverture, reçoit de la lumière d'oculi ronds. Le tambour est décoré extérieurement de colonnes engagées qui font avant-corps à l'aplomb des écoinçons. Ceux-ci sont chargés extérieurement par des statues des quatre évangélistes, qui ne paraissent pas dans toutes les gravures. Au sommet est une figure de la Foi. Le tympan du fronton représente la célébration du sacrifice de la messe. Cependant, dans certaines gravures de Charpentier, ce tympan représente sainte Geneviève distribuant du pain aux pauvres : la légende de ces dernières gravures précise que le projet a été approuvé par le roi le 2 mai 1757 ; est-ce un lapsus pour 2 mars ou le changement de sujet a-t-il été en effet approuvé en mai ? Chaque vaisseau est couvert d'une voûte en pendentifs prise entre deux voûtes en berceau : les berceaux prennent naissance sur les avant-corps de la colonnade intérieure. La poussée de ces voûtes est contenue par des arcs-boutants dissimulés derrière le mur d'attique des façades. Derrière ce mur se cachent aussi les fenêtres-hautes. Le chœur est orné d'une grande gloire.

En même temps que ce projet pour l'église était adopté par le roi un projet de dégagement avec place et rues (voir notice suivante).

35 - Monval, p. 348 et 351. Farcy (René), « Les travaux de Soufflot à Notre-Dame », in *La Cité,* 1930, p. 135-143.

36 - Relevé de la vieille sacristie, Archives nationales, Z1j 825.

37 - Archives nationales, N III Seine 807, deux pièces « approuvées à Versailles ce 6 avril 1756 » ; O1 1690, trois pièces signées Louis XV (ill. 106 à 110). La Kunstbibliothek de Berlin conserve un dessin des vantaux de la porte entre la cathédrale et la sacristie, qui est peut-être un dessin original de Soufflot (Ekhart Berckenhagen, *Die französischen Zeichnungen der Kunstbibliothek Berlin,* Berlin, 1970, n° Hdz 2929). Un dessin représentant l'ensemble de la porte et des vantaux a été exposé à la galerie Jacques Seligmann de New York en novembre 1968 (*The Burlington Magazine,* t. CX, 1968, n° 788, pl. LXXXIX).

38 - Deux plans, deux coupes, deux élévations, deux planches de détail.

39 - Souchal, p. 686-688.

40 - Musée de Notre-Dame. Le portrait du chanoine montrant le plan du bâtiment, conservé dans le trésor, est une copie du portrait original exécuté par Joseph Siffred Duplessis, détruit dans le sac de l'archevêché en 1831.

41 - Bruson (Jean-Marie) et Leribault (Christophe), *Peintures du musée Carnavalet,* catalogue sommaire, Paris, 1995, n° 2336.

42 - Dessin portant l'inscription *Paris. Portail méridional de Notre-Dame 7bre 1836,* attribué à André Durand (musée de Notre-Dame).

43 - 6e éd., 1778, p. 4.

44 - Boinet (Amédée), *Les Églises parisiennes,* Paris, t. I, 1958, p. 112 et 466.

45 - P. 6.

46 - *Description historique des curiosités de l'église [...] de Paris [...] par M. C. P. G.* [Gueffier], Paris, 1763, p. 29 (Bibliothèque historique de la Ville de Paris, Rés., ms 114). Émile Dacier, *Gabriel de Saint-Aubin, peintre, dessinateur et graveur (1724-1780),* Paris, Bruxelles, 2 vol., t. II, 1931, n° 1070.

47 - Elle est conservée au musée de Notre-Dame, avec un exemplaire de la médaille à l'effigie de Louis XV, frappée à l'occasion de cette fondation.

48 - L'étude de Michael Petzet, qui n'a été ni traduite ni remplacée, reste la référence principale. Il faut cependant la compléter avec les publications de l'exposition et du colloque Soufflot de 1980, et quelques publications ultérieures qui font état des découvertes postérieures à 1961 : Chevallier (Pierre) et Rabreau (Daniel), *Le Panthéon,* 1977 ; *Le Panthéon symbole des révolutions,* ouvrage collectif publié à l'occasion de l'exposition de Paris et de Montréal, 1989.

49 - Projet de 1757 gravé par Charpentier : plan, élévations antérieure et latérale. Au fronton, l'Adoration de la Croix ; coupe transversale et élévation antérieure : au fronton, sainte Geneviève distribuant du pain aux pauvres. D'après la légende, *approuvé par Sa Majesté le 2 may [sic] 1757* (BNF, Est., Va 259 b ou Ha 41).

167

168
Echelle de X. Toises.
1. 2. 3. 4. 5. 10.

169
Echelle de dix Toises.
1. 2. 3. 4. 5. 10

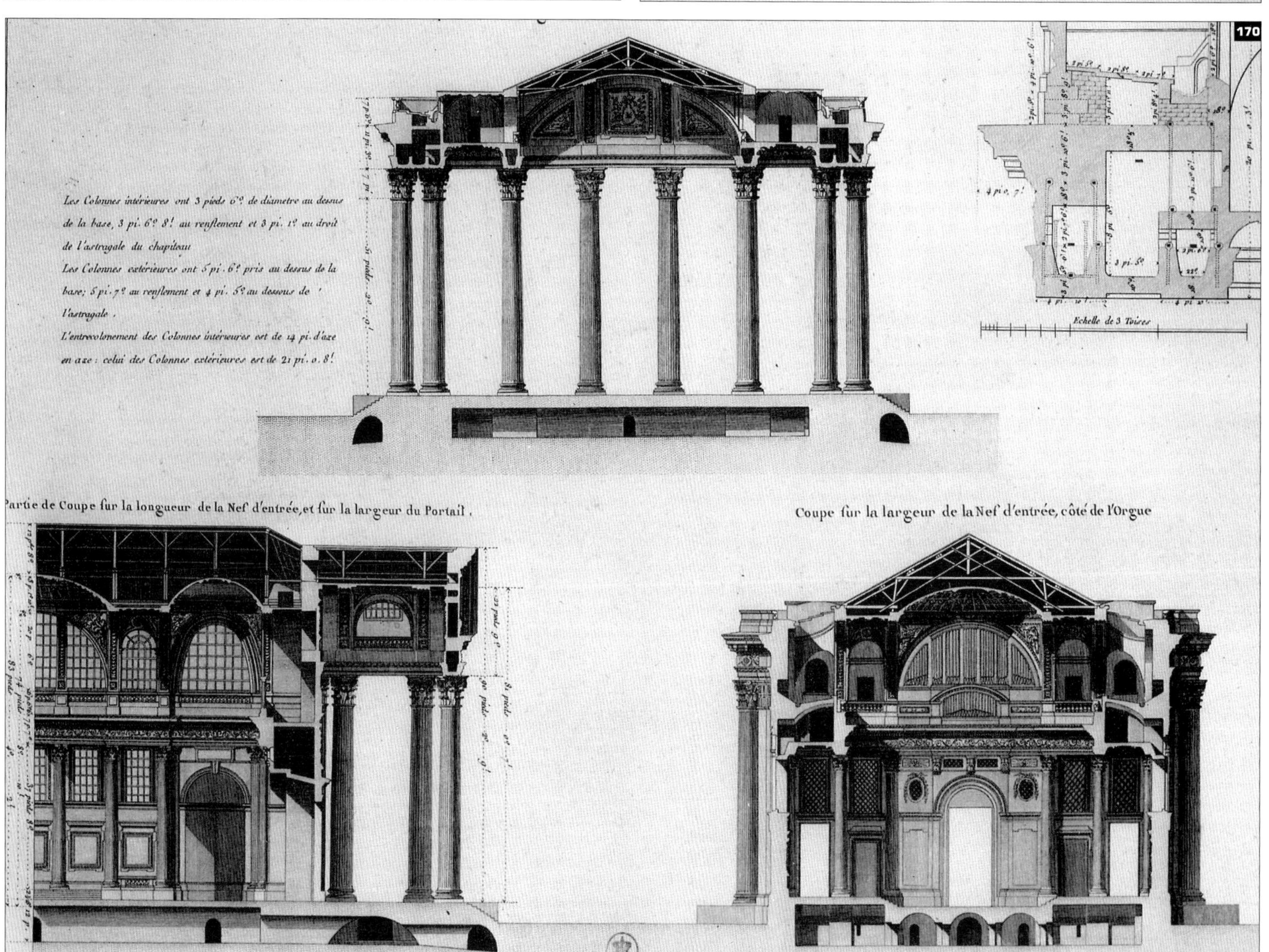
170
Les Colonnes intérieures ont 3 pieds 6°. de diametre au dessus de la base, 3 pi. 6°. 8!. au renflement et 3 pi. 1°. au droit de l'astragale du chapiteau
Les Colonnes extérieures ont 5 pi. 6!. pris au dessus de la base; 5 pi. 7°. au renflement et 4 pi. 5°. au dessous de l'astragale.
L'entrecolonement des Colonnes intérieures est de 14 pi. d'axe en axe : celui des Colonnes extérieures est de 21 pi. o. 8!.
Echelle de 3 Toises
Partie de Coupe sur la longueur de la Nef d'entrée, et sur la largeur du Portail.
Coupe sur la largeur de la Nef d'entrée, côté de l'Orgue

Paris, église Sainte-Geneviève.

168 et 169 - Coupes sur le transept, non identifiées.

170 - Coupe longitudinale sur le portique et le début de la nef, coupe transversale sur le portique, coupe transversale sur la nef en direction de l'orgue.

Dessinées par Lequeu, gravées par Poulleau, d'après les *desseins de feu M. Soufflot*.

171 - Détail de la façade.

Vers 1758, le plan de l'église est modifié par adjonction d'une travée à l'entrée de la nef et au bout du chœur[50]. Suivant les uns, le clergé aurait exigé ces allongements (« On força l'architecte à augmenter la longueur de la nef d'entrée de 28 pieds et celle du côté du chœur de 37 pieds[51] ») ; selon les autres, Soufflot aurait voulu rappeler avec ces deux nouvelles travées les arcades des églises de la Contre-Réforme pour les confronter aux colonnades (« Il semble qu'il ait voulu mettre en parallèle ces deux genres si différents l'un de l'autre[52] »). Nous sommes tenté de croire que le repentir vient de Soufflot lui-même qui aurait compris qu'il fallait en quelque sorte « boucler » le vaisseau central à ses deux extrémités.

Un dessin de De Wailly (ill. 31)[53] montre ce qu'aurait été l'intérieur de l'église du projet de 1757-1758, avec la châsse de sainte Geneviève portée à la croisée par les Vertus de l'ancienne châsse, longtemps attribuée à Germain Pilon. La vue de Glomy (ill. 32)[54] se réfère au projet modifié puisqu'elle montre la première travée à arcades. Dans le projet de 1757 aurait été prévue une tour-clocher isolée au sud de l'église (peut-être est-elle représentée sur le plan avec place carrée, voir notice suivante). Cette tour isolée est remplacée par deux tours-clochers flanquant le chœur appelées respectivement « tour du côté de l'Estrapade » (au sud) et « tour vers Saint-Étienne » (au nord, vers Saint-Étienne-du-Mont), dont les fondations sont en cours en 1760, mais qui paraissent avoir été projetées avant 1757.

Projet vers 1764

Le 6 septembre 1764, Louis XV pose la première pierre de l'église. Les premières assises et les colonnes sont sorties de terre sur tout le pourtour ; la façade est simulée en grandeur réelle par une toile peinte par De Machy. Celui-ci avait présenté au Salon de 1761 une vue intérieure de l'église projetée. Dans le tableau qu'il exposera au Salon de 1765, il montre la cérémonie de la pose de la première pierre (ill. 135)[55]. La médaille exécutée pour l'occasion par Rœttiers[56] révèle une transformation du projet : la coupole hémisphérique en couverture a été remplacée par une voûte à extrados conique à gradins. On peut donc dater vers 1764 deux dessins de Soufflot ou de son agence, une façade et une coupe longitudinale (ill. 132 et 133)[57], où l'on retrouve cette particularité. Les Évangélistes chargeant les écoinçons sont remplacés par les Pères de l'Église. La Foi du sommet est encadrée par les Évangélistes. Au tympan du fronton est sculptée la Sainte-Messe. La première coupole est remplacée par une voûte en pendentifs sous les retombées de laquelle s'inscrivent de grandes fenêtres. Le tambour est décoré extérieurement d'une colonnade engagée faisant avant-corps sous fronteau à l'aplomb des écoinçons. Dans une gravure de Patte de 1764[58], les angles de la façade sont eux-mêmes ornés de groupes de deux personnages. Le sanctuaire est couvert d'une coupolette. La descente à la crypte se fait par un escalier dont les volées circonscrivent la châsse. La place devant la façade est demi-circulaire.

Projets pour la tour-lanterne dans les années 1770

À la fin de 1770, la construction est arrivée au niveau des chapiteaux. Dans la décennie 1769-1780, c'est-à-dire jusqu'à la mort de Soufflot, se multiplient les projets pour la tour-lanterne. Dans un projet, malheureusement non daté, apparaît, pour la première fois sans doute, les trois coupoles emboîtées (ill. 134)[59] : la première ouverte sur la seconde dont la génératrice est un arc en chaînette ; la troisième à extrados en couverture. Toutes les figures en ronde bosse ont disparu : la figure de la Foi est remplacée par un lanternon ; celles chargeant les écoinçons, par des obélisques qui disparaîtront à leur tour par la suite. La seule modification de plan, vers 1775-1776 (ill. 118) [60], porte sur les escaliers de la crypte qui sont reportés à l'entrée de la croisée. En 1776 apparaît sur le tambour la couronne de colonnes isolées[61] : elle a un plan octogonal, les pans à l'aplomb des pendentifs chargeant ceux-ci se substituent dans cette fonction aux figures et aux obélisques. La même année sont construits les quatre arcs et les quatre pendentifs sur lesquels va se dresser la tour-lanterne. En 1777, l'attique et la coupole en couverture sont redessinés[62]. Puis la couronne devient circulaire[63]. Dessins gravés et maquettes de Brébion, de Lequeu et de Rondelet, qui ont été les collaborateurs de Soufflot, témoignent des dernières volontés du maître. Brébion adresse à D'Angiviller un long mémoire décrivant le projet tel qu'il devra être achevé suivant les instructions de Soufflot[64]. Le 8 octobre 1780, le roi a choisi Brébion pour succéder à Soufflot ; il sera assisté par deux inspecteurs, Soufflot le Romain et Rondelet, qui prend la direction du chantier à la mort de Brébion.
L'évolution du chantier depuis son ouverture a été suivie par Gabriel de Saint-Aubin qui a multiplié les dessins représentant le chantier[65] : étonnante coïncidence, Saint-Aubin meurt la même année que Soufflot. En 1791, l'église, pas encore totalement achevée, devient

50 - Projet de 1758, dessin. Plan et coupe longitudinale (BNF, Est., Va 259 b).
51 - Gauthey (Émiliand), *Dissertation sur les dégradations survenues aux piliers du dôme du Panthéon français et sur les moyens d'y remédier,* Paris, an VI, p. 13.
52 - Rondelet (Jean-Baptiste), *Mémoire historique sur le dôme du Panthéon français,* Paris, 1797, p. 5.
53 - Ce dessin, qui appartenait à Soufflot (voir *Vente Soufflot*), représente l'état d'après le projet de 1757-1758 (musée Carnavalet).
54 - Dessin de Jean-Baptiste Glomy, signé *J. B. Glomy* 1767 (bibliothèque d'Art et d'Archéologie, coll. Jacques Doucet, OA 84).
55 - Tableau de Pierre-Antoine De Machy représentant la pose de la première pierre le 6 septembre 1764 (musée Carnavalet).
56 - Médaille de la commémoration de la pose de la première pierre, par Rœttiers (BNF, département des Monnaies, Médailles et Antiques), gravure de B. L. Prévost représentant la médaille (BNF, Est., Va 259 b).
57 - Projet vers 1764, deux dessins originaux de Soufflot ou de son agence. Élévation antérieure (57 x 87 cm) et coupe longitudinale (61 x 95 cm) (Archives nationales, N III Seine 1.093). Signalés pour la première fois par Braham (Allan), « Drawings for Soufflot's Sainte-Geneviève », *The Burlington Magazine*, 1971, p. 382-390.
58 - Gravure de Patte publiée par Piganiol de La Force, *Description historique de la ville de Paris,* 1765, t. VI, p. 98.
59 - Coupe passant par une diagonale de la croisée. Dessin de Soufflot ou de l'agence de Soufflot (60 x 47 cm) (Archives nationales, N III Seine 1.093).
60 - Plan de 1775 ou de 1776, gravé par Sellier. Inscription : *Plan [...] mis au jour par Mr Dumont [...] chez lequel se trouve une perspective de l'intérieur de cette église gravée en 1775* (BNF, Est., Va 259 b ou Ha 41).
61 - Élévation antérieure, gravée par Sellier, datée 1776. Va peut-être avec le plan de la note précédente (BNF, Est., Ha 41).
62 - Élévation antérieure, gravée par Sellier, datée 1777 (BNF, Est., Va 259 b ou Ha 41).
63 - Élévations antérieure et latérale. Gravure de Taraval. D'après la légende, la première *a été mise au jour* par Dumont au mois de juillet 1777 ; la seconde, *au mois d'octobre 1780* (BNF, Est., Va 259 b ou Ha 41). Un dessin de Gabriel de Saint-Aubin daté de 1778 montre la construction en cours (Dacier, *Gabriel de Saint-Aubin..., op. cit.*, t. II, 1931, n° 415, musée Carnavalet).
64 - Coupe sur une diagonale de la croisée ; dessin de Brébion illustrant le mémoire rédigé par Brébion à l'intention de D'Angiviller pour faire le point sur les intentions de Soufflot, qui vient de mourir (publié *in extenso* par Petzet, p. 147-152). Coupe transversale sur le portique, coupe longitudinale sur le portique et le début de la nef, coupe transversale sur la nef en direction de l'orgue ; dessin de Lequeu, gravé par Poulleau, d'après *les desseins de feu M. Soufflot* (BNF, Est. Va 259 b ou Ha 41). Maquette exécutée entre 1783 et 1787 par Rondelet (conservée sur place).
65 - Outre les dessins concernant la place, que nous signalons dans la notice suivante, les dessins de Saint-Aubin sont : dessin daté 1776, représentant Soufflot devant le portique, Rotterdam, musée Boymans-Van Beuningen (Dacier, *Gabriel de Saint-Aubin..., op. cit.*, t. II, 1931, n° 1081 ; repr. in *Le Panthéon...*, 1989, *op. cit.*, p. 49) ; dessin daté 1778, montrant le côté sud de l'église et une tour-clocher (ill. 140), musée Carnavalet (n° D 5345 ; Dacier, n° 415) ; dessin du portique, New York, Metropolitan Museum of Art (Dacier, n° 418 ; repr. in J. Bean et L. Turcic, *15th-18th Century French Drawings in the Metropolitan Museum of Art,* New York, 1986, n° 277) ; dessin daté 1778, représentant le portique et le chantier environnant, musée Carnavalet (n° D 5926 ; repr. in *Le Panthéon...*, 1989, *op. cit.*, p. 88) ; dessin daté 1779, montrant l'arrivée du roi et de la reine le 8 février 1779 (Dacier, n° 417).

172 - Paris, église Sainte-Geneviève, gravure de Poulleau, 1775.

le Panthéon des Grands Hommes pour accueillir la dépouille de Mirabeau et les cendres de Voltaire. Par ordre de Quatremère de Quincy, les fenêtres basses ont été murées, les tours-clochers abattues, la sculpture presque entièrement détruite. Les travaux ne sont achevés qu'en 1811. Des tours-clochers, il ne reste que les souches, qui présentent encore les seules fenêtres qui avaient été épargnées.

Projets non identifiés ou non datés
Il existe plusieurs projets qui sont plus ou moins sûrement attribuables à Soufflot, mais qui peuvent n'être que des contre-projets d'auteurs divers. Sur les principaux contre-projets, voir Petzet.
– Un projet comprenant trois dessins conservé au Centre canadien d'architecture de Montréal (ill. 129 à 131)[66], qui est probablement une première idée, antérieure à l'adoption du projet de 1757. On observe des différences de détail entre les trois dessins qui ne sont que des variantes du même projet. Des voûtes en berceau sont en place des voûtes en pendentifs. Il n'y a qu'une coupole ; les fenêtres et oculi sont dans le tambour. Les colonnes du portique sont lisses ; le tympan est orné d'une Adoration de la Croix. Les deux tours-clochers, qui apparaissent dans un seul des dessins, ne sont attestées qu'en 1760. Malgré ces contradictions, on ne peut mettre en doute l'identification de ce projet avec un projet de Soufflot ou de son agence pour Sainte-Geneviève.
– Une maquette, conservée dans une collection particulière[67]. Elle est à peu près conforme au dessin ci-dessus mais, curieusement, porte la date 1774.
– Une coupe sur la crypte (ill. 168)[68], dessin anonyme. Elle diffère de ce qui était en construction au début des années 1760 par les cannelures de ses colonnes, par la forme et le décor de la voûte.
– Un projet d'une collection privée, identifié par P. Lavedan comme un projet de Soufflot pour Sainte-Geneviève, sans preuve convaincante[69].
– Deux projets de la collection Jacques Doucet, identifiés par S. Damiron comme des projets pour Sainte-Geneviève, l'un attribué à Peyre, l'autre à Soufflot[70]. Là encore, sans preuve convaincante.

Les techniques de la construction et la critique
Pour la construction de cette église, où les voûtes portent sur des colonnades et la tour-lanterne sur les voûtes, il a fallu résoudre de nombreuses difficultés techniques. Les solutions retenues, et qui ont fait l'objet de vives critiques, ont été publiées. L'estampe et le dessin nous ont conservé les particularités de la principale grue (ill. 138)[71] et de la machine à éprouver la résistance des matériaux[72] construite par Soufflot, et les particularités de la charpente[73] et de l'appareillage du fronton et des voûtes plates du portique, remplacé par un chaînage de fer (ill. 137)[74].

On a recensé quelque cent traités et mémoires relatifs à l'esthétique de l'œuvre et à la technique de sa construction[75]. C'est à la fin de 1769, au moment où se dessinent les derniers projets pour la tour-lanterne, que Pierre Patte dénonce l'insuffisance des piles de la croisée pour porter la charge de cette tour-lanterne. Soufflot mobilise contre Patte les plus savants spécialistes, dont le célèbre Perronet. En mai 1778, des fissures apparaissent dans ces piles : démonstration est faite qu'elles ne sont dues qu'à des défauts de l'appareil et qu'elles ne compromettent pas la stabilité de la croisée. Cependant, en 1790, Rondelet ajoute dans la maçonnerie de la tour-lanterne un réseau de tirants de fer, qui n'avaient pas été prévus par Soufflot. En 1795, de nouveaux signes inquiétants s'étant manifestés, de nombreux experts sont consultés. Finalement, Rondelet renforce les piles en noyant dans la maçonnerie les trois colonnes qui contenaient le massif triangulaire de chaque pile et remplace les colonnes par des pilastres.

La décoration et le mobilier
La décoration intérieure était consacrée à l'Ancien Testament dans la nef ; à l'Église grecque, dans le bras gauche ; à l'Église latine, dans le bras droit ; à l'Église gallicane, dans le chœur. Le tout devait être exécuté par les mêmes artistes que la décoration extérieure. Si l'on en croit les vues intérieures d'une église qui n'existe pas encore, dues à De Wailly et à Glomy, de la peinture avait été prévue sur les voûtes en pendentifs. De même, dans le projet à trois coupoles (apothéose de sainte Geneviève), sur la deuxième coupole, puisque la première s'ouvre sur celle-ci.

La figure sommitale de la tour-lanterne, qui apparaît jusqu'à son remplacement par un lanternon, est la figure de la Foi : nous n'avons pas trouvé confirmation qu'on avait envisagé à cette place une figure de sainte Geneviève. Les figures assises, en ronde bosse, au pied de la tour-lanterne dans le projet de 1757-1758, sont les Évangélistes. Les Pères de l'Église se joignent probablement aux Évangélistes quand les figures se multiplient. Seul le décor sculpté du portique et des vaisseaux avait reçu un début d'exécution ; il a été détruit lors de la transformation en Panthéon. Au tympan du fronton avaient été prévus presque simultanément un Sacrifice de la Messe et une sainte Geneviève distribuant du pain aux pauvres. Finalement, c'est une Adoration de la Croix qui y est sculptée, par Guillaume II Coustou, à partir de 1769. En 1776 sont engagés les sculpteurs des cinq reliefs sous le portique : au centre, sainte Geneviève distribuant du pain aux pauvres, par Jean-Philippe Beauvais ; à gauche, sainte Geneviève recevant une médaille de saint Germain d'Auxerre, par Nicolas-François Dupré ; à droite, sainte Geneviève rendant la vue à sa mère, par Pierre Jullien[76] ; aux extrémités, scènes de la vie de saint Pierre et de saint Paul, les anciens patrons de l'ancienne église, par Jean-Antoine Houdon et Louis-Simon Boizot. Les chapiteaux ont été sculptés par Guillaume II Coustou, d'après un moulage d'un chapiteau de la Colonnade du Louvre.

Du mobilier prévu, nous ne connaissons que la châsse, la gloire du ou des autels, les tombes de Descartes et du physicien J. Rohault. D'après Piganiol de La Force[77], il était prévu de mettre dans la nouvelle église « les tombeaux des hommes célèbres qui sont dans l'ancienne église et ceux que l'on enterrera par la suite dans la nouvelle ». Les six candélabres du maître-autel de l'église Saint-Gervais-Saint-Protais (ill. 145 et 146) proviendraient de Sainte-Geneviève et auraient été dessinés par Soufflot[78]. Le style est proche de celui des candélabres exécutés pour Notre-Dame par Caffieri, collaborateur de Soufflot. Cependant, ces candélabres portent le monogramme S. G. et S. P. : le monogramme S. P. (Saint-Protais) a-t-il été ajouté au moment d'une restauration ?

---

66 - Projet non daté, non identifié (Montréal, Centre canadien d'architecture, DR 1975 : 0001 à 0003), provenant de la galerie Heim de Londres (cat. *French Drawings,* 1975). Dessins (plume et lavis) : élévation antérieure (24,6 x 38,8 cm) ; coupe longitudinale (25,4 x 37,5 cm) ; élévation géométrale sur l'angle (24,7 x 39,5 cm).
67 - *Colloque Soufflot,* p. 46-53, « Une maquette inédite de Sainte-Geneviève datée de 1774 », communication de Georgette Dargent.
68 - Dessin, 47 x 65 cm (Archives nationales, N III Seine 1.093).
69 - Lavedan (Pierre), « Projet pour l'église Sainte-Geneviève », *Bulletin de la Société d'histoire de l'art français,* 1954, p. 34-36. Un dessin avec variante sur une rotonde, appartenant à P. Angoulvent. Ne connaissant ce dessin que par cette publication, nous ne pouvons vérifier le meilleur argument de Lavedan qui est que le fronton représenterait sainte Geneviève distribuant du pain aux pauvres, identification qui nous paraît fautive (il s'agirait plutôt d'une Cène).
70 - Damiron (Suzanne), « Dessins inédits d'architecte du XVIIIe siècle pour l'église Sainte-Geneviève », *Bulletin de la Société de l'histoire de l'art français,* 1960, p. 27-32. Dessins de la collection Jacques Doucet (bibliothèque d'Art et d'Archéologie, OA 83 et OA 24-26). Il y a deux projets qui présentent en effet des points communs avec les projets de Soufflot pour Sainte-Geneviève, mais rien ne permet d'affirmer qu'il s'agit bien des projets de Soufflot pour Sainte-Geneviève, ni même de contre-projets plutôt que de projets pour un tout autre programme : dans le premier projet (OA 24-26), rien n'est prévu pour recevoir la châsse de la sainte ; dans le second (OA 83), le fronton représente plutôt un baptême de Clovis, qui peut être, il est vrai, un rappel de l'église primitive, tombeau de Clovis, de Clotilde et de Geneviève.
71 - *Principale grue servant à la construction de l'église Sainte-Geneviève* (musée Carnavalet).
72 - Machine à éprouver la force des matériaux, que Soufflot a fait exécuter par Rondelet en 1775, gravure de Gaitte.
73 - Ferme de la charpente ; dessin de Lequeu ? (BNF, Est., Va 259 b).
74 - Chaînage en fer des voûtes plates et du fronton du portique *d'après les desseins et sous la conduite de feu Mr Soufflot [...] mis au jour en 1791 par Mr Dumont* (musée Carnavalet). Détails du fronton, dessins de Lequeu (BNF, Est., Va 259 b).
75 - Mathieu, p. 387-397.
76 - Scherf (Guilhem), « Pierre Jullien et le décor sculpté de l'église Saint-Germain de Paris », *La Revue du Louvre et des musées de France,* 1988, n° 2, p. 123-137. Modello en terre cuite par Jullien (musée du Louvre).
77 - *Op. cit.,* p. 103.
78 - Brochard (chanoine Louis), *Église Saint-Gervais,* 1938, p. 307-308. Ces candélabres ont été donnés par le marguillier Marie-Bernardin Denise, avocat et adjoint au maire de l'arrondissement, qui les avait acquis après la Révolution. D'après le registre des délibérations du conseil de fabrique (cité d'après les dossiers de la Conservation des œuvres d'art religieuses et civiles de la Ville de Paris), six candélabres ont été acquis le 7 nivôse an XII de M. Camiset, grâce à des dons anonymes, et six autres en 1826. Il y a en effet deux séries de candélabres sur le maître-autel : seule l'une de celles-ci pourrait venir de Sainte-Geneviève.

173 - Paris, place devant Sainte-Geneviève et Écoles de droit, projet de 1757. Inscription : *Approuvé ce nouveau plan, Versailles, le 2 mars 1757 [signé] Louis*

174 - Paris, église Sainte-Geneviève, projet de place de 1764. Inscription : *A. Pillier où doit être posée la 1ère pierre.*

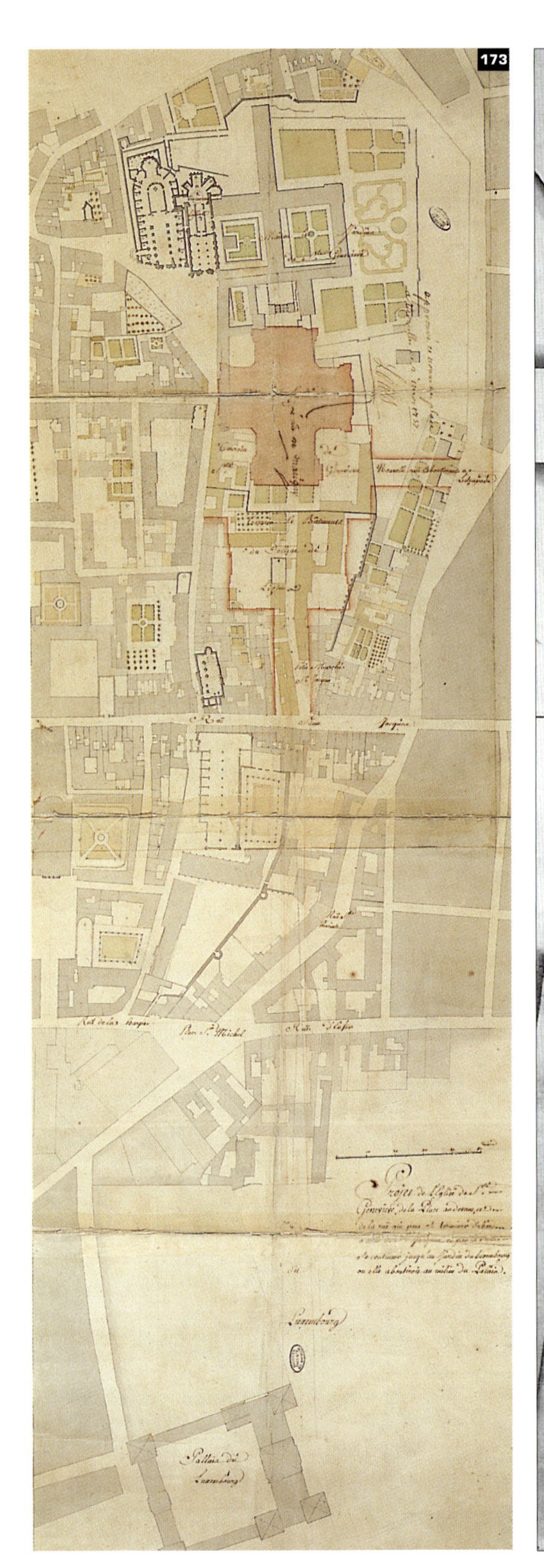

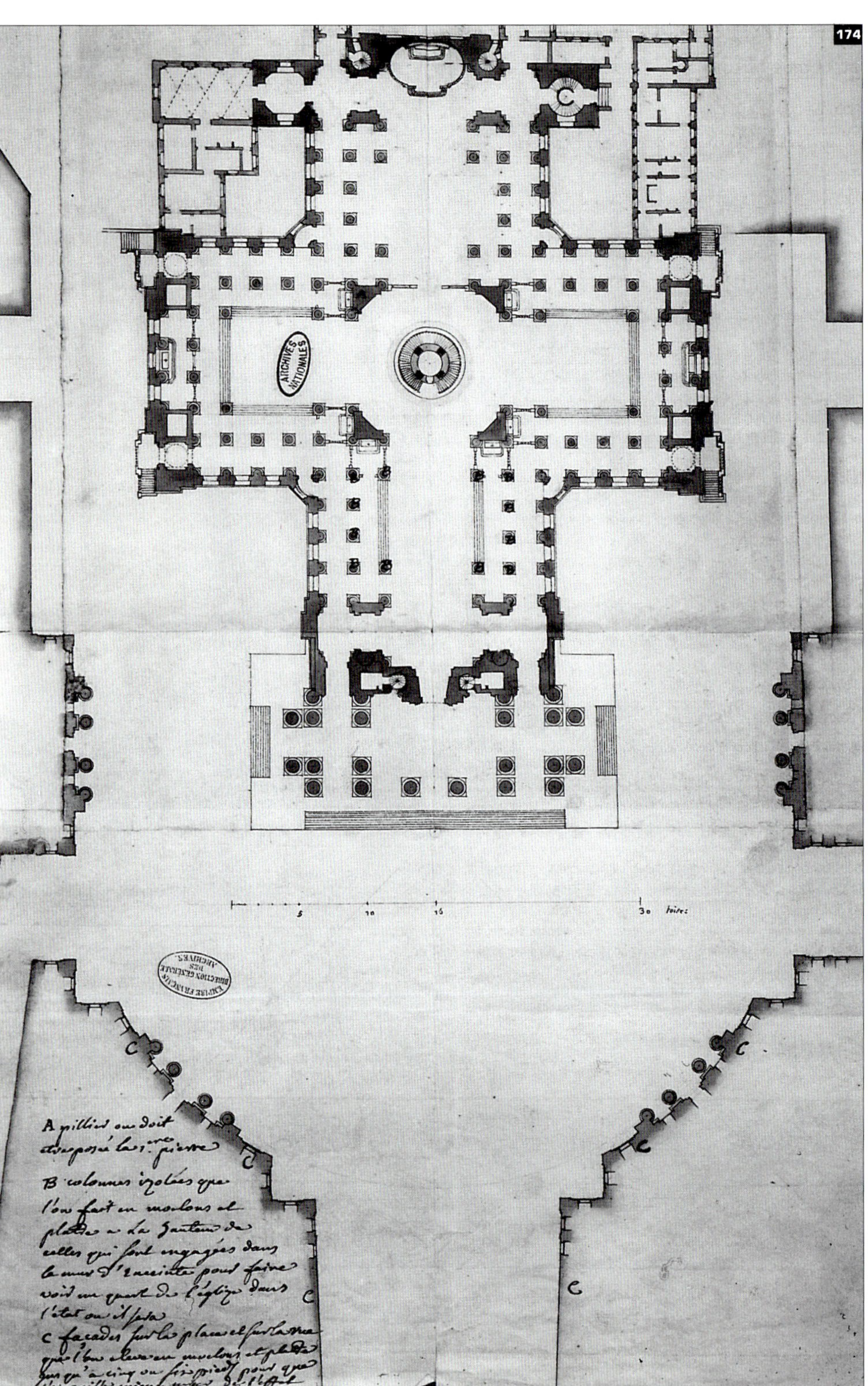

175 - Paris, église Sainte-Geneviève, *Plan du quartier de Ste Geneviève.*

176 - Paris, Écoles de droit, cour intérieure.

177 - Paris, Écoles de droit, projet signé Soufflot et daté *24 octobre 1763.*

Paris. Place devant Sainte-Geneviève et Écoles de droit (ill. 52 et 53, 175 à 177)

Le projet de Soufflot pour l'église Sainte-Geneviève, que le roi approuve le 2 mars 1757, comprenait une place carrée et une rue médiane allant jusqu'au jardin du Luxembourg. Ce développement est connu par un plan gravé par Bellicard dont le dessin original est à la Bibliothèque nationale de France[79]. En 1763, Soufflot propose une place circulaire et une rue en perspective forcée (ses côtés sont convergents). Sur la face nord de la place sont prévues les Écoles de droit. Rien n'est encore prévu pour la face sud. En revanche, des bâtiments, sans affectation, présentant des façades à colonnes, sont projetés au nord et au sud du portail de l'église. Ce projet est connu par un plan de 1764 indiquant l'endroit où le roi doit poser la première pierre de l'église (ill. 174)[80], par la planche générale des places Louis-XV (voir notice) publiée par Patte dans *Monuments érigés en France à la gloire de Louis XV* (1765) et par le plan de Paris de De La Grive (vers 1767) (ill. 175)[81].

Le plan de Patte étant consacré aux projets de place Louis-XV, on peut se demander si l'on n'a pas songé à mettre devant Sainte-Geneviève une statue de Louis XV. Trois dessins de Gabriel de Saint-Aubin, datés 1776, montrant la place en construction[82], confirment que le projet était bien celui d'une place royale (ill. 50 et 51) : on y voit une statue pédestre qui, en dépit de la date des dessins, doit être une statue non de Louis XVI, mais de Louis XV, fondateur de la nouvelle église. L'un des dessins porte le texte d'inscription à placer sur les quatre côtés du socle : ce texte, assez singulier, est probablement de l'invention de Saint-Aubin et ne devait pas être destiné à la réalisation, mais il a le mérite de confirmer que la statue est bien royale. L'un des dessins porte la mention *vüe prophetique de l'Eglise de Ste Genevieve pour l'an 3000* et une référence au *discours de Mr. cochin dans le mercure de 1769*. Il s'agit de toute évidence de l'article de Cochin paru dans le *Mercure* de 1757, dans lequel Cochin imaginait les réactions d'un voyageur à Paris en 2355[83]. En montrant la place inachevée en l'an 3000, Saint-Aubin se fait sans doute l'écho des critiques portant sur la lenteur des travaux. Entre ces trois dessins est intercalé un dessin représentant un groupe de magistrats en haut relief, qui était peut-être destiné à orner l'École de droit.

Le projet de Soufflot pour les Écoles de droit date de 1763 (ill. 53, 177)[84]. Au rez-de-chaussée sont prévus des appartements de fonction, deux salles de cours, la salle des actes, avec en annexe un salon et une tribune pour les dames qui assistent aux soutenances de thèses ; au premier, l'appartement du doyen, la bibliothèque et

79 - Plan signé Louis XV (Archives nationales, O1 1694 et 1695). Dessins en couleurs et gravure portant le numéro 1 de la série gravée par Bellicard sur le projet de 1757 pour Sainte-Geneviève (BNF, Est., Va 259 b).

80 - Deux dessins, l'un signé Soufflot (47 x 28 cm), l'autre signé Louis XV et Marigny (12,5 x 42,5 cm) (Archives nationales, O1 1694).

81 - Bibliothèque historique de la Ville de Paris.

82 - Rosenberg (Pierre), *Le Livre des Saint-Aubin*, Paris, 2002, p. 94-97.

83 - Cochin, *Recueil de plusieurs pièces concernant les arts*, extrait du *Mercure de France*, 1757, p. 76.

84 - Projets signés Soufflot et datés (Archives nationales, N III Seine 5431-3).

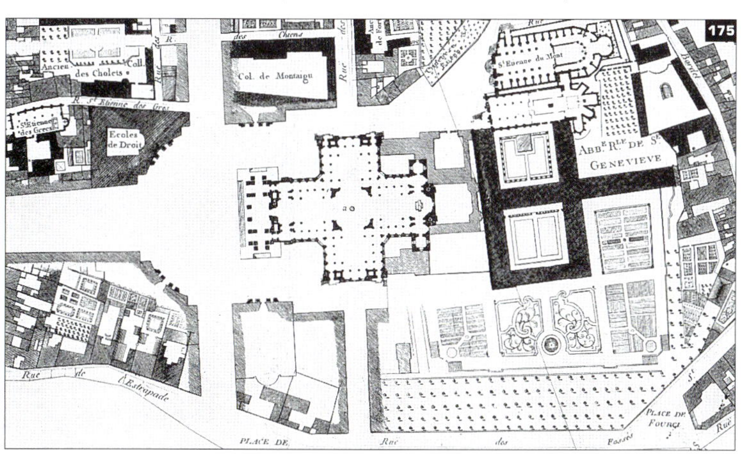

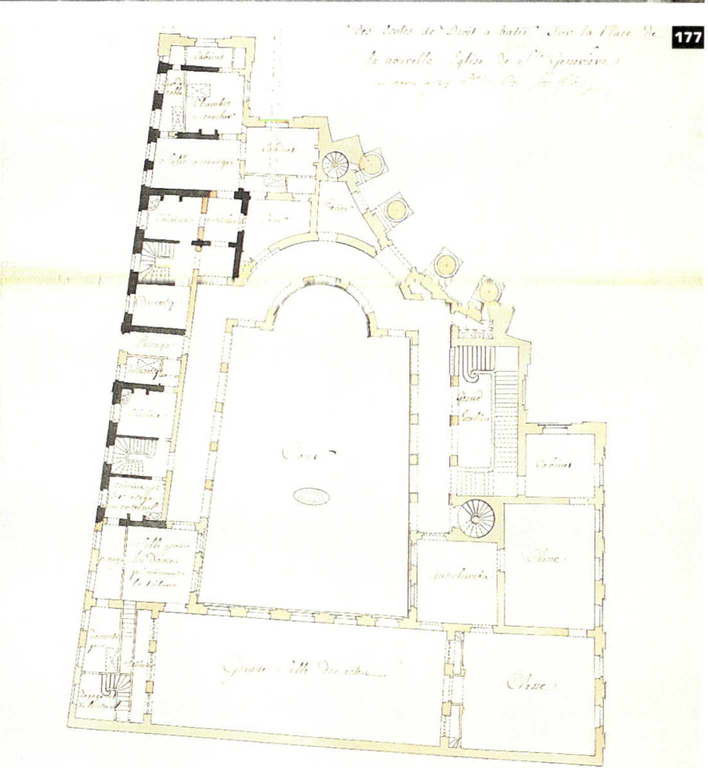

les salles d'examen. Le projet de façade présentait un ordre dorique auquel a été finalement préféré un ordre ionique (ill. 176). En 1774, les étudiants prenaient possession des lieux, mais les travaux n'étaient pas achevés. Pour le côté sud de la place, Soufflot avait pensé d'abord à une faculté de théologie. Finalement, c'est la mairie du Ve arrondissement qui y sera construite au XIXe siècle.

Paris. Église Saint-Sauveur

Cette église, que seule la rue Saint-Sauveur rappelle aujourd'hui, menaçait ruine en 1775. L'Académie consultée aurait préconisé la reconstruction. D'après Quatremère de Quincy son biographe, Chalgrin a présenté un projet avec une maquette. Lequeu et Poyet ont également présenté un projet. C'est finalement Poyet qui entreprit la reconstruction en 1778 : peut-être seulement en 1784 ou 1785, date à laquelle Poyet est contrôleur des Bâtiments de la ville. L'église inachevée a été détruite à la Révolution. Elle n'a pas, à notre connaissance, fait l'objet d'une étude méritant d'être citée. Aussi a-t-on ignoré le « projet et devis de l'église Saint-Sauveur par M. Soufflot », signalé dans la *Vente Soufflot*.

Paris. Séminaire du Saint-Esprit[85]

En 1731, la congrégation du Saint-Esprit fait l'acquisition d'un terrain à l'angle des rues des Vignes et des Postes (actuelles rues Rataud et Lhomond) pour y faire bâtir son séminaire. De 1732 à 1734 est construite l'aile en bordure de la rue des Vignes. En 1769, la chapelle est commencée par Nicolas Le Camus de Mézières, mais les travaux sont interrompus l'année suivante faute d'argent. La chapelle est achevée de 1775 à 1778 sur les plans de Chalgrin, qui élève aussi, de 1778 à 1782, l'aile sur la rue des Postes. On a attribué à Soufflot la construction de cette aile, de la chapelle et même du grand escalier qui se trouve dans l'aile sur la rue des Vignes[86]. Il semble que Soufflot se soit contenté d'établir en 1770 un rapport, d'ailleurs élogieux, sur les travaux de Le Camus.

Paris. Tombeau du comte de Caylus à Saint-Germain-l'Auxerrois[87] (ill. 30)

Le tombeau du comte de Caylus dans la chapelle Saint-Vincent de l'église Saint-Germain-l'Auxerrois était essentiellement formé d'un sarcophage antique de porphyre, porté par des griffons, qui appartenait au comte et que celui-ci avait publié dans son *Recueil d'antiquités égyptiennes, étrusques, grecques, romaines et gauloises*[88]. Caylus justifie l'emploi du mot « urne » pour désigner ce sarcophage ; il reconnaît que les griffons ne sont pas très beaux ; cependant, il avait mis ce monument dans son jardin et le destinait à son tombeau. Le tombeau comprenait en outre un médaillon représentant le comte, dû au sculpteur Louis-Claude Vassé. Le tombeau a été plusieurs fois gravé[89]. Il a été recueilli au musée des Monuments français puis au département des Antiquités du Louvre. Le 22 mars 1766, l'Académie royale de peinture et de sculpture consultée sur l'intention d'ériger un tombeau pour Caylus, sachant que le comte avait prévu à cet effet une urne de porphyre et choisi Soufflot pour en faire l'aménagement, désigne celui-ci, associé libre de cette académie, pour exécuter le tombeau.

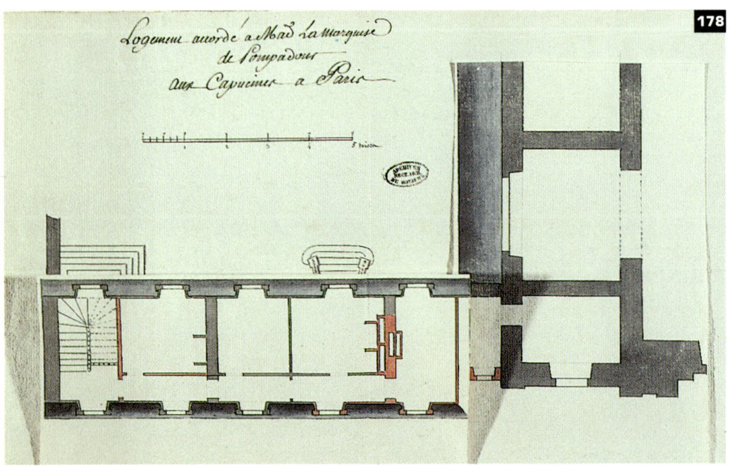

178

Paris. Val-de-Grâce

En 1775, Soufflot remplace le perron de l'église par celui qui a subsisté jusqu'à aujourd'hui. Nous n'avons pas trouvé la source de cette information, donnée par A. Boinet[90].

Paris. Couvent des Capucines[91] (ill. 178)

Mme de Pompadour achète un caveau dans l'église du couvent des Capucines de la place Vendôme pour y inhumer sa fille morte en 1754, à l'âge de dix ans. Elle y sera elle-même enterrée en 1764. Pour y faire retraite et se recueillir sur la tombe de sa fille, elle se fait établir un pied-à-terre dans le couvent même par Soufflot, qui est son architecte depuis 1755[92].

Paris. Palais du Louvre (ill. 43 et 54, 78 à 80)

Nous renvoyons à l'étude de Monval[93] pour ce qui concerne les efforts faits par Soufflot pour vider le Louvre de ses occupants. Il faudra attendre l'achèvement de l'étude de Guillaume Fonkenell sur le Louvre du XVIIIe siècle pour avoir un état détaillé des travaux de Soufflot dans le Louvre.

Les ailes de la cour Carrée construites du temps de Louis XIV ne sont ni couvertes ni ornées. Dès le 7 avril 1756, Soufflot reçoit l'ordre de détruire le troisième niveau de façade sur la cour et de faire régner à sa place l'attique du même dessin que celui de la façade élevée par Lescot au XVIe siècle ; mais, un mois après, contrordre : on garde le troisième niveau, avec un ordre de colonnes, c'est-à-dire la solution retenue par Perrault. L'essentiel des travaux réalisés du temps de Soufflot porte sur l'ornementation qui est l'œuvre du sculpteur Guillaume II Coustou, et apparemment de lui seul. En 1770, alors que les travaux ne sont pas achevés, Soufflot est contraint à démonter les échafaudages, qu'il aurait fallu restaurer, et à les vendre.

Soufflot a cependant réalisé le « guichet » (ill. 43 et 54) qui assure la sortie nord de la cour Carrée. Dans l'axe de celui-ci, il projette de régulariser l'impasse du Coq, de l'ouvrir sur la rue Saint-Honoré, et d'ouvrir une autre rue le long de l'aile nord de la cour Carrée, ce qui ne sera réalisé qu'au XIXe siècle (rues Marengo et de Rivoli). Devant la Colonnade, il ne parvient à détruire qu'une partie des constructions qui s'y adossaient[94].

En 1769-1770, il aurait annoté les projets de Perrault pour réunir le Louvre aux Tuileries, à un moment où le dauphin, fils de Louis XV, aurait eu l'intention de s'installer aux Tuileries. Cependant, parfaite illustration des contradictions entre l'intérêt général et les intérêts particuliers, Soufflot remanie pour Marigny, rue Saint-Thomas-du-Louvre, l'hôtel de la direction des Bâtiments, qu'il aurait fallu détruire avec tout le quartier compris entre Louvre et Tuileries (voir notice).

Quant à l'occupation du Louvre lui-même, on songe à y mettre le Grand Conseil, le Collège royal, la bibliothèque royale et les collections royales, sans seulement parvenir à en chasser les occupants.

Le 28 septembre 1767, Soufflot a remis un « Mémoire sur l'établissement de la Bibliothèque du Roi dans le Louvre » à Marigny, qui, sur un rapport enthousiaste qu'il fait au roi[95], obtient l'accord de Louis XV. Le mémoire précise : « Au premier étage du Louvre du côté de la rivière, on pourrait former quatre grandes galeries réunies par un salon immense et terminées par deux autres presque aussi vastes. Si l'on donnait après cela à ces grandes pièces une hauteur convenable, on pourrait les éclairer par les fenêtres du second étage, et placer des livres de tous les côtés dans des armoires dont la hauteur serait au moins égale à celle des armoires de la bibliothèque actuelle. [...] La moitié de la Colonnade dans laquelle on entrerait par le premier salon procurerait une promenade couverte très agréable et très commode pour les savants, dans les moments où ils voudraient prendre l'air. L'escalier principal serait fort vaste, et conduirait ainsi qu'à la bibliothèque aux salles du Grand Conseil. » Le mémoire était accompagné de plans que Soufflot réclame à Marigny pour pousser plus avant le projet. Le projet date de 1768 (ill. 78 à 80)[96]. On ne met pas sans mal les dessins en rapport avec le mémoire : l'étage-noble de l'aile sud, côté Seine, est rempli par des galeries jumelées avec un salon dans le pavillon central (soit deux fois deux galeries séparées par le salon) ; la partie sud de l'aile est, celle de la Colonnade, est occupée par l'escalier. Il faut évidemment mettre en rapport avec ce projet de 1768 le relevé de la bibliothèque de S. Maria sopra Minerva commandé l'année même par Soufflot à D'Arnaudin et Heurtier, alors pensionnaires à Rome[97].

178 - Paris, appartement de Mme de Pompadour au couvent des Capucines.

L'abbé Terray, successeur de Marigny, relance le projet. Le 11 mars 1774, Soufflot lui adresse son plan de 1768, avec, sous une rotonde, un projet d'escalier plus modeste que celui de 1768. En 1774, Soufflot a demandé à Pâris et à Huvé, alors pensionnaires à Rome, un relevé de la bibliothèque du Vatican[98].

D'Angiviller, successeur de Terray, abandonne l'idée de la bibliothèque au profit du « Museum[99] », c'est-à-dire le rassemblement des collections royales de peinture et de sculpture dans la Grande Galerie. En 1776, Soufflot vide la Grande Galerie en transportant aux Invalides la collection des plans-reliefs. En 1778, il propose d'obturer les fenêtres de la Grande Galerie, de construire un attique au lieu du toit et d'y percer des baies qui donneront sur la galerie un éclairage zénithal : l'obturation permettrait à la fois d'éviter les jours directs et de donner des emplacements aux œuvres d'art. En 1780, il fait un deuxième projet, moins coûteux. Cependant, la décision de D'Angiviller est suspendue aux conclusions d'un comité qui a été formé pour conseiller le directeur : il comprend des architectes mais aussi les peintres Pierre et Robert et le sculpteur Pajou.

La seule réalisation a été la construction posthume en 1780 par Brébion, collaborateur de Soufflot, d'un escalier dessiné par ce dernier dans la cour de l'Infante (cour du Sphinx). Il donnait accès à la galerie d'Apollon et, par là, au salon Carré, lieu des manifestations dites du Salon, et à la Grande Galerie. C'était l'amorce du musée. Cependant, trop exigu pour cette fonction, il a été doublé par le grand escalier de Percier et Fontaine : les deux escaliers ont été sacrifiés dans les travaux de Napoléon III.

Paris. Palais des Tuileries et liaison Louvre-Tuileries

L'Opéra du Palais-Royal ayant brûlé en 1763, Soufflot reçoit commande de reconstruire une salle parfaitement identique à celle qui vient de brûler dans la salle des Machines, la salle d'Opéra aménagée au XVIIe siècle dans le palais des Tuileries[100]. Celle-ci ayant une scène gigantesque, Soufflot a pu y faire tenir salle et scène du nouvel Opéra. Les principales dispositions en sont connues par un plan de Brébion, le collaborateur de Soufflot[101]. Les gravures représentant l'apothéose de Voltaire, de mars 1778, qui a eu lieu dans ce théâtre (où la Comédie-Française avait alors remplacé l'Opéra) donnent quelques informations complémentaires. Le dauphin Louis, fils de Louis XV et père de Louis XVI, qui ne régna pas (il est mort en 1765), avait l'intention de s'installer, une fois roi, dans le palais des Tuileries. En 1769 et 1770, l'idée est reprise par Marie-Antoinette, encore dauphine. Elle fait examiner « les originaux de la main de Perrault, faits par ordre de Colbert pour lier la colonnade du Louvre avec les Tuileries, et les corrections qui ont occupé Soufflot sur cette partie pendant vingt ans [...]. En 1774, la reine insista beaucoup pour habiter Paris », lit-on dans les *Mémoires du ministère du duc d'Aiguillon*[102]. Il semble que la reine, devant les réticences du roi, ait reporté le projet sur la Muette (voir notice) ; mais le passage des *Mémoires* n'étant pas clair, il est possible que Soufflot soit intervenu aux Tuileries pour rendre le palais habitable par la monarchie.

Paris. Théâtre de l'hôtel de Coigny[103]

En 1772, Soufflot propose de construire une salle de spectacle à l'emplacement de l'hôtel de Coigny. Le duc de Coigny, Premier Écuyer du roi, commandant la Petite Écurie du roi, occupait l'hôtel de fonction flanquant en son milieu l'aile de la Grande Galerie du Louvre. Le projet est connu par un passage des *Mémoires du ministère du duc d'Aiguillon*[104] : « On proposa en 1772 [...] de construire une salle de spectacle en croix grecque (moins vaste, mais dans la forme de celle de Versailles) [...] dans le local qu'occupe M. le Duc de Coigny. [...] Par là on entoure ce vaste quarré de boutiques, qui, selon le calcul de Soufflot remis au roi, seroient louées trente mille livres par an. [...] On jète une arcade de la galerie des plans devenue musoeum [c'est-à-dire la Grande Galerie qu'on se proposait de transformer en musée pour recevoir les collections du roi] pour arriver au spectacle de plain-pied. » La proposition de mettre le musée et le théâtre en communication est singulière.

Paris. Théâtre à l'hôtel de Conti[105] (ill. 74 et 75)

En 1761, Marigny entretient Soufflot de son intention de faire construire un théâtre pour la Comédie-Française à l'emplacement de l'hôtel de Conti en bord de Seine. En 1763, Marigny examine les plans de Soufflot. Rien n'est décidé.

Le département des Estampes de la Bibliothèque nationale conserve deux projets anonymes présentant la principale disposition arrêtée par Marigny, à savoir une colonnade tournante en laquelle vient se placer la salle. Monval se demandait s'il ne fallait pas y reconnaître l'un des projets de Soufflot. Le premier projet est illustré par un plan et une élévation perspective (ill. 74 et 75) qui ont été malencontreusement dissociés par le classement. Le plan porte explicitement la localisation au quai Conti[106] ; l'élévation[107] montre une colonnade sur soubassement à bossages. Le second projet, qui n'est illustré que par une élévation géométrale muette (ill. 76) [108], ne doit apparemment sa localisation qu'au fait que cette élévation a été par erreur associée au plan du premier projet. Nous présentons dans notre texte principal les arguments que l'on peut développer en faveur d'une attribution du premier projet à Soufflot et du second à Pierre-Gabriel Bugniet, qui, le premier, aurait soumis à Marigny l'idée de la rotonde.

M. Mosser a attribué le premier projet à Antoine[109]. Cependant, l'article du *Mercure de France* de 1770, cité comme preuve, ne parle pas d'Antoine mais d'un projet de Bugniet de 1761, qui aurait été connu (entendez : imité) de quelques académiciens, dont Soufflot. En revanche, il est bien question, dans l'*État actuel de la Musique du roi* de 1770, d'un projet d'Antoine pour l'hôtel de Conti, datant de 1770, mais sans aucune précision formelle. Si bien que nous ne voyons pas pourquoi l'attribution à Antoine serait préférée à celle de Soufflot, qui, à notre connaissance, est le seul des deux à avoir fait sûrement un projet de théâtre à rotonde au quai Conti.

85 - Ernoult (Jean), *La Maison mère de la congrégation du Saint-Esprit,* 30, rue Lhomond, Paris, 1997.
86 - Hautecœur, t. IV, p. 198-217.
87 - Monval, p. 374. Stein (Henri), « Louis-Claude Vassé », in *Réunion des sociétés des beaux-arts des départements,* 1886, p. 405. Clarac (comte de), *Description du musée des Antiquités du Louvre,* 1830, p. 41 et 42.
88. - T. VII, 1767, p. 234 et pl. LXVI.
89 - Gravure dédiée au comte de Maurepas, *Vassé delineavit, Pierre Chenu sculpsit* (BNF, Est., Nr Caylus).
90 - Boinet (Amédée), *Les Églises parisiennes,* Paris, t. II, 1962, p. 238.
91 - Gallet (Danielle), *Madame de Pompadour,* Paris, 1985, p. 175.
92 - Dessin, plan (Archives nationales, O11069194).
93 - Monval, p. 151-239.
94 - Chastel (André) et Pérouse de Montclos (Jean-Marie), « L'aménagement de l'accès oriental du Louvre », *Les Monuments historiques de la France,* juillet-septembre 1966, p. 176-249.
95 - Archives nationales, O1 1554, mémoire publié in extenso, avec le commentaire de Marigny, in Monval, p. 186-188.
96 - Projet de la bibliothèque du roi (musée du Louvre, département des Arts graphiques, « Recueil du Louvre », t. II) : fol. 55, Plan du rez-de-chaussée de la moitié sud de l'aile de la Colonnade et de l'amorce de l'aile sur la Seine, signé et daté Soufflot 1768, 129 x 91 cm ; fol. 56, Plan du premier étage, signé et daté Soufflot 1768, 125,8 x 160,2 cm ; fol. 57, Coupe longitudinale et coupe transversale sur l'escalier dans l'aile de la Colonnade, 49,2 x 105,4 cm (dans la coupe longitudinale, le vestibule de l'aile est à gauche, dans la coupe transversale, la Colonnade est à gauche ; dans ce dessin, ni signé ni daté, les fenêtres sur la Colonnade sont bouchées) , fol. 59, Coupe sur la bibliothèque dans l'aile en bord de Seine, signée et datée Soufflot 1768, 47 x 47 cm (à gauche, façade sur la cour Carrée, à droite, façade sur Seine) ; fol. 60, Coupe transversale sur l'escalier, signée et datée Soufflot 1768, 47 x 32,7 cm ; fol. 60bis, Coupe longitudinale sur l'escalier, signée et datée Soufflot 1768, 46,4 x 63,6 cm (la principale différence avec la coupe longitudinale du fol. 57 est que les fenêtres sur la Colonnade sont ouvertes).
97 - *Correspondance des directeurs,* lettres des 1er février et 2 mars 1768.
98 - Archives nationales, O11677B.
99 - *Le Louvre d'Hubert Robert,* Louvre, dossier du département des Peintures, n° 18, 1979.
100 - Monval, p. 173-180.
101 - Babeau (Albert), « Le théâtre des Tuileries sous Louis XV et Louis XVI », *Bulletin de la Société de l'histoire de Paris et de l'Île-de-France,* 1895, p. 150-160.
102 - *Mémoires du ministère du duc d'Aiguillon,* p. 259-260.
103 - Monval, p. 292.
104 - P. 312 et 313.
105 - Monval, p. 173-180.
106 - BNF, Va 263 a.
107 - BNF, Va 262.
108 - BNF, Va 263 a.
109 - Mosser (Monique), « Jacques-Denis Antoine, créateur », in *L'Institut et la Monnaie,* ouvrage collectif, Paris, 1990, p. 166-167.

Paris. L'Observatoire[110]

L'Observatoire de Perrault menaçant ruine, Soufflot établit en 1751 un devis de réparation, sans effet, réactualisé en 1767. Rien n'est fait avant 1775. L'étanchéité des terrasses n'étant plus assurée, on décide en 1778 d'essayer sur une partie le mortier inventé par Loriot.

Paris. Palais du Luxembourg[111] (ill. 111 à 114)

Comme le Louvre, le palais du Luxembourg dépend du contrôle général qu'exerce Soufflot et, comme au Louvre, celui-ci y dépense le meilleur de son temps à régler les problèmes posés par l'occupation des lieux par des privilégiés et par un entretien rendu aléatoire faute d'argent.

En 1756, il aménage une salle pour recevoir les tableaux des *Ports de France* de Joseph Vernet, à la suite du musée provisoire que Tournehem y avait créé en 1750 pour recevoir une partie des collections royales, jusqu'alors inaccessibles au public.

Le Luxembourg étant l'exutoire habituel des problèmes que Soufflot ne parvient pas à résoudre au Louvre, celui-ci propose en 1757 de créer une sorte de cité dans les jardins du palais pour recevoir les artistes qui abandonneraient leur logement au Louvre. En 1767, il reprend ce projet, qui est approuvé par le roi le 1er janvier 1768 mais qui ne sera pas exécuté[112]. « L'établissement » aurait été formé de douze maisons d'artiste, « d'une pour un concierge où ils [les artistes] pourraient avoir, l'hiver au moins, une académie où l'on dessinerait d'après le modèle ; d'une autre pour le suisse du Luxembourg et d'un grand atelier pour les fontes ». Le projet prévoyait aussi la construction de communs et l'ouverture d'une rue allant à l'église Sainte-Geneviève.

En 1776, le Luxembourg est donné en apanage au comte de Provence. Pour loger le frère du roi, Soufflot dessine un projet qui ne sera pas exécuté (ill. 111 à 114). L'escalier, placé au centre du corps de logis, sera remplacé par un vestibule et reconstruit à droite de ce vestibule ; le corps de logis sera doublé en profondeur par rapport à l'alignement des pavillons de la façade sur jardin. C'est sensiblement ce que Chalgrin exécutera au XIXe siècle. De plus, Soufflot rasait le corps sur rue avec son célèbre pavillon d'entrée et remplaçait le tout par une colonnade. Il utilisait une colonnade de même type pour en faire une fabrique de jardin[113] (ill. 111).

Paris. Place Louis-XV entre l'île de la Cité et l'île Saint-Louis (ill. 49)

Sur le « Plan général de Paris où l'on a tracé les differrents Emplacemens qui ont été choisis pour placer la Statue équestre du Roi » (ill. 49), publié par Patte dans ses *Monumens érigés en France à la gloire de Louis XV* (1765), figurent deux projets de Soufflot : le projet de place carrée devant l'église Sainte-Geneviève, approuvé par le roi en 1757 – mais on ne sache pas qu'il ait été destiné à recevoir la statue royale (voir notice) ; un autre marqué *A*, situé entre les îles de la Cité et Saint-Louis, qu'il réunit. Ce dernier projet ne doit pas être relatif au concours ouvert en 1748 par Tournehem, le directeur des Bâtiments : Soufflot est alors fort occupé à Lyon ; son projet ne figure pas dans le recueil des projets de ce concours rassemblés par le comte d'Argenson[114]. De ce projet de Soufflot (négligé par Monval), on ne peut que dire qu'il est antérieur à la publication de Patte. Celle-ci contient en effet des projets postérieurs au concours de 1748.

Paris. Place Louis-XV entre le jardin des Tuileries et les Champs-Élysées[115] (ill. 47 et 48)

En 1753, Soufflot participe au concours ouvert par M. de Vandières, futur marquis de Marigny, successeur de Tournehem, réservé aux seuls académiciens. Ceux-ci doivent projeter sur l'emplacement qui deviendra en effet la place Louis-XV (place de la Concorde). Le projet de Soufflot (ill. 47 et 48) est connu par le recueil dans lequel Jacques-François Blondel a reproduit, par ordre de Marigny, les projets des académiciens[116] et par le commentaire des projets que Marigny a adressé au roi[117]. « La pensée de M. Soufflot est celle d'un habile artiste, dit Vandières au roi ; elle annonce beaucoup de talent, mais elle n'est point heureuse en ce qu'elle est déplacée. Les colonnades qui appuient ses quatre pavillons sont très bien imaginées eu égard à la nécessité de conserver le point de vue du petit Cours. L'élévation de ses quatre hôtels avec colonnade est magnifique et de toute beauté ; on y sent le génie. La forme de la place est bonne et le tout ensemble aurait quelque chose de majestueux. Mais on voit que l'auteur a travaillé avec répugnance un projet qui détruit cet accord admirable et unique des Tuileries avec les Champs-Élysées. Il me l'a avoué en me présentant son plan, et cet aveu est plus fort que tout ce que je pourrais dire. » Sur son plan général des places Louis-XV (voir notice précédente), Patte ne publie pas le concours de 1753, sans doute parce qu'on ne lui a pas donné accès aux projets.

Paris. Les Champs-Élysées et l'Étoile[118]

Au titre de son activité au Contrôle du département de Paris, Soufflot avance des propositions, trace des alignements de rues, refait les plantations, gère le domaine royal dans le quartier qui s'organise autour du grand axe est-ouest qui aboutit en 1772 au pont de Neuilly, construit par Perronet. Ici, comme pour le Louvre, l'ambition est de remplir le programme de Colbert ; rares, avant le XIXe siècle, sont les réalisations qui reprendront les idées exprimées au XVIIIe siècle. En 1774, on arase la butte de l'Étoile. À l'arrêt du Conseil d'État du 21 août 1777, concernant l'indemnisation des propriétaires à qui on a pris des terrains pour l'aménagement de l'Étoile, est annexé un plan de Soufflot[119]. C'est Soufflot qui a donné à cette place la forme ronde. La rue, qui prend le nom de Marigny, le directeur des Bâtiments, est ouverte par Soufflot, comme complément de son intervention à l'hôtel des Ambassadeurs extraordinaires (voir notice).

Pour toute cette question des travaux de Soufflot aux Champs-Élysées, pleine de rebondissements mais sans perspective, il faut relire la longue étude de Monval.

Paris. Fontaine près de la place Louis-XV (Place de la Concarde) (ill. 85)

On attribue à Soufflot la construction d'une fontaine publique qui sera détruite par le débouché de la rue de Rivoli sur la place de la Concorde. Cette fontaine est connue par un dessin de William Chambers représentant l'hôtel Saint-Florentin[120]. La fontaine apparaît à côté de l'hôtel. L'ouvrage a été érigé en 1769 et orné de sculptures de Guillaume Coustou. Cependant, l'attribution à Soufflot n'est pas solidement fondée[121]. La construction aurait été conduite par Gabriel. Le dessin paraît plus proche de l'art de Soufflot que de celui de Gabriel.

Paris. Fontaine au débouché de la rue du Coq[122]

Vers 1770, Soufflot envisageait la construction d'une fontaine publique dans la rue Saint-Honoré, au débouché de la rue du Coq (actuelle rue Marengo) qu'il s'apprêtait à régulariser pour en faire l'accès septentrional de la cour Carrée du Louvre. On ne sait si Soufflot a dessiné un projet pour ce programme. Mais celui-ci, repris pour le prix d'émulation de l'Académie d'architecture en décembre 1770, a été illustré par deux beaux projets des élèves Jean-François Chevalier et Nicolas-Claude Girardin[123].

Paris. Château d'eau de la Croix-du-Trahoir[124] (ill. 55 à 57)

En 1774-1776, Soufflot reconstruit le château d'eau de la Croix-du-Trahoir, qui existe encore (angle des rues de l'Arbre-Sec et Saint-Honoré) (ill. 57)[125]. Il est orné d'une naïade sculptée par Boizot. Il a été gravé par F. N. Sellier. Soufflot lui-même en a présenté les dessins à l'Académie royale d'architecture en 1778 (16 novembre).

Paris. La Douane et l'Hôtel des Fermes[126]

En 1767, Soufflot étudie l'installation de la Douane et l'hôtel des Fermes dans les locaux de l'ancien palais Mazarin rue de Richelieu et rue Neuve-des-Petits-Champs. On ne sait rien de cette étude. M. Gallet suggère un rapprochement avec *L'Intérieur d'une douane* (ill. 179), tableau de Nicolas-Bernard Lépicié, présenté au Salon de 1775 : d'après le commentaire de Diderot, ce tableau serait « fait entièrement d'après nature » : la galerie demi-circulaire à arcades pourrait être reprise d'un projet de Soufflot.

179 - N. B. Lépicié, *L'Intérieur d'une douane,* 1775

110 - Monval, p. 293-297.
111 - Monval, p. 272-291. Hustin (Arthur), *Le Luxembourg. Son histoire domaniale, architecturale, décorative et anecdotique,* 1911 ; pour la réalisation de cette monographie, la plupart des plans originaux cités ici ont été redessinés : les copies sont conservées au Sénat (agence d'architecture du Sénat).
112 - Archives nationales, O[1] 1685 et N III Seine 1205.
113 - Voir Berckenhagen (Ekhart), *Architektenzeichnungen 1479-1979,* cat. exp., Berlin-Dahlem, 1979, et Cologne, 1980, n° 183 (musée de Berlin, Hdz 7005).
114 - « Recueil d'Argenson », bibliothèque de l'Arsenal, ms. 3103.
115 - Monval, p. 124-125. Granet (Solange), *La Place de la Concorde,* Paris, 1963.
116 - Recueil conservé au musée Carnavalet. Montclos (Brigitte de), « Recueil Marigny », *Revue du Louvre,* 1997, n° 1, p. 91-92. Garns (Jörg), *Recueil Marigny. Projets pour la place de la Concorde, 1753* (sous la direction de B. de Montclos), Paris, 2002.
117 - Archives nationales, O[1] 1585.
118 - Monval, p. 240-271. Duchesne (Henri-Gaston), « Notes sur la place de l'Étoile », *Bulletin de la Société historique et archéologique des VIIIe et XVIIe arrondissements de Paris,* janvier-juin 1908, p. 120-126. Ariste (Paul d') et Arrivetz (Maurice), *Les Champs-Élysées,* 1913.
119 - Archives nationales, O[1] 1589.
120 - Londres, Royal Institute of British Architects. Voir Harris (John), « Sir William Chambers and his Album », in *Architectural History of the Society of Architectural Historians of Great Britain*, 1963, p. 54-90.
121 - Babeau (Albert), « L'hôtel Saint-Florentin et la fontaine de la place Louis XV », *Bulletin de la Société de l'histoire de Paris et de l'Île-de-France,* 1903, p. 53-57.
122 - Monval, p. 204 et 205.
123 - Pérouse de Montclos, p. 105.
124 - Monval, p. 307.
125 - BNF, Est., Ha 41.
126 - *De David à Delacroix. La peinture française de 1774 à 1830,* cat. exp., Paris, Grand Palais, 1974, notice 121.

179

Paris. Pont-Neuf[127]

Le Pont-Neuf est à la charge des Bâtiments du roi. En 1773, Soufflot propose de construire un corps de garde près de la statue d'Henri IV, proposition sans suite. En 1775, Soufflot fait une proposition plus large : nivellement de l'ensemble, suppression des boutiques « volantes » et construction de boutiques en dur dans les refuges. Ces boutiques seront construites[128], mais supprimées en 1851. Soufflot a également proposé de placer dans les refuges des statues des grands hommes.

Paris. Hôtel des Ambassadeurs extraordinaires[129]

L'hôtel d'Évreux, plus connu sous le nom de palais de l'Élysée (55, rue du Faubourg-Saint-Honoré), acheté en 1753 par la marquise de Pompadour, revient au roi à la mort de celle-ci en 1764. Soufflot est chargé de l'adapter pour le séjour des ambassadeurs extraordinaires, programme rapidement abandonné. Il ne semble pas que Soufflot ait eu le temps de faire d'importantes réalisations, à la réserve de l'ouverture de la rue Marigny (voir notice Les Champs-Élysées). On a conservé un « plan de l'hôtel des Ambassadeurs extraordinaires » de juillet 1767[130]. En 1773, l'hôtel est acheté par le financier Beaujon.

Paris. Hôtels Marigny, rue Saint-Thomas-du-Louvre[131]

Le 21 mars 1752, Marigny recevait du roi, au titre de ses nouvelles fonctions de directeur des Bâtiments, un grand et un petit hôtel compris entre les rues Saint-Thomas-du-Louvre et Fromenteau. Ceux-ci disparaîtront au XIXe siècle, en même temps que l'ensemble du quartier compris entre le Louvre et les Tuileries. Il ne semble pas que Marigny y ait fait faire des travaux avant son mariage en 1767. L'ensemble des travaux menés par Soufflot, secondé par Brébion en 1768-1769 avec la collaboration du sculpteur Guibert, des ébénistes Joubert, Œben, Cressent, des ciseleurs et orfèvres Caffieri et Germain, du tapissier Godefroy, ne concernait semble-t-il que le décor intérieur et le mobilier. D'autres travaux sont exécutés en 1777-1778, qui portaient sur un remaniement des bâtiments, dirigé par Charpentier et Thibault, entrepreneurs des Bâtiments du roi[132], la décoration et le mobilier. En marge de l'état des meubles peints et dorés, commandés en 1775, réglés en 1777, ont été dessinés une chaise et un fauteuil (ill. 180) [133].

Paris. Maison Marigny puis Lauzun, au faubourg du Roule[134] (ill. 23 à 25)

En 1759, Marigny achète au Roule une maison qu'il fait transformer par Soufflot. En 1768, il la fait reconstruire. Les travaux ne seront achevés qu'en 1770. Soufflot y a fait travailler Roche pour la ferronnerie, Guibert et Coquereau pour les lambris. La maison a été détruite en 1822. Le projet a été conservé[135]. La maison occupait les deux côtés de la rue de Monceau (et non de Courcelles) à l'angle de la rue du Faubourg-Saint-Honoré (emplacement du numéro 188). L'entrée se faisait entre deux pavillons sur cette dernière, mais le logis avait aussi une entrée directe sur la rue de Monceau. La basse-cour et les communs étaient à l'autre angle de ces rues. Soufflot serait intervenu dans le jardin : était-il l'auteur des fabriques, treillage, tente, kiosque chinois ? Chambers a fait un croquis du portail et du pavillon[136]. La façade du logis a été gravée par Durand et Janinet.

La maison a été occupée à partir de 1775 par Armand-Louis de Gontaut, duc de Lauzun. Certains biographes signalent un hôtel construit par Soufflot pour le duc de Lauzun ; L. Charvet précise que cet hôtel était au faubourg du Roule. Il s'agit de toute évidence de la maison de Marigny, mais il ne faut pas exclure que Soufflot y ait fait des travaux pour Lauzun.

Paris. Maison rue du Coq

Dans les *Mémoires du ministère du duc d'Aiguillon*[137], on trouve un bref catalogue de l'œuvre de Soufflot, dont « plusieurs maisons de particuliers. La dernière sise rue du Coq [...]. Cette maison a cela de remarquable que dans une langue de terrain, il s'y trouve une distribution, un logement inconcevables ». Vers 1770, Soufflot s'apprêtait à régulariser la rue du Coq (voir notice Fontaine au débouché de la rue du Coq). La maison de Soufflot a disparu dans les nouveaux aménagements de la rue Marengo, anciennement rue du Coq.

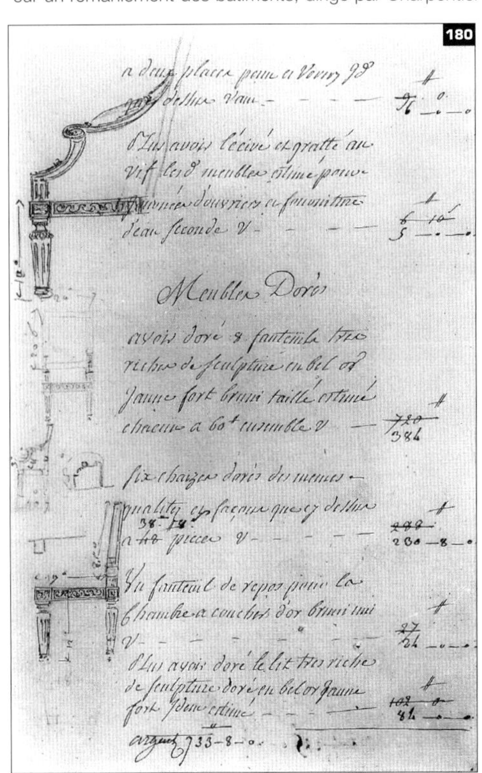
180

a deux places pour ce Verry 9d
dessus dans – – – – 9 / 6 – 0 – 0

Plus avoir lécivé et gratté au
vif les d. meubles estimé pour
journée d'ouvriers et fourniture
d'eau seconde – – – – 6 10 / 5 – 0

Meubles Dorés

avoir doré 8 fauteuils très
riches de sculpture en bel or
jaune fort bruni taillé estimé
chacun a 60 ensemble – 720 / 384

six chaizes dorés des mêmes
qualités et façons que cy dessus
a 38-16 pièces – – – – 288 / 230 – 8 – 0

Un fauteuil de repos pour la
chambre a couches d'or bruni uni
– – – – 27 / 24 – 0

Plus avoir doré le lit très riche
de sculpture doré en bel or jaune
fort idem estimé – – – 102 – 0 / 84 – 0

733 – 8 – 0

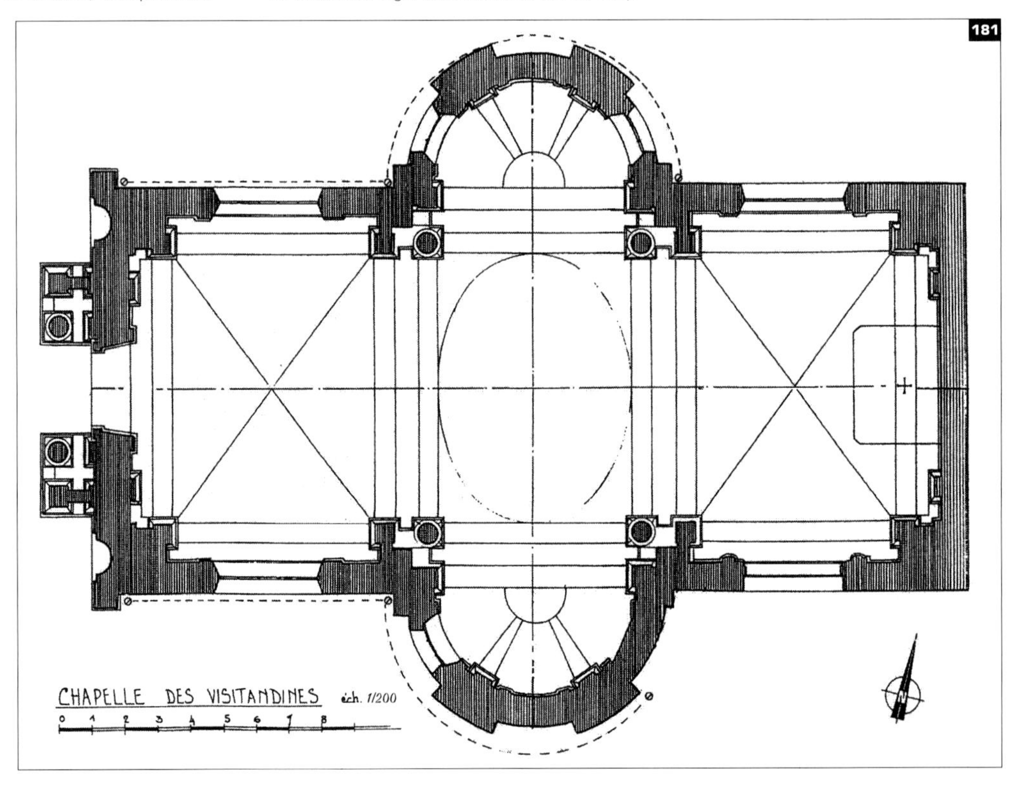

180 - Dessins de chaise et de fauteuil en marge d'un état des meubles commandés pour l'hôtel Marigny, rue Saint-Thomas-du-Louvre, réglés en 1777.

181 - Auxerre, église du couvent de la Visitation.

Paris. Immeuble Moreau, place de l'Estrapade[138]

Immeuble 1, place de l'Estrapade, compris entre les rues Lhomond et de l'Estrapade, construit en 1775-1776 pour Sylvain Moreau, maître charpentier, sur l'emplacement de deux maisons ; on les distingue encore dans la composition du XVIIIe siècle qui a créé l'illusion d'un logis unique. Il y avait primitivement deux portes principales (cochères ou bâtardes) sur la place : celle qui porte encore le numéro 1 ; l'autre, murée, correspondant à une maison qui avait aussi une entrée piétonne au numéro 29 rue de l'Estrapade (également murée). À une date ultérieure, la distribution a été reprise pour réunir totalement les deux maisons. Au début du XXe siècle, la tradition orale soutenait une attribution de la construction à Jacques-Germain Soufflot. Ce qui est sûr, c'est que Soufflot le Romain a habité l'immeuble dans sa partie côté rue de l'Estrapade au moment où il participait à l'achèvement de l'église Sainte-Geneviève voisine. Le style des élévations, celui des garde-corps en ferronnerie avec le monogramme *SM* de Sylvain Moreau rappellent celui de Jacques-Germain. On ne serait pas surpris de trouver le nom de Sylvain Moreau parmi ceux des artisans actifs sur le chantier de Sainte-Geneviève. Mais l'immeuble peut être aussi bien de Soufflot le Romain. Le dessin des deux portes principales, qui sont jumelles, a visiblement été dénaturé.

Paris. Manufacture des Gobelins[139]

Soufflot dirige la manufacture des Gobelins qui dépend du contrôle des Bâtiments du roi à Paris. Son activité est celle d'un administrateur, accablé de problèmes divers, le principal étant que les ouvriers, mal et irrégulièrement payés, ont tendance à partir pour l'étranger. De cette activité ne concernent notre propos que l'idée d'un nouveau métier de basse lisse permettant de relever l'ouvrage en cours d'exécution pour en examiner l'avancement et l'idée d'une tapisserie à alentours avec des médaillons de Boucher (ill. 149) [140]. Cependant, le mécanisme du métier est dû à l'ingénieur lyonnais Jacques de Vaucanson et la composition de la tapisserie au peintre Maurice Jacques.

Paris. Château de la Muette à Passy

La Muette du village de Passy (aujourd'hui enrobé dans Paris), construite au XVIe siècle, avait été entièrement rebâtie pour Louis XV. En 1774, devenue reine, Marie-Antoinette, qui aurait voulu abandonner Versailles pour Paris et installer le roi aux Tuileries, « obtint au moins la Muette pour en être plus près ; là, elle se fit apporter tous ces plans et les approuva : pendant six semaines, Soufflot eut ordre de tout apprêter », lit-on dans les *Mémoires du ministère du duc d'Aiguillon*[141]. Le passage n'étant pas clair, on ne sait si Soufflot a travaillé aux Tuileries ou à la Muette. Ce qui est sûr, c'est que rien ne fut réalisé.

III. Autres lieux

Arnas (Rhône). Château de Laye[142]

Ce château appartenait au milieu du XVIIIe siècle au Lyonnais Jean d'Espinay. L'attribution de la construction à Soufflot n'est fondée que sur le fait que D'Espinay et Soufflot ont pu avoir des relations communes. Le plan massé, très profond (cinq travées sur les côtés), l'égalité des étages, l'absence presque totale de modénature et de décor, l'accent mis sur le perron peuvent rappeler certains traits du style lyonnais des demeures de Soufflot ; ce sont d'ailleurs des traits communs à la plupart des constructions du Lyonnais au XVIIIe siècle.

Auxerre (Yonne). Église du couvent de la Visitation (ill. 92 à 95, 181)

La tradition attribuait à Soufflot la construction de l'église du couvent de la Visitation. Cette attribution a été abandonnée lorsque l'on a pris en considération le fait que cette chapelle avait été consacrée en 1715[143] et découvert le nom de l'architecte, Joyneau, d'une famille de Sens comptant de nombreux membres dans le bâtiment[144]. Cependant, nous pensons qu'il faut attribuer à Soufflot une transformation radicale de cette église, qui lui devrait son décor de colonnes à l'intérieur et en façade. En effet, d'après Leclerc, le biographe auxerrois de Soufflot, celui-ci aurait donné pour cette église un plan qui n'aurait pas été entièrement exécuté, « en ne terminant pas l'édifice par un demi-dôme semblable aux deux chapelles latérales[145] ». Information trop précise pour ne pas être fondée.

L'église est formée d'un seul vaisseau rectangulaire avec au milieu deux chapelles en abside constituant un transept et couvertes d'un « demi-dôme », c'est-à-dire d'un cul-de-four. Il est clair que, d'après les plans de Soufflot, une abside du même type devait remplacer le chevet plat. Toute l'élévation intérieure est enrichie de colonnes et de piliers ioniques qui sont visiblement rapportés. On peut attribuer à Soufflot cet enrichissement, mais probablement aussi les deux chapelles ou bras du transept, la coupole de la croisée, l'avant-corps de la façade, c'est-à-dire deux niveaux de colonnes, piliers et pilastres ioniques et corinthiens. On doit même pouvoir dater le projet de Soufflot de 1776 : en effet, étant à Sens pour placer dans la cathédrale le tombeau du dauphin, il demande au directeur des Bâtiments l'autorisation de profiter de ce déplacement pour aller jusqu'à Irancy et Auxerre où il n'est pas allé depuis longtemps[146]. Cependant, si Soufflot a pu laisser un projet, il n'a sûrement pas suivi l'exécution, étant trop occupé par son chantier de Sainte-Geneviève : certaines singularités de l'exécution pourraient être attribuées à une incompréhension du projet.

Auxerre (Yonne). Maison Soufflot-Palotte[147]

Maison de Soufflot-Palotte, frère de Jacques-Germain, dans laquelle l'architecte descendait quand il venait à Auxerre. Elle porte le numéro 4, rue du Capitaine-Coignet, ancienne rue Thérèse, du nom de Thérèse d'Ally de Monthion, femme de Soufflot-Palotte, bienfaitrice de la ville, morte en 1812. Selon la tradition, les deux piliers du portail donnant sur la cour, à l'angle de la rue Belle-Pierre, seraient du dessin de l'architecte.

---

127 - Monval, p. 308-316.
128 - Dartein (Fernand de), *Le Pont-Neuf sur la Seine,* Paris, 1911, t. I, pl. 28, « Boutiques bâties par Soufflot en 1775, démontées en 1851 ».
129 - Monval, p. 244-250. Beylier (Hubert), « Le jardin du palais de l'Élysée aux XVIIIe et XIXe siècles », *Bulletin de la Société de l'histoire de Paris et de l'Île-de-France,* n° 107 (1980), p. 135-158.
130 - Archives nationales, O1 1579.
131 - Monval, p. 395-398.
132 - Ces plans ont été approuvés par D'Angiviller, les hôtels relevant encore de la direction des Bâtiments, bien que Marigny, qui n'est plus directeur, en ait encore la jouissance (Archives nationales, O1 1528, pièces 127-129).
133 - Bibliothèque historique de la Ville de Paris, ms. 102. Papiers Marigny. Eriksen, fig. 495, 496.
134 - Monval, p. 398-340.
135 - Plan général, plan des pavillons d'entrée, face sur cour de ces pavillons d'entrée, façade du logis non assujettie au plan général (musée Carnavalet, nos D06913, D06674, D06675, D06676).
136 - Londres, Royal Institute of British Architects.
137 - P. 263.
138 - *Procès-Verbaux de la Commission du Vieux-Paris,* 1905, p. 216-222, communication de Lucien Lambeau. Gady (Alexandre), *La Montagne Sainte-Geneviève et le Quartier latin,* Paris, 1998, p. 188.
139 - *Correspondance de Soufflot.* Monval, p. 317-347.
140 - Peinture à l'huile de Maurice Jacques, « sur l'idée de M. Soufflot » (Mobilier national). Voir Fenaille (Maurice), *État général des tapisseries de la manufacture des Gobelins,* Paris, 1904-1907, t. IV, p. 228, et communication orale de Jean-Pierre Samoyault, administrateur général du Mobilier national.
141 - P. 260.
142 - *Exposition Soufflot,* n° 74.
143 - Lebeuf (abbé Jean), *Mémoires concernant l'histoire civile et ecclésiastique d'Auxerre,* Paris, 1743.
144 - Forestier (Henri), « C'est à Guillaume Joyneau qu'on doit la construction de la majestueuse chapelle des visitandines d'Auxerre », *Écho de Saint-Pierre,* n° 31 (janvier-février 1961), p. 3-4. La source ne donne que le nom et non le prénom de l'architecte. Le *Nouveau Dictionnaire des architectes français* de Charles Bauchard (1887), d'ailleurs cité par l'auteur de l'article, montre plusieurs Joyneau de Sens. Rien ne permet de préférer un Guillaume Joyneau, mentionné dès 1661, ce qui lui ferait une bien longue carrière.
145 - Leclerc, p. 238.
146 - Archives nationales, O1 1559.
147 - Leclerc, *passim.* Quantin, *Histoire anecdotique des rues d'Auxerre,* rééd., Avallon, 1979.

Bordeaux (Gironde). Hôtel de ville, salle de spectacle, collège[148]

En 1755, l'hôtel de ville et le théâtre attenant brûlent. Le 1er août 1758, Soufflot présente à l'Académie royale des projets d'hôtel de ville, de salle de spectacle et de collège pour Bordeaux. En avril 1758, Soufflot envoie son projet d'hôtel de ville qui est accepté. Les fondations en sont posées, mais les travaux sont aussitôt interrompus. En 1769, le projet du Bordelais François Bonfin pour l'hôtel de ville est préféré à ceux qui viennent de Paris (Soufflot, Gabriel). Les travaux sont commencés en 1770 mais aussitôt arrêtés faute d'argent. Les projets de Soufflot pour Bordeaux sont perdus.

Caluire-et-Cuire (Rhône). La Rivette[149] (ill. 9)

Le domaine a été acheté en 1734 et agrandi à quatre reprises, jusqu'en 1750, par Jean-Baptiste Pitra, maître tireur d'or. La maison (17, montée des Forts) a été construite pour celui-ci entre 1738 et 1740. L'attribution à Soufflot n'est fondée que sur la tradition et sur le fait que l'architecte fréquentait des gens avec lesquels Pitra était en relation d'affaires ! La maison avec son plan massé, son étage-carré de même hauteur que le rez-de-chaussée, son toit plat caché par un attique, son avant-corps central et son fronton pourrait être de Soufflot, comme de tout autre. La pièce remarquable est le nymphée, qui rappelle les fabriques de jardin des environs de Rome et de Florence : mur de soutènement de plan concave au centre et convexe latéralement, bossages, congélations, dragons. Mais on ne peut même pas dater avec précision cet ouvrage et l'on manque de point de comparaison pour en confirmer l'attribution à Soufflot, si ce n'est par un rapprochement avec le nymphée de Chatou (voir notice), où l'intervention de Soufflot n'est que probable. L. Charvet désigne Merlino et non Pitra comme le propriétaire de la maison.

Châteauvillain (Haute-Marne). Église Notre-Dame[150] (ill. 96)

En 1769, l'église menaçant ruine, on décide de reconstruire la nef et de consolider le chœur. Cependant, la consolidation étant mal menée, le chœur s'effondre : seule la tour-clocher flanquant le chœur reste debout. Les travaux ont été conduits par un certain Massol, homme d'affaires du duc de Penthièvre, seigneur de Châteauvillain. Il n'est pas démontré que ce Massol, peut-être parent de Joseph Massol, architecte strasbourgeois, était lui-même architecte. Soufflot, consulté, envoie Rondelet, qui arrive à Châteauvillain le 24 avril 1772. Un rapport est rédigé le 5 juin 1772 : il donne des conseils techniques pour la construction des arcs-boutants de la nef et quelques modifications au projet de façade « qui le rendront d'un fort bon genre et très correct ». La façade telle qu'elle a été exécutée ne déparerait pas l'œuvre de Soufflot. Il n'est malheureusement pas possible de déterminer la part qui revient à Massol et celle qui revient à Soufflot, mais nous croyons que celle-ci domine.

182

Hôpital de la Charité de Mâcon
Plan et coupe selon a b.
M. Gallet del 1980.

Mâcon, hospice de la Charité.

182 - Plan d'après Michel Gallet.

183 et 184 - Façade et vestibule d'entrée.

185 - Voûte de la chapelle.

Chatou (Yvelines). Nymphée[151] (ill. 10 à 12)

En 1762, Henri-Léonard Bertin, contrôleur général des Finances, achète à Chatou un château, autour duquel il crée un parc à l'anglaise (26, avenue du Château-de-Bertin). En 1779-1780, il reconstruit le château, qui sera détruit en 1857. Soufflot, qui a connu Bertin intendant de Lyon, aurait été consulté en 1775 par celui-ci pour la reconstruction du château et l'établissement du parc, et aurait édifié le nymphée. Cette attribution n'est que vraisemblable. La Bibliothèque nationale[152] conserve trois dessins de Jean-Jacques Lequeu pour le jeu de bague et le pavillon chinois de Chatou. Lequeu, qui n'apparaît comme collaborateur de Soufflot que tardivement (1779), n'a-t-il produit ces dessins qu'au titre de cette collaboration ? Est-il l'auteur du château ? Ne peut-on lui attribuer le nymphée ? En faveur de l'attribution à Soufflot, on peut faire valoir que les ressemblances des colonnes en « pseudo-dorique grec », dotées d'une base rudimentaire, avec celles de la crypte de l'église Sainte-Geneviève. Cependant, d'après Viel[153], son biographe, Chalgrin « devient l'architecte du ministre Bertin pour lequel il fait des travaux considérables à Chatou ».

Irancy (Yonne). Église[154]

La reconstruction du chœur a parfois été attribuée à Soufflot, sans autre raison apparemment que le fait que Soufflot était natif d'Irancy. Cette reconstruction daterait seulement de 1788 et serait donc postérieure à la mort de Soufflot. La date est donnée par Hautecœur, sans référence. C'est un chœur à collatéraux et déambulatoire dont les grandes-arcades sont formées de colonnes doriques et d'arcs brisés. On pense évidemment à l'architecture gréco-gothique de Soufflot, mais aussi aux églises gothiques de Paris modernisées par la transformation des piliers en colonnes. Il est possible que cela soit en effet la solution retenue, car on ne sait si le chœur a été entièrement reconstruit ou seulement remanié.

Mâcon (Saône-et-Loire). Hospice de la Charité[155] (ill. 182 à 185)

Après avoir songé à déplacer leur hospice, les recteurs de la Charité ont dû se résigner, faute de moyens, à le faire reconstruire sur place sur un fonds compris dans un îlot de maisons et s'étendant de la rue principale (rue Carnot) jusqu'à l'enceinte urbaine fortifiée bordée par la Saône. Le 20 janvier 1752, les recteurs demandent à Soufflot le plan de la reconstruction. Soufflot vient à Mâcon (avant le 9 avril). La réalisation, confiée à l'architecte mâconnais Michel Minoya, dure de juillet 1752 à novembre 1761. L'état des lieux avant la reconstruction n'étant pas connu, on ne sait si Soufflot dut s'accommoder d'autres contraintes que celle de la relative étroitesse de la rue et du fonds, de l'obliquité de celui-ci par rapport à la rue, de son exposition aux débordements de la Saône. Pour mettre l'hospice à l'abri des inondations, le sol de la grande cour et des ailes qui l'entourent a été surélevé. La différence de niveau entre la rue et la cour est rachetée par un degré, qui occupe une partie du couloir conduisant de l'entrée à la cour, et par les sous-sols qui, du côté de la rue, ne sont que partiellement enterrés. L'obliquité est masquée par un artifice de l'ordonnance du vestibule, qui présente, sur un même emmarchement, deux baies, l'une, réelle, qui donne accès au couloir, et un « renard », à savoir une fausse-baie qui n'est là que pour la symétrie. L'étroitesse de la rue est corrigée par une « tour-creuse », c'est-à-dire un arrière-corps central, et l'exiguïté du fonds, par la superposition d'un rez-de-chaussée, de deux étages-carrés de même hauteur et d'un demi-étage tout en haut. Sur le vestibule s'ouvre le grand escalier à retours ; dans les trois ailes de la cour, des escaliers rampe-sur-rampe à mur-noyau. L'aile de fond de cour était primitivement adossée à l'enceinte : elle a été doublée en profondeur lors de la destruction de cette dernière, qui a permis de ménager un jardin jusqu'à la Saône. Il n'y a que trois pièces voûtées, la chapelle, le vestibule et la cuisine : ce sont de ces voûtes enduites à arêtes multiples caractéristiques des constructions régionales du XVIIIe siècle (voir notice Oullins). La maçonnerie est en partie faite de pierres de taille en calcaire et de moellons équarris en pierre roussâtre de Charnay-lès-Mâcon. Les parties en moellons étaient sûrement enduites et la polychromie masquée : la suppression des enduits a fait apparaître une maçonnerie très rudimentaire (linteaux monolithes des baies taillés seulement pour la partie visible ; petits arcs de décharge sommairement appareillés, etc.) et fait perdre aux façades une partie de leur majesté.
La chapelle, à laquelle on peut accéder directement de la rue, est formée d'un vaisseau central ovale implanté dans un espace au contour singulièrement irrégulier, dont les marges constituaient des bas-côtés. Sur le vaisseau central s'ouvrent des tribunes correspondant aux deux grands étages-carrés : elles étaient évidemment destinées aux pensionnaires, mais leur accès n'a pas été commodément aménagé ; la chapelle apparaît comme plus ouverte sur la ville que sur l'établissement. L'ordonnance du vaisseau est elle-même peu canonique : sur les piliers montent jusqu'à la voûte des pilastres démesurés ; les grandes-arcades comme les baies des tribunes sont couvertes par des arcs en anse-de-panier retombant sur d'étroites alettes. Le décor de l'ensemble de l'hospice n'est assuré que par les ouvrages de ferronnerie, d'ailleurs remarquables : grille entre le vestibule et le couloir, garde-corps du grand escalier et des tribunes de la chapelle, grille de communion.
Un état des lieux dressé en 1792, qui donne la distribution des pièces, signale dans la chapelle un autel à baldaquin, aujourd'hui disparu.

Mâcon (Saône-et-Loire). Hôtel-Dieu[156]

L'état des bâtiments de l'hôtel-Dieu étant alarmant, on fait appel en 1751 à deux architectes lyonnais, Jean-Baptiste Masson et Antoine de Gerando (ancien élève de Soufflot à l'Académie d'architecture), qui concluent à la nécessité de reconstruire. Le 30 juillet de la même année, Soufflot est à son tour appelé à Mâcon. Il confirme l'avis de ses confrères et donne le plan d'un aménagement provisoire dans une partie du couvent des Cordeliers, où l'hôtel-Dieu s'installe au début de 1752. En mars 1756, Toussaint Loyer, collaborateur de Soufflot, est consulté pour un établissement définitif. L'actuel hôtel-Dieu sera construit entre 1760 et 1770 sur les plans de Melchior Munet, autre collaborateur de Soufflot.

Maisons-Alfort (Val-de-Marne). École royale vétérinaire d'Alfort[157]

Créée en 1765 à Paris, transférée en 1766 dans l'ancien château d'Alfort, aménagé en 1765-1766 par Soufflot : logements, laboratoires, salles d'étude, écuries, forges. De cette intervention, il ne reste rien.

Marcy-l'Étoile (Rhône). Château Lacroix-Laval[158]

L'attribution ne repose que sur les relations de Soufflot avec les Lacroix – notamment avec Jean Lacroix, seigneur de Laval (voir notice Lyon, hôtel Lacroix-Laval) – et une mention portée sur un plan du château de 1928 : *réédifié sur les plans de Soufflot en 1776*. Jean Lacroix était mort en 1771. Dans son état actuel, le château, inachevé, paraît être de la première moitié du XVIIIe siècle, sauf le décor intérieur, plus « Louis XVI », mais qui rappelle plus le style d'un Toussaint Loyer que celui de Soufflot.

Menars (Loir-et-Cher). Château[159] (ill. 13 à 22)

En 1764, le marquis de Marigny hérite le château de Menars de sa sœur la marquise de Pompadour, qui y faisait faire des travaux par Gabriel. Celui-ci est aussitôt remplacé par Soufflot, qui transforme le « Petit parc » (terrassement), le logis (doublement côté cour, escalier), construit l'orangerie (1760), le « salon de raccordement » (1760), qui permet de passer à couvert du logis à l'orangerie ; dans le parc, un nymphée ou grotte dite *Piccola ma garbata*, un « cabinet de silence » (1769, disparu), un obélisque (1769), un piédestal de statue pour le belvédère (1769). Soufflot projette un temple rond pour le Rond-de-Cour : le premier projet avec les quatre Saisons

148 - Monval, p. 360-362.
149 - *Exposition Soufflot,* p. 42-43. *Soufflot à Lyon,* p. 374 et 375.
150 - Ronot (Dr Henry), « L'église Notre-Dame de Châteauvillain », *Annales de la Société d'histoire, d'archéologie et des beaux-arts de Chaumont,* t. VI, 1935, n° 5
151 - Monval, p. 419-421.
152 - BNF, Est., Va 354, t. I.
153 - Viel (Charles-François), *Notice nécrologique sur J. F. T. Chalgrin,* Paris, 1814, p. 17.
154 - Hautecœur (Louis), *La Bourgogne. L'architecture,* t. II (1929).
155 - *Colloque Soufflot,* p. 142-151, « Soufflot et Mâcon. La Charité, l'hôtel-Dieu », communication de Jean-François Garnier ; du même auteur, « La vie quotidienne à l'hôtel-Dieu et à la Charité de Mâcon dans la seconde moitié du XVIIIe siècle », *Annales de l'Académie de Mâcon,* 1995, p. 185-200.
156 - *Colloque Soufflot,* p. 142-151, « Soufflot et Mâcon. La Charité, l'hôtel-Dieu », communication de Jean-François Garnier ; du même auteur, « La vie quotidienne à l'hôtel-Dieu et à la Charité de Mâcon dans la seconde moitié du XVIIIe siècle », *Annales de l'Académie de Mâcon,* 1995, p. 185-200.
157 - Dossier Inventaire général Île-de-France, rédaction M.-A. Ferault et H. Jantzen, 1989.
158 - *Soufflot à Lyon,* p. 117-119, « Le château de Lacroix-Laval », communication de Gilbert Gardes.
159 - Mosser, *passim.*

ayant été vivement critiqué par Marigny, il en dessine un second qui est un temple d'Apollon avec les muses en bas relief (1770). Soufflot a également donné pour Menars un « temple représentant l'origine de l'architecture[160] ». La correspondance Marigny-Soufflot témoigne des importantes interventions de Marigny. Celui-ci a très rapidement fait appel à d'autres architectes, mis en concurrence avec Soufflot : De Wailly (dès 1768), Potain, Hazon. Une partie des projets pour Menars est conservée aux archives départementales du Loir-et-Cher.

Montbrison (Loire). Chapelle des Pénitents[161]

Cette chapelle, construite en 1731, a été agrandie et dotée d'une façade en 1762 par Joseph Linossier, architecte et entrepreneur de Lyon. Il faut abandonner l'attribution traditionnelle de la façade à Soufflot.

Oullins (Rhône). Château[162] (ill. 186)

En juillet 1747, Soufflot présente à l'Académie de Lyon son projet pour le château d'Oullins, résidence des archevêques de Lyon (56, rue du Perron), commandé par Mgr de Tencin. Les travaux ont été menés de 1747 à 1749. Malheureusement, on ne sait pas précisément de quelle nature étaient ces travaux, et l'on ne peut identifier la participation de Soufflot dans ce château construit en 1577 pour Thomas Gadagne et maintes fois remanié depuis. Soufflot aurait modifié la façade du logis. Il en a refait l'intérieur : on lui attribue la voûte du vestibule, voûte enduite à arêtes doubles et douze quartiers. Il est vrai que l'on trouve des voûtes de ce type à la Charité de Mâcon, œuvre attestée de Soufflot, mais aussi à la maison Tolozan de Lyon, qui est de Delamonce et date de 1740. Il s'agit sûrement d'un type local et non pas d'un ouvrage exceptionnel qui appellerait la signature d'un maître. On attribue aussi à Soufflot le portail dont le principal morceau est un entablement dorique qui, de toute évidence, est un remploi du XVIe siècle, probablement un vestige du château de Gadagne. Monval a cru y voir un souvenir de Paestum ! Soufflot aurait refait le parc, remarquable par ses terrasses, ses escaliers et ses fontaines, mais le tout pourrait être aussi bien de l'architecte et hydraulicien Guillaume-Marie Delorme, dont l'activité à Oullins est attestée vers 1752.

186

Portici (Italie). Résidence royale[163]

En juillet 1750, lors de son séjour à Naples, Soufflot donne un plan pour des cabinets dans l'appartement de la reine des Deux-Siciles.

Reims (Marne). Place Royale[164] (ill. 44 à 46)

Le 13 avril 1756, Soufflot, mandaté par Marigny, part pour Reims avec mission de juger le projet de place royale de Jean-Gabriel Legendre, projet contesté par les propriétaires menacés d'expropriation. Dans son rapport, Soufflot fait l'éloge du projet, mais en dessine un autre, limitant les expropriations[165]. En juillet de la même année, Louis XV décide l'exécution du projet de Soufflot, avec Legendre comme architecte d'exécution. Les travaux commencés en 1757 sont rapidement interrompus. C'est finalement le projet de Legendre qui sera exécuté.

Rennes (Ille-et-Vilaine). Cathédrale Saint-Pierre[166]

En mars 1754, Mgr de Vauréal, évêque de Rennes, demande à M. de Vandières, le directeur des Bâtiments, futur marquis de Marigny, un architecte pour achever la reconstruction de sa cathédrale dont seul le massif-antérieur était achevé. Vandières recommande Soufflot. Celui-ci, qui est à Lyon, est sommé par le directeur de venir à Paris prendre ses ordres. En 1762, Soufflot va à Rennes, accompagné de l'architecte Nicolas-Marie Potain. Il touche 1 800 livres, probablement pour un projet qui n'a pas été retrouvé. Cependant, trop occupé par le chantier de Sainte-Geneviève, il cède l'affaire à Potain, qui revient en 1762 « à la fin de vérification et perfection du projet ». Potain présente ses propres projets à l'Académie d'architecture le 26 juillet 1762 et le 7 mars 1763. Le projet de Potain est accepté par le roi le 9 mai 1765. Suivant ce projet, qui est connu, l'église aurait eu un plan en croix-latine à transept non saillant, à trois vaisseaux. On ne saurait dire ce que le projet de Potain devait à celui de Soufflot, si ce n'est, peut-être, l'élévation intérieure sur colonnades, que l'on retrouve dans le projet de Mathurin Crucy, exécuté au début du XIXe siècle.

Rome (Italie). Projet d'arc en l'honneur du Pape Benoît XIV[167] (ill. 89 et 90)

Connu par un dessin original signé et daté *Jacobus Germanus Soufflot Regis Christiani architectus inv. e del. Roma Anno 1750*. Donné par Soufflot à l'Accademia di S. Luca à l'occasion de son admission. En médaillon, portrait du pape ; dans les reliefs, évocation de faits marquants du pontificat. Il s'agit probablement d'un projet non finalisé mais, puisqu'il a été dessiné à Rome, on peut avancer que Rome était aussi le lieu théorique d'une réalisation.

Sainte-Geneviève-des-Bois (Essonne). Maison[168]

D'après la tradition locale (monographie d'instituteur de 1889), Soufflot aurait construit et habité lui-même la maison au numéro 185, rue de Corbeil. Démonstration a été faite que cette maison, sans caractère, ne pouvait être de lui. D'où vient que ladite tradition a entretenu l'idée que Soufflot avait longtemps habité Sainte-Geneviève-des-Bois, affirmation qui ne se retrouve dans aucune des études consacrées à l'architecte ?

Saint-Laurent-d'Agny (Rhône). Château-Bourbon[169]

Ce château a été construit pour Jacques Soubry, échevin de Lyon, probablement par Bertaud de La Vaure, voyer et ingénieur de la ville de Lyon. La signature de Soufflot sur un plan-masse a suffi pour qu'on attribue à celui-ci le jardin. Or ce plan, annexé à un acte

186 - Oullins (Rhône), château, voûte du vestibule.

notarié, n'est pas un projet mais un état des lieux dressé pour enregistrer une rectification des limites de la propriété. Au minimum, l'acte établit une relation entre le propriétaire et Soufflot, mais rien de plus.

Saint-Romain-au-Mont-d'Or (Rhône). La Freta[170]

Cette grande villa de plan carré, construite avant 1766 pour le Lyonnais Pierre Poivre, acquéreur du domaine en 1758, détruite en 1884 mais connue par un relevé de 1859, mériterait un commentaire s'il y avait la moindre preuve que Soufflot en a bien été l'architecte.

Sens (Yonne). Tombeau du dauphin et de la dauphine[171]

En novembre 1776, Soufflot est envoyé par D'Angiviller à Sens pour s'assurer que le caveau de la cathédrale, dans lequel le dauphin, fils de Louis XV, et la dauphine ont été inhumés, pourra supporter le poids de l'énorme tombeau réalisé par Guillaume II Coustou. Il semble que la consultation n'ait été que technique.

Vienne (Isère). Tombeau des archevêques et maître-autel de la cathédrale Saint-Maurice[172]

En 1740, Henri Oswald de La Tour d'Auvergne, archevêque de Vienne, alors à Rome, commande à Michel-Ange Slodtz, pensionnaire de l'Académie de France, un tombeau pour lui-même et pour son prédécesseur au siège de Vienne, Armand de Montmorin. En 1743, de Vienne, il commande au même artiste un maître-autel pour sa cathédrale. Soufflot est réputé avoir participé activement à ces créations. En réalité, alors à Lyon, il a été seulement sollicité pour relever dans la cathédrale de Vienne les conditions matérielles de l'insertion de ces deux monuments que Slodtz, à Rome, ignorait. Soufflot a tout au plus donné le dessin des piédestaux pour habiller le pied des piliers gothiques entre lesquels devait se placer le tombeau.

Vincennes (Val-de-Marne). Château[173]

Au titre de sa fonction comme contrôleur général des Bâtiments du roi, Soufflot fait un rapport sur l'état du château et, notamment, de la chapelle dont le portail est en mauvais état. Il présente un projet, qui sera exécuté en 1786, consistant à supprimer le pilier central et à remplacer le tympan en pierre par un tympan en menuiserie, comme à Notre-Dame.

IV. Destination inconnue

Projet de théâtre de jardin (ill. 77)

Ce remarquable projet[174] est formé d'une coupe longitudinale, avec, au revers, l'inscription *teate avec les machine de sine par mons. Soufflot* et trois esquisses au crayon : perron, façade, panneau entre la salle et la scène. Par sa naïveté même, l'inscription nous paraît attester l'attribution à Soufflot d'un projet que l'on ne peut comparer avec aucune autre œuvre connue. On peut risquer une datation dans les années 1740, 1750 au plus tard. Il s'agit d'un petit théâtre privé que l'on imagine dans un jardin. On y parvient par un perron double, à volées droites et retours sur des repos, qui aboutit à un porche ouvert. Celui-ci donne dans un salon construit sur un rez-de-chaussée que l'on peut identifier avec une pièce de service, office ou buffet. Entre le salon et la salle passent les escaliers qui descendent à la pièce de service et montent aux loges.

Projet de fontaine à la Navicella[175] (ill. 6)

Dessin ayant figuré à l'Exposition internationale de Lyon de 1914 sous le nom de Soufflot, aujourd'hui perdu. Il portait l'inscription *Soufflot invenit* d'une écriture qui serait celle de Soufflot ; il représentait une fontaine formée d'un être hybride portant la Navicella. La Navicella est un modèle réduit de navire en marbre, probablement un ex-voto antique, remonté en fontaine en 1513. Si ce dessin, qui n'était peut-être qu'un caprice, était un projet, quelle pourrait être sa destination ? Nous ne voyons pas de raison d'y voir un monument lyonnais. Il est tentant de le dater du premier séjour à Rome, mis à profit par Soufflot pour étudier l'œuvre du Bernin. Le rappel des fontaines berninesques de Rome paraît évident. L'idée a peut-être été de remonter dans le style du Bernin le vestige antique traité d'une manière assez austère. On ne peut exclure cependant que ce dessin soit de Soufflot le Romain, qui relevait les fontaines du Bernin sur instruction de son aîné.

Projet de fontaine de la collection Polakovits (ill. 87 et 88)

La collection Mathias Polakovits, donnée à l'École nationale supérieure des beaux-arts en 1987, renferme deux dessins[176] montés sur un même carton, sur lequel a été également collé un papier portant d'une écriture ancienne *Soufflot fecit*. Le premier dessin, au trait, inachevé, représente une colonnade entre deux pavillons ; derrière la colonnade, en son centre, est amorcée une construction ; la composition des pavillons impose une datation vers 1750 ou même 1760 au plus tôt. Dans le second dessin, lavé, reparaissent colonnade et pavillons, mais le tout sur l'énorme soubassement d'un buffet d'eau en bossage rustique. La construction amorcée devient une fontaine d'un baroque si extravagant qu'on ne peut l'attribuer à Soufflot, d'autant que la facture du dessin est d'une grande maladresse. La dimension de la composition exclut l'hypothèse d'un projet finalisé. Il ne peut s'agir que d'un projet d'étude pour un concours, exécuté par un élève. Cependant, il y a de telles différences de style entre la première composition et les ajouts de la seconde qu'on ne peut exclure que le premier dessin soit bien de Soufflot.

160 - Signalé et reproduit par M. Mosser, in *Colloque Soufflot*, p. 227.
161 - Barou (Joseph), « La chapelle des Pénitents de Montbrison », *Bulletin de la Diana*, t. LIV, n° 2 (1994), p. 102-105.
162 - *Le Palais archiépiscopal de Lyon [...] et le château d'Oullins*, cat. exp., Lyon, Oullins, 1980.
163 - Monval, p. 24
164 - *Colloque Soufflot*, p. 68-77, « Les projets de place royale à Reims et l'intervention de Soufflot », communication de Marie-Françoise Poullet.
165 - Archives nationales, O1 1904. Projet de Soufflot, un plan et deux élévations.
166 - Monval, p. 125-128. Delouche (Denise), « La cathédrale Saint-Pierre de Rennes », *Bulletin et Mémoires de la Société d'archéologie du département d'Ille-et-Vilaine*, t. LXXIX, 1976, p. 63-81.
167 - Marconi (Paolo), Cipriani (Angela), Valeriani (Enrico), *I Disegni di architettura dell'Archivio storico dell'Accademia di S. Luca*, vol. II, n° 2173.
168 - Audigié (Claude), « La maison dite de Soufflot à Sainte-Geneviève-des-Bois », *Bulletin de la Société historique et archéologique de Corbeil, de l'Essonne et du Hurepois*, 1995, p. 87-90.
169 - *Exposition Soufflot*, n° 73. *Colloque Soufflot*, p. 152-165, « Soufflot et les maisons de plaisance à Lyon au XVIIIe siècle », communication de Gilbert Gardes.
170 - *Soufflot à Lyon*, p. 113-117.
171 - Chartraire (abbé Eugène), *La Sépulture du dauphin et de la dauphine dans la cathédrale de Sens*, Sens, 1907.
172 - Monval, p. 87-88. Souchal, p. 666-670 et 673-675.
173 - Monval, p. 143-150.
174 - BNF, Est., AA6 rés. Soufflot. Dessin à nous signalé par Maxime Préaud.
175 - Dessin publié par Félix Desvernay, *Le Vieux-Lyon à l'Exposition internationale urbaine, 1914*, Lyon, 1915, n° 608, repr. face p. 244. Ce dessin est signalé par Gilles Chomer in *Soufflot à Lyon*, p. 407.
176 - École nationale supérieure des beaux-arts, P. M. 2751 et 2752.

Archives et bibliographie

Avertissements

Un important travail de récolement bibliographique a été fait lors des diverses manifestations qui ont marqué, en 1980, le bicentenaire de la mort de Soufflot. Avec la monographie due à Jean Monval, déjà ancienne, contestable dans certaines de ses conclusions, mais remarquable par son érudition, les publications de 1980 ont fait le point d'une bibliographie qui n'a pas été substantiellement enrichie depuis. Nous ne citons ici que les principaux travaux publiés sur le sujet avant 1980, quelques publications récentes et, bien sûr, les publications de 1980 qui ne sont citées dans les notes que par des adresses simplifiées. L'essentiel de nos références est passé dans nos notes.

1 - Sources

Album Soufflot de Magny. Album rassemblé par un membre de la famille Soufflot habitant Auxerre [Bibliothèque nationale de France, département des Estampes, album provenant de la collection Smith-Lesouëf non encore immatriculé, mis aimablement à notre disposition par Mme Laure Beaumont-Maillet]. Cet album contient des gravures, par ailleurs connues, de l'œuvre de Jacques-Germain, les dessins de Soufflot le Romain et quelques dessins non identifiés.

Archives Lefèvre-Pontalis. Archives privées que nous avons pu consulter grâce à l'obligeance de Patrick Lefèvre-Pontalis.

Correspondance des directeurs de l'Académie de France à Rome avec les surintendants des bâtiments, publiée par A. de Montaiglon et J. Guiffrey, Paris, 1887-1908.

Correspondance de Soufflot avec les directeurs des bâtiments concernant la manufacture des Gobelins, éditée par Jean Mondain-Monval, Paris, 1918.

Mémoires du ministère du duc d'Aiguillon… et de son commandement en Bretagne…, troisième édition, Paris et Lyon, 1792.

Mémoires secrets pour servir à l'histoire de la république des lettres, commencés en 1762 par L. de Bachaumont, continués par divers auteurs. 36 volumes 1762-1787.

P.-V. Acad. Procès-verbaux de l'Académie royale d'architecture, 1671-1793, publiés par H. Lemonnier. Paris, 1911-1929.

Recueil d'architecture de Jacques-Germain Soufflot, « Donné [en 1815] par Jean-Jacques Lequeu, de Rouen, son élève à l'école royale de Paris », conservé au département des Estampes de la Bibliothèque nationale de France, cote Ha 41.

Vente Soufflot. Catalogue de tableaux, pastels, gouaches, aquarelles, dessins d'architecture et autres […], volumes d'architecture et autres, terres cuites, marbres, bronzes, modèle de monumens […] qui composait [sic] le cabinet de feu M. Soufflot, publié pour la vente par J. B. P. Le Brun, 20 novembre 1780. Conservé au département des Estampes de la Bibliothèque nationale de France.

COCHIN (C. N.), *Voyage d'Italie, ou Recueil des notes sur les ouvrages d'Architecture, de Peinture et de Sculpture que l'on voit dans les principales villes d'Italie*, Paris, 1718.

Mémoires inédits, Paris, 1880.

LAUGIER (M. A.), *Essai sur l'architecture*, Paris, 1753.

Observations sur l'architecture, La Haye, Paris 1765.

LECLERC, juge de paix, « Jacques Germain Soufflot », *Annuaire de l'Yonne*, 1852, p. 231-259.

QUATREMÈRE DE QUINCY (A. C.), *Rapport sur les travaux entrepris, continués ou achevés au Panthéon français*, Paris, an II (1793).

Histoire de la vie et des ouvrages des plus célèbres architectes du XIe à la fin du XVIIIe siècle, t. II (1830), p. 337-346, Soufflot.

RONDELET (J. B.), *Description du Panthéon français*, Paris, 1804.

2 - Travaux historiques

Colloque Soufflot. Soufflot et l'architecture des Lumières, actes du colloque tenu à Lyon en 1980, sous la direction de Daniel Ternois. Paris, Cahier de la recherche architecturale, 1980.

Exposition Soufflot. Soufflot et son temps, catalogue de l'exposition de la Caisse nationale des monuments historiques et des sites. Paris, 1980.

Le Palais archiépiscopal de Lyon et le château d'Oullins, maison de ville et maison de campagne des archevêques de Lyon, catalogue d'exposition. Lyon et Oullins, 1980.

Le Panthéon. Symbole de Révolution, catalogue d'exposition. Paris, hôtel de Sully ; Montréal, Centre canadien d'architecture, 1989. Communication de D. Robreau, « La basilique Sainte-Geneviève de Soufflot », p. 37-96.

Piranèse et les Français, actes de colloque. Rome, villa Médicis, 1976.

Piranèse et les Français 1740-1790, catalogue

187 - Paris, palais du Luxembourg, fabrique pour le jardin.

d'exposition. Rome, Dijon, Paris, 1976.

Soufflot à Lyon. L'œuvre de Soufflot à Lyon, ouvrage collectif publié sous la direction de Daniel Ternois et de Marie-Félicie Pérez,. Lyon, 1982

Braham (A.), *Architecture of the French Enlightement*, Londres, 1980. Traduction française, *L'Architecture des Lumières. De Soufflot à Ledoux*, Paris, 1982.

Charvet (L.), *Lyon artistique*, Lyon, 1899.

Cirillo (G.), *Ennemond Alexandre Petitot, 1727-1801*, Parme, 2002.

Cottin (F. R.), « Soufflot, architecte lyonnais », in *Mémoires de l'Académie de Lyon*, n° 35, 1981, p. 90-91.

Duboy (Ph.), *Jean-Jacques Lequeu, une énigme*, Paris, 1987.

Eriksen (S.), *Early French Neo-classicisme in France*, Londres, 1974.

Érouart (G.), *L'Architecture au pinceau. Jean-Laurent Legeay. Un Piranésien français dans l'Europe des Lumières*, Paris, 1982.

Gallet (M.), *Les Architectes parisiens du xviiie siècle. Dictionnaire biographique et critique*, Paris, 1995.

Gordon (A. R.), *The Houses and Collections of the Marquis de Marigny,* Los Angeles, Getty Publications, 2003. On trouvera dans cette publication, consultée alors que notre propre publication était sous presse, deux excellentes notices sur les hôtels Marigny de la rue Saint-Thomas-du-Louvre et du Roule, mais rien de nouveau concernant Soufflot.

Hautecœur (L.), *Histoire de l'architecture classique en France*, Paris, t. III (1950), t. IV (1952).

Herrmann (W.), *Laugier and Eighteenth Century French Theory*, Londres, 1962.

Hesse (M.), *Van der Nachgotik zur Neugotik, die Auseinandersetzung mit der Götik in der französischen Sakralarchitektur 16ter, 17ter und 18ter Jahrhunderts*, Francfort-sur-le-Main, 1984.

Le Nail (X.R.), *Lyon aux xviie et xviiie siècles, Architecture et décoration*, Paris, s. d. (1909).

Malotaux (S.), *Le Comte d'Angiviller, directeur général des Bâtiments, « ministre des Beaux-Arts » (1774-1791), thèse de l'École des chartes*, 1992 [non consulté].

Mathieu (M.), *Pierre Patte, sa vie, son œuvre*, Paris, 1940.

Middleton (R.), « The Abbé de Cordemoy and the graeco-gothic Ideal », *Journal of the Warburg and Courtauld Institutes*, volume XXV, 1962, p. 278 - 320 ; volume XXVI, 1963, p. 90 - 123.

The Ruins of the Most Beautiful Monuments of Greece, introduction de J. D. Leroy, Los Angeles, Getty Publications, 2004.

Monval (J.), *Soufflot. Sa vie, son œuvre, son esthétique (1713-1780)*, Paris 1918.

Mosser (M.), « Monsieur de Marigny et les jardins ; projets inédits des fabriques de Menars », *Bulletin de la Société de l'histoire de l'art français,* 1972, p. 269 - 293.

Pérouse de Montclos (J. M.), *Les Prix de Rome. Concours de l'Académie royale d'architecture au xviiie siècle,* Paris, 1984.

Petzet (M.), *Soufflots Sainte-Geneviève und der französische Kirchenbau der 18. Jahrhunderts*, Berlin, 1961.

Claude Perrault und die Architektur des Sonnenkönigs, Berlin, Munich, Deutsches Kunstverlag, 2000, p. 443 - 470 : « Die Sakralbauten Perraults und das Projekt für Sainte-Geneviève ».

Picon (A.), *Claude Perrault 1613-1688 ou la curiosité d'un classique*, Paris, 1988.

Rabreau (D.), « Autour du voyage d'Italie (1750), Soufflot, Cochin et Marigny, reformation de l'architecture théâtrale française », *Bolletino del Centro internazionale Andrea Palladio,* t. XVII (1975), p. 213 - 224.

« Des scènes figurées à la mise en scène du monument urbain. Note sur le dessin "théâtral" et la création architecturale en France après 1750 » in *Piranèse et les Français*, Actes du colloque de Rome, villa Médicis, 1976, p. 443-465.

Rykwert (J.), *The First Moderns. The Architects of the Eighteenth Century*, 1980 ; traduction française : *Les Premiers Modernes. Les architectes du xviiie siècle*, Paris, 1991.

Silvestre de Sacy (J.), *Le Comte d'Angiviller, dernier directeur général des bâtiments du roi*, Paris, 1953.

Souchal (F.), *Les Slodtz, sculpteurs et décorateurs du roi (1685-1764)*, Paris, 1967.

Szambien (W.), *J. N. L. Durand, 1760-1834. De l'imitation à la norme*, Paris, 1984.

Wiebenson (D.), *Sources of Greek Revival Architecture*, Londres, 1969.

Table de l'iconographie et crédits photographiques

La vie

1 - Portrait de Jacques-Germain Soufflot par Louis-Michel Van Loo. Musée du Louvre, Paris. Don de la famille Soufflot en 1980. © RMN/Jean.

2 - Fresnes, chapelle du château. © CMN/Jean-Jacques Hautefeuille.

3 - Mascarade chinoise du Carnaval de 1735, gravure de Jean-Baptiste Pierre. Bibliothèque nationale, Cabinet des Estampes. © CMN/Jean-Jacques Hautefeuille.

4 - Lyon, église Saint-Bruno-des-Chartreux, baldaquin. © CMN/David Bordes.

5 - Rome, basilique Saint-Pierre, monument de la comtesse Mathilde de Toscane. Relevé par Soufflot, 1738. Académie d'Architecture, Paris. Don de Georges Masset. © CMN/Patrick Cadet.

6 - Projet de fontaine à la Novicella attribué à Soufflot. Publié par Desvernay, *Le Vieux Lyon. à l'Exposition internationale urbaine 1914*, Lyon 1915, n° 608.

7 - Lyon, hôtel-Dieu, façade sur le quai. © CMN/David Bordes.

8 - Lyon, maison Roux, 13, quai Lassagne. © CMN/David Bordes.

9 - Caluire-et-Cuire. La Rivette, le nymphée. © CMN/David Bordes.

10 à 12 - Chatou, le nymphée. © CMN/David Bordes.

13 et 14 - Château de Menars, grotte. © CMN/David Bordes.

15 - Château de Menars, salon de raccordement du château et de l'orangerie. © CMN/David Bordes.

16 - Château de Menars, grotte, gravure de Sellier. Bibliothèque nationale, Cabinet des Estampes, Ha 41. © BnF.

17 - Château de Menars, salon de raccordement, projet. Collection Marigny. Inv. 25 J 2-206/34. © Archives départementales du Loir-et-Cher.

18 - Château de Menars, salon de raccordement et orangerie. © CMN/David Bordes.

19 - Château de Menars, cabinet de Silence, projet. Collection Marigny. Inv. 25 J 2/40 bis. © Archives départementales du Loir-et-Cher.

20 - Château de Menars, obélisque du Rond-de-Cour, projet. Collection Marigny. Inv. 25 J 2/40. © Archives départementales du Loir-et-Cher.

21 - Château de Menars, temple d'Apollon, projet. Collection Marigny. Inv. 25 J 2/62. © Archives départementales du Loir-et-Cher.

22 - Château de Menars, rotonde dorique pour le Rond-de-Cour, projet. Collection Marigny. Inv. 25 J 2/61. © Archives départementales du Loir-et-Cher.

23 à 25 - Paris, maison Marigny, faubourg du Roule, élévations et plan, projets. Musée Carnavalet, Paris. © Photothèque des musées de la ville de Paris.

26 - Buste de Soufflot signé « Prévôt ». Académie d'Architecture, Paris. © CMN/Lalance.

27 - Portrait de Soufflot par Cochin. Bibliothèque nationale, Cabinet des Estampes, Ee 15, œuvre de Cochin, t. VII. © BnF.

28 - Portrait de Soufflot, gravure anonyme. Bibliothèque nationale, Cabinet des Estampes, Ha 41. © BnF.

29 - Pietro-Leone Ghezzi, caricatures de M. de Vandières, de l'abbé Leblanc, de Soufflot et de Cochin. © The Metropolitan Museum of Art, New York.

30 - Paris, tombeau de Caylus à Saint-Germain-l'Auxerrois, gravure de Pierre Chenu. Bibliothèque nationale, Cabinet des Estampes, Nr Caylus. © BnF.

31 - Paris, église Sainte-Geneviève, vue intérieure par Charles De Wailly. Musée Carnavalet, Paris, D 09 800. © Photothèque des musées de la ville de Paris.

32 - Paris, église Sainte-Geneviève, vue intérieure signée « Glomy », 1767. © Bibliothèque d'art et d'archéologie, collection Jacques Doucet, OA 84.

33 - Autographe de Soufflot. Inv. 14 964. © Bibliothèque d'art et d'archéologie, collection Jacques Doucet.

Les « Autorités »

34 et 35 - Rome et Plaisance, relevés par Dumont. Bibliothèque nationale, Cabinet des Estampes, Ha 41. © BnF.

36 - Lyon, église Saint-Bruno-des-Chartreux, tableau des Trémolières, détail. © CMN/David Bordes.

37 - Lyon, église Saint-Bruno-des-Chartreux, tableau des Trémolières. © CMN/David Bordes.

38 - Relevé d'un temple. Elevations géométrales et perspectives. Bibliothèque nationale, Cabinet des Estampes. © BnF.

39 - Bellicard, relevé publié dans l'avant-propos de *l'Architecture française* de Blondel, 1752. © CMN/Patrick Cadet.

40 - Petitot, mascarade à la grecque, 1771. Bibliothèque nationale, Cabinet des Estampes, Pd 70, pet. fol.. © BnF.

41 - Plan des églises les plus remarquables, 1764. Bibliothèque nationale, Cabinet des Estampes. © BnF.

42 - Plan sur la même échelles des théâtres modernes. Bibliothèque nationale, Cabinet des Estampes. © BnF.

43 - Paris, le Louvre, guichet nord de la cour Carrée, détail. © CMN/David Bordes.

L'œuvre

44 à 46 - Reims, place Royale, projet. Archives nationales de France, O¹ 1904. © Stefano Bianchetti.

47 et 48 - Paris, place Louis-XV, projet pour le concours de 1753. Plan et élévation par J.-F. Blondel pour le Recueil Marigny. Musée Carnavalet, Paris. © Photothèque des musées de la ville de Paris .

49 - « Partie du plan général de Paris où l'on a tracé les différents Emplacements qui ont été choisis pour placer la Statue équestre du Roi », publié par Patte dans *Monuments érigés en France à la gloire de Louis XV*, 1765. Bibliothèque nationale, Cabinet des Estampes. © BnF.

50 - Deux dessins superposés présentant un projet pour la place Sainte-Geneviève de Gabriel-Jacques de Saint-Aubin. Cabinet des dessins du Louvre, R. F. 52 296. © RMN/Le Mage.

51 - Dessin de l'église Sainte-Geneviève pour l'an 3000 de Gabriel-Jacques Saint-Aubin, 1776. Musée du Louvre, Cabinet des dessins, R. F. 52 288. © RMN/ Le Mage.

52 - Paris, Ecole de droit, façade sur la place. © CMN/Caroline Rose.

53 - Paris, Ecole de droit, projet signé Soufflot et daté 24 octobre 1763. Archives nationales de France, N III Seine 5 431-3. © Stefano Bianchetti.

54 - Paris, le Louvre, guichet nord de la cour Carrée. © CMN/David Bordes.

55 et 56 - Paris, château d'eau de la Croix-du-Trahoir, plans et élévations de Sellier. Bibliothèque nationale, Cabinet des Estampes, Ha 41. © BnF.

57 - Paris, château d'eau de la Croix-du-Trahoir. © CMN/David Bordes.

58 - Lyon, hôtel-Dieu, avant-corps central de la façade sur le quai, gravure de Poulleau. Bibliothèque nationale, Cabinet des Estampes. © CMN/Jean-Jacques Hautefeuille.

59 - Lyon, hôtel-Dieu, façade sur le quai. © CMN/David Bordes.

60 - Lyon, hôtel-Dieu, élévation et plan, gravure de Sellier. Bibliothèque nationale, Cabinet des Estampes, Ha 41. © BnF.

61 - Lyon, hôtel-Dieu, façade sur le quai, pavillon central. © CMN/David Bordes.

62 - Lyon, hôtel-Dieu, voûte de la chapelle. © CMN/David Bordes.

63 - Lyon, hôtel-Dieu, chapelle, détail. © CMN/David Bordes.

64 - Lyon, hôtel-Dieu, vestibule sous la chapelle. © CMN/David Bordes.

65 - Lyon, hôtel-Dieu, chapelle. © CMN/David Bordes.

66 - Lyon, loge du Change, gravure de Bellicart, après 1752. Bibliothèque nationale, Cabinet des Estampes, Ha 41. © BnF.

67 - Lyon, loge du Change, état actuel. © CMN/David Bordes.

68 - Lyon, loge du Change, détail de la façade. © CMN/David Bordes.

69 - Lyon, théâtre, relevé par Sellier et Neufforge. Bibliothèque nationale, Cabinet des Estampes, Ha 41. © BnF.

70 à 72 - Lyon, théâtre, coupe, élévation et plans, relevé par Sellier et Neufforge. Bibliothèque nationale, Cabinet des Estampes, Ha 41. © BnF.

73 - Lyon, théâtre, coupe sur la longueur, relevé par Dumont, gravé par Poulleau. Bibliothèque nationale, Cabinet des Estampes, Ha 41. © BnF.

74 - Paris, théâtre à l'hôtel de Conti, plan. Bibliothèque nationale, Cabinet des Estampes, Ha 41. © BnF.

75 - Paris, théâtre à l'hôtel de Conti, élévation. Bibliothèque nationale, Cabinet des Estampes, Ha 41. © BnF.

76 - Projet de théâtre non identifié. Bibliothèque nationale, Cabinet des Estampes, Ha 41. © BnF.

77 - Projet de théâtre de jardin. Bibliothèque nationale, Cabinet des Estampes, Ha 41. © BnF.

78 - Paris, le Louvre, coupe de l'escalier de la bibliothèque du roi. Musée du Louvre, Cabinet des dessins, Recueil du Louvre, fol. T 7 à 60. © RMN/Michèle Bellot.

79 - Paris, le Louvre, bibliothèque du roi, les salles de lecture. Musée du Louvre, Cabinet des dessins, Recueil du Louvre, fol. T 7 à 60. © CMN.

80 - Paris, le Louvre, coupe de l'escalier de la bibliothèque du roi. Musée du Louvre, Cabinet des dessins, Recueil du Louvre, fol. T 7 à 60. © RMN/Michèle Bellot.

81 - Louis-Joseph Le Lorrain, décor de la Chinea, 1745. Gabinetto Stampe e Disegni del Museo di Roma. © Musy.

82 - Louis-Joseph Le Lorrain, décor de la Chinea, 1747. Bibliothèque nationale, Cabinet des Estampes. © Musy.

83 - Nicolas-Henri Jardin, chapelle sépulcrale, 1747. Bibliothèque nationale, Cabinet des Estampes. © Musy.

84 - Dumont, temple des Arts, morceau de réception à l'Accademia San Luca. Archivio storico dell'Accademia, Rome. Doni Accademici 2.138.

85 - Paris, fontaine près de la place Louis-XV. Dessin de W. Chambers représentant l'hôtel Saint-Florentin. © RIBA Library Drawings Collection.

86 - Paris, Porte Saint-Martin transformé en arc de triomphe. Dessin de Pieter Swart. Musée Carnavalet, Paris. © Photothèque des musées de la ville de Paris.

87 et 88 - Projet de fontaine de la collection Polakovits, élévations. © Ecole nationale supérieure des beaux-arts, Paris.

89-90 - Rome, projet d'arc en l'honneur du pape Benoît XIV, 1750. © Accademia san Luca, Rome.

91 - Lyon, projet d'un arc en l'honneur de Louis XV. © Musée des Arts décoratifs, Paris/Laurent-Sully Jaulmes.

92 à 95 - Auxerre, chapelle des Visitandines. © CMN/David Bordes.

96 - Chateauvillain, église Notre-Dame. © CMN/David Bordes.

97 - Plan de Paris de l'abbé de La Grive, 1754. Bibliothèque Historique de la Ville de Paris. © CMN/Pascal Lemaître.

98 à 104 - Paris, cathédrale Notre-Dame, relevé de la sacristie par Soufflot et Dumont. Bibliothèque nationale, Cabinet des Estampes. © BnF.

105 - Paris, cathédrale Notre-Dame, la cour de l'Archevêché, vers 1771, tableau anonyme. Musée Carnavalet, Paris, p. 2336. © Photothèque des musées de la ville de Paris.

106 à 110 - Paris, cathédrale Notre-Dame. Projet, plans et coupes. Archives nationales de France, O^1 1690 et N III Seine 807. © Stefano Bianchetti.

111 à 114 - Paris, palais du Luxembourg, projet d'aménagement du palais, 1776. Archives nationales de France, N III Seine 1202. © Stefano Bianchetti.

115 - Paris, église Sainte-Geneviève (actuellement Panthéon). © CMN/Jean-Luc Paillé.

116-117 - Paris, église Sainte-Geneviève (actuellement Panthéon). © CMN/Michel Setboun.

118 - Paris, église Sainte-Geneviève (actuellement Panthéon), plan de Sellier, 1775 ou 1776. Bibliothèque nationale, Cabinet des Estampes, Ha 41. © Musy.

119 et 120 - Paris, église Sainte-Geneviève (actuellement Panthéon), vues à la croisée. © CMN/Jean-Luc Paillé.

121 et 122 - Paris, église Sainte-Geneviève (actuellement Panthéon), tour lanterne et crypte. © CMN/Caroline Rose.

123 - Paris, église Sainte-Geneviève (actuellement Panthéon), bas-côté. © Caroline Rose.

124 et 125 - Paris, église Sainte-Geneviève (actuellement Panthéon), projet de 1757. Archives nationales de France, O^1 1695. © CMN/Jean-Jacques Hautefeuille.

126 - Paris, église Sainte-Geneviève (actuellement Panthéon), projet de 1756. Bibliothèque nationale, Cabinet des Estampes, Va 259b. © BnF.

127 et 128 - Paris, église Sainte-Geneviève (actuellement Panthéon), projet de 1757. Bibliothèque nationale, Cabinet des Estampes. © BnF.

129 à 131 - Paris, église Sainte-Geneviève (actuellement Panthéon), projet non daté et non identifié. © Collection Centre Canadien d'Architecture, DR 1975 : 0001 à 0003.

132 et 133 - Paris, église Sainte-Geneviève (actuellement Panthéon), projet de 1764. © Archives nationales de France, N III Seine 1.093.

134 - Paris, église Sainte-Geneviève (actuellement Panthéon), projet vers 1770. © Archives nationales de France, N III Seine 1.093.

135 - Paris, église Sainte-Geneviève (actuellement Panthéon), tableau de Pierre-Antoine De Machy, représentant la pose de la première pierre le 6 septembre 1764. Musée Carnavalet, Paris. © CMN/Jean-Jacques Hautefeuille.

136 - Paris, église Sainte-Geneviève (actuellement Panthéon), maquette par Rondelet. © CMN/Caroline Rose.

137 - Paris, église Sainte-Geneviève (actuellement Panthéon), chaînage en fer des voûtes d'après Dumont. Cabinet des Estampes, Carnavalet. © Photothèque des musées de la ville de Paris.

138 - Paris, église Sainte-Geneviève (actuellement Panthéon), grue servant à la construction de l'église, anonyme, vers 1763. Cabinet des Estampes, Carnavalet. © Photothèque des musées de la ville de Paris.

139 - Paris, église Sainte-Geneviève (actuellement Panthéon), dessin de Brébion. Archives nationales de France, O^1 1094^{10}. © CMN/Caroline Rose.

140 - Paris, église Sainte-Geneviève (actuellement Panthéon), dessin de Gabriel-Jacques Saint-Aubin. Musée Carnavalet. © CMN/Jean-Jacques Hautefeuille.

141 et 142 - Paris, église Sainte-Geneviève (actuellement Panthéon), élévations de Sellier, 1776 et 1777. Bibliothèque nationale, Cabinet des Estampes, Ha 41. © BnF.

143 - Paris, église Sainte-Geneviève (actuellement Panthéon), élévation de Taraval. Bibliothèque nationale, Cabinet des Estampes, Ha 41. © BnF.

144 - Paris, église Sainte-Geneviève (actuellement Panthéon), vue de la croisée. © CMN/Jean-Luc Paillé.

145 et 146 - Candélabres de l'église Saint-Gervais-Saint-Protais. © CMN/David Bordes.

147 - Lyon, maison Tolozan. © CMN/David Bordes.

148 - Lyon, palais archiépiscopal, portail de droite au fond de la cour. © CMN/David Bordes.

149 - *Vénus sur les eaux,* peinture de Maurice Jacques, 1758. © Collection du Mobilier National.

Fortune et fortune critique

150 - Paris, église Sainte-Geneviève (actuellement Panthéon). © CMN/Jean-Luc Paillé.

151 - Paris, église Sainte-Geneviève (actuellement Panthéon). © CMN/Caroline Rose.

Annexes

152 - Lyon, église Saint-Bruno-des-Chartreux. © CMN/Patrick Cadet.

153 à 156 - Lyon, hôtel-Dieu, projet. © Musée des Hospices civils de Lyon, 109.

157 - Lyon, théâtre, relevé par Dumont. Bibliothèque nationale, Cabinet des Estampes, Ha 36. © BnF.

158 - Lyon, quartier Perrache, plan par Dumont. Bibliothèque nationale, Cabinet des Estampes, Ha 41. © BnF.

159 à 161 - Lyon, hôtel Lacroix-Laval, 30, rue de la Charité. © CMN/David Bordes.

162 - Lyon, immeuble, place Louis-Chazette. © CMN/David Bordes.

163 - Lyon, maison Parent, 8, rue Chavannes. © CMN/David Bordes.

164 - Lyon, maison Perrachon, relevé XIXe siècle. © Musée des Hospices civils de Lyon, B. 160.

165 - Paris, cathédrale Notre-Dame, porte centrale du portail occidental. © CMN/Philippe Berthé.

166 - Paris, cathédrale Notre-Dame, porte centrale du portail occidental, dessin de Gabriel-Jacques de Saint-Aubin. Bibliothèque Historique de la Ville de Paris, res. ms. 114. © Gérard Leyris.

167 - Paris, église Sainte-Geneviève, coupe

sur la crypte, projet non daté. © Archives nationales de France, N III Seine 1.093.

168 et 169 - Paris, église Sainte-Geneviève, coupes. Archives nationales de France. © RMN-Bulloz

170 - Paris, église Sainte-Geneviève, coupes dessinées par Lequeu. © CMN/Jean-Jacques Hautefeuille.

171 - Paris, église Sainte-Geneviève, détail de la façade.© CMN/Bernard Acloque.

172 - Paris, église Sainte-Geneviève, vue intérieure signée « J.-B. Glomy 1767 ». © CMN/Jean-Jacques Hautefeuille.

173 - Paris, place devant Sainte-Geneviève et Ecoles de Droit, projet de 1757. © CMN/Jean-Jacques Hautefeuille.

174 - Paris, église Sainte-Geneviève, projet de place de 1764. Paris, Archives nationales. © CMN/Jean-Jacques Hautefeuille.

175 - Paris, « plan du quartier Sainte-Geneviève par La Grive ». Bibliothèque Historique de la Ville de Paris. © Gérard Leyris.

176 - Paris, Ecoles de Droit, cour intérieure. © CMN/Caroline Rose.

177 - Paris, Ecoles de Droit, projet signé Soufflot et daté 1763. © Archives nationales de France.

178 - Paris, appartement de Mme de Pompadour au couvent des Capucines. Archives nationales de France, 0[1] 1069[194]. © Stefano Bianchetti.

179 - N.-B. Lépicié, *Intérieur d'une Douane*, 1775. Collection Thyssen Bornemisza, Madrid. © AKG/Erich Lessing.

180 - Dessins de chaise et de fauteuil commandés pour l'hôtel Marigny. © CMN/Lalance.

181 - Auxerre, église du couvent de la Visitation, plan.

182 - Mâcon, hospice de la Charité, plan d'après Michel Gallet.

183 et 184 - Mâcon, hospice de la Charité, façade et vestibule d'entrée. © CMN/David Bordes.

185 - Mâcon, hospice de la Charité, voûte de la chapelle. © CMN/David Bordes.

186 - Oulins, château, voûte du vestibule. © CMN/David Bordes.

187 - Colonne Toscane pour le jardin du Luxembourg. Kunstbibliothek Berlin, Hdz 7005. © Dietmav Katz/2004